本书是河南省教育厅人文社会科学一般项目"外国留学生常用汉语同素同义单双音节动词研究"（2020 - ZZJH - 238）以及河南中医药大学博士科研基金项目（BSJJ2018 - 21）的研究成果

语言服务书系·现代汉语研究

河南省教育厅人文社会科学一般项目
河南中医药大学博士科研基金项目

现代汉语常用同素同义单双音节动词研究

乔 俊 著

暨南大学出版社
JINAN UNIVERSITY PRESS

中国·广州

图书在版编目（CIP）数据

现代汉语常用同素同义单双音节动词研究/乔俊著 . —广州：暨南大学出版社，2021. 11
（语言服务书系 . 现代汉语研究）
ISBN 978 - 7 - 5668 - 3187 - 3

Ⅰ. ①现…　Ⅱ. ①乔…　Ⅲ. ①现代汉语—动词—研究　Ⅳ. ①H146. 2

中国版本图书馆 CIP 数据核字（2021）第 115360 号

现代汉语常用同素同义单双音节动词研究
XIANDAI HANYU CHANGYONG TONGSU TONGYI DANSHUANG YINJIE DONGCI YANJIU
著　者：乔　俊

出 版 人：张晋升
责任编辑：黄志波
责任校对：周海燕　林玉翠
责任印制：周一丹　郑玉婷

出版发行：暨南大学出版社（510630）
电　　话：总编室（8620）85221601
　　　　　营销部（8620）85225284　85228291　85228292　85226712
传　　真：(8620) 85221583（办公室）　85223774（营销部）
网　　址：http://www.jnupress.com
排　　版：广州良弓广告有限公司
印　　刷：佛山市浩文彩色印刷有限公司
开　　本：787mm×1092mm　1/16
印　　张：16. 25
字　　数：300 千
版　　次：2021 年 11 月第 1 版
印　　次：2021 年 11 月第 1 次
定　　价：59. 80 元

前　言

　　含有共同语素、具有同义关系的单音节动词和双音节动词（即"同素同义单双音节动词"）是现代汉语同义词中比较特殊的一种类型。学界关于该领域的研究一般从词汇学视角出发，较多关注互为同义关系的二者在词义范围、风格色彩、语义搭配关系等方面的问题。同素同义单双音节动词同时也涉及语法范畴的问题，但目前较缺乏从语法学视角对二者充当句法成分的能力、搭配功能、分布特征等方面细致深入的研究。

　　现代汉语同素同义单双音节动词是学生易混淆的语言项目，现有的外向型汉语学习类工具书及学习辅导材料对这类词语有限的收录及简单概括的讲解，都无法满足学生的实际需要。本体学界及对外汉语教学界对其可替换性的选择限制条件研究不够深入，不能找到合适的本体规则来解释学生产生的偏误。

　　单双音节同义词是汉语独有的特色之一，也是汉语同义词与其他语言类型不同的一类，任何以非汉语为母语的学生在学习该类特殊的语言问题时，不会产生自身母语迁移所导致的影响，中介语中多出现的单双音节动词误代的偏误现象，可推测是语内迁移的结果。对外汉语教学界对二者的使用频率、习得情况、偏误类型、偏误原因以及习得难度的个案考察研究不够深入，亟须从二语习得的角度进行深入的研究，以期提供有针对性的教学建议。

　　朱德熙先生在第二次、第五次现代汉语语法学术讨论会上都谈到了语法研究中的问题，其中包括"要重视事实的研究，语言事实讲多了，讲透了，本身也是规律；不要盲目套用国外的理论，要针对汉语事实，用朴素的眼光发现汉语自己的东西"。

　　本书选取四组典型的同素同义单双音节动词组，对它们展开深入、细致、颗粒化的描写、比较和解释，探讨相同用法中单双音节词的差异，探寻语言事实背后的规律，同时有针对性地解决学生在相同用法中混淆的问题，从对外汉语教学角度探讨、深化本体规则的研究，以期在实践中服务于对外汉语教学，并为教材或外向型汉语学习工具书的编纂提供参考。此外，本书基于汉语本体规则对学习者的习得情况进行考察，分析学习者对不同类型的同素同义单双音节动词习得的正确用例情况和偏误用例情况，为进一步展开汉语特殊类型同义词的习得研究作出研究范式的探索。

乔 俊

2020 年 12 月

目　录

第 1 章

绪 论

1.1 研究现状

1.1.1 本体研究

1.1.1.1 同义词的界定及其相关研究

同素同义单双音节动词是同义词范畴中的一类。汉语同义词数量庞大，类型多样，因此在汉语本体研究中，同义词问题一直受到汉语词汇学界的关注。池昌海（1998）就同义词的研究领域作了梳理和归纳：一是确定的标准；二是认定的方法；三是分类与范围；四是词性与同义。这四方面是汉语词汇学界针对同义词讨论得最多的理论性命题，它们本质上依旧属于同义词内涵与外延的问题。

学界在"同义词是意义相同或相近的词"这一总体定性上是达成共识的。但何为"意义相同或相近"，如何厘清"同义词"的界限，依据什么判断标准来确定"同义词"？学界对其"共同性"存在一定争议。

张弓（1964）、常敬宇（1979）、周荐（1988）等认为同义词的共同性是各词在基本意义、核心意义上相一致，在次要的、附加的意义上存在细微差别。符淮青（1985：107）扩大同义词词义性质的范围，认为"同义词除少数等义词外，从词的关系说，是基本义、常用义有相同或相近义项（一项或多项）的一组词，从义项关系说，是概念义有很大的共同性，但表示的对象特征或适用对象有某些差别，或者附属义有差别，或语法特点有差别的一组词"。

关于这一方面，存在的分歧较少，问题关键在于如何确定和理解词的基本义、核心义的概念和关系。这二者都是就多义词的义项义来说的。符淮青（1985：68 – 69）提到"基本义是词在现代最常用最主要的意义。……词的基本义都是词义义项，不能是语素义义项。在现代汉语的语文性词典中，基本义一般列为第一义项……也有少数词第二义项是基本义"。学界对于"核心义"的认定却不一致。张联荣（1995）认为一个多义词的核心义"主要考虑的是词所标示的对象的特征，而对这个词所指示的对象则往往含而不论。多义词的若干意义所指示的对象可以有种种不同，但由某种共同的特征把它们联系在一起，正是这种特征构成了词的核心义的基础"。而张江丽（2013）则认为"在多义词的诸多意义中，通常有一个意义使用频率最高，在多个意义中具有基础性地位，对词义的发展变化起着重要作用，我们称之为多义词的核心义"。张联荣（1995）的

"核心义"是从所有义项义中概括归纳出来的，不一定是一个独立的义项义；张江丽（2013）的"核心义"与符淮青定义的"基本义"基本一致，只是称说不同。

由此可见，汉语本体词汇学界对词语的同义关系的认识，大多数情况下指它们在词典中的第一义项义或第二义项义（少数情况）相一致。

与汉语本体学界对同义词的界定不同，对外汉语教学及二语习得研究领域扩大了同义词界定的范围，并在这方面达成了共识（郭志良，1988；刘缙，1996；孟祥英，1997；赵新、李英，2001；李绍林，2004、2010）。对外汉语教学界已编纂和出版了多部外向型汉语词语对比辨析词典，如王还主编的《汉语近义词典》，杨寄洲、贾永芬编著的《1 700 对近义词语用法对比》，卢福波编著的《对外汉语常用词语对比例释》，赵新、李英主编的《商务馆学汉语近义词词典》，邓守信主编的《汉英汉语常用近义词用法词典》等。从编纂原则和收词来看，它们都是基于对外汉语教学角度及外国人学习汉语的需要，赵新、李英（2012：8）在《商务馆学汉语近义词词典》的编写说明中指出收词遵循"实用"和"宽泛"的原则，"所谓'实用'，就是收常用的、外国人容易混淆的词，不收难度大的、生僻的、过于书面化文学化的、不适合外国人学习和交际的词语。……所谓'宽泛'，收词编组比传统近义词词典宽松，不仅收入近义词，还收入近义短语、近义格式；不论词性是否相同，音节是否相等，只要意义相同或相近，容易发生混淆的，就编为一组"。

可见，对外汉语教学界对同义词的界定有别于本体词汇学界，"常用性""易混淆性""词义相同或相近"是判断同义词的标准。正如孟祥英（1997）指出的，"凡是意义相近而在用法上有差别的词，都可以归为近义词，或者说，凡是留学生容易弄混的词，都应成为我们的辨析对象"。

近些年，对外汉语教学界不再囿于同义词的传统意义关系，而将视角转移到汉语学习者中介语的词语使用情况上，提出"汉语中介语易混淆词"的概念（张博，2005、2007a、2007b、2007c），归纳出汉语中介语易混淆词的特点：①词语误用的频率较高；②具有广泛的分布；③存在于第二语言学习者目的语使用和理解两个层面；④词际关系复杂；⑤误用方向不一；⑥语言单位的层级不一；⑦不同母语背景学习者的易混淆词各具特性（张博，2008：11－14）。易混淆词的类别宽泛，除了理性意义基本相同的词、有相同语素的词以外，还包括声音、字形相同或相近的词，母语一词多义对应的词，母语汉字词与对应的汉语词，方言词与对应的普通话词（张博，2008：15－21）。可以看出，"易混淆词"不仅从概念范围上突破了同义词的传统界定，而且体现了以学习者理解和使用为本位的思考。

汉语词汇学界在同义词的定义、词性及判断标准方面虽基本可达成共识，但各家仍存在细微的分歧，而对外汉语教学界能够另辟蹊径，从中介语的语言表现出发，"汉语中介语易混淆词"的概念为研究提供了可借鉴的视角。认知心理学认为，人们在进行模式识别时，很大程度上就是在进行特征识别。模式特征差异小的事物就容易混淆。根据这种理论，词语之间在语音、书写形式、意义等方面相似的特征越多，区分相似词语的困难就越大，学习者在学习这类词语时的难度也就越大，容易造成偏误（方绪军，2008）。词汇学中的同义词并非都为汉语学习者所混淆（如"爱—爱惜"），因此本书所界定的同义词，是从学习者易混淆的角度出发，指第一义项义或第二义项义（少数情况）在《现代汉语词典》（第7版）中互为同义关系的词语。

1.1.1.2　同素同义单双音节动词的界定

同素同义单双音节词作为同义词范畴中的一类，学界对它的界定和称说不完全统一。在界定方面，刘智伟（2005、2007a、2007b、2011）指出，这类词须满足两个条件：一是单音节词和双音节词具有同义关系；二是单音节词和双音节词必须含有一个相同语素。刘春梅（2007）将其界定为：单音节词的义项与双音节词的义项相同或相近，且双音节词中有一个构词语素与单音节词相同。李茜（2012）在含有相同语素、意义相同或相近的基础上，增加单音节词和双音节词都能够单独使用的条件。在称说方面，这类词或称为"同素同义单双音节词"（刘春梅，2007；张慧芳，2007；张平，2011；金秋，2012；李茜，2012；蔺羽桐，2014；宋炜，2014；颜明，2015；于洋，2015；常聪，2016等），或称为"同素近义单双音节词"（李红印，2008；吴颖，2009；刘峥，2012；刘元君，2013；崔金叶，2016等），或称为"含同一语素的单双音节词"（刘智伟，2005、2007a、2007b、2011；蔡露，2008等），或称为"共素同义单双词"（高敏，2014）。

可见，不管是界定还是称说，学界目前都尚未达成共识。考虑到"词"本身能够单说单用的特质，我们认为，单音节词不仅能够在双音节词中作为构词语素而存在，还能够单独使用。此外，"同素同义单双音节词"这一称说的使用频次远多于其他。因而，我们将本书中的研究对象称为"同素同义单双音节动词"，它是指在现代汉语中，含有相同语素的单音节动词和双音节动词所形成的同义词，包括一个单音节词和由它作为语素形成的双音节词，以及一个单音节词和由它作为语素所构成的两个同义双音节词。它的内部成员须满足三个条件：①单双音节动词的同义是指基本义（一般指其在《现代汉语词典》中的第一义项义）相同，二者的对比是基于相同义项义范畴下的对比；②单音节词和双音节词含有相同的语素，即单音节词作为双音节词中的构成语素；③单音节词和双音节词都能够独立使用。

1.1.1.3　汉语单双音节问题研究

词语的单双音节形式是汉语的特色之一。语言学界对同义的单音词和双音词的认识也经历了一个逐渐深入的过程，较早关注的是双音节演变成词的问题。王力《汉语史稿》（1980）中提到单双音节发展的历史及汉语复音化的原因：汉语由单音词过渡到双音词的发展，是汉语发展的内部规律之一，历代复音词都有增加，现在汉语复音化的趋势并未停止。上古汉语是以单音词为主的。但是，从先秦的史料看来，汉语已经不是纯粹的单音节语。到了中古时期，双音词逐渐增加。鸦片战争以后，复音词在汉语中，特别在政治论文和科学论文中，占了压倒的优势。从复音化的原因来看，汉语复音化有两个主要的因素：第一是语音的简化，第二是外语的吸收。吕叔湘（1963）认为现代汉语双音化倾向是"由于语音的演变，很多古代不同音的字到现代都成为同音字了，双音化是一种补偿手段"。虽然现代汉语双音节词占优势，但与之对应的单音节词却具有基本层次范畴的意义（王灿龙，2002）。二者并存于共时的现代汉语中，各有独立存在的空间。相较于历时单双音变化发展的研究，共时平面单双音的比较研究不够充分。

吕叔湘（1963）最早以单篇文章的形式探讨现代汉语中单双音节比较的问题。文章从单音节的活动受限制、双音化倾向、从双音节到四音节、与某些虚字有关的音节问题四个方面展开论述。其中他谈到以人名、地名、数字的单双音节搭配的双音化倾向，说明单音节活动能力受到一定限制，他指出单音节扩充为双音节的主要方式为"在前面或后面增加一个不增加多少意义的字；把两个意义相同或相近的字合起来用"。文章对一个单音节词和一个双音节词结合后的三音节结构关系进行初步分析，指出偏正的"2＋1式"（如"动物学"）多于"1＋2式"（如"副作用"），动宾的"1＋2式"（如"买东西"）多于"2＋1式"（如"吓唬人"）。

李临定（1963）在句式的观察分析中已经注意到单双音节词句法功能的差异。他指出，进入"得"字句前段的动词、形容词都以单音节为多，双音节较少。很多单音节动词、形容词可以轻易地用它造一个"得"字句，但是同义的双音节动词、形容词则很难，甚至不能造成"得"字句，能够进入前段的双音动词多为"浑然一体"的。

徐枢（1982）总结了受音节因素制约下的词语搭配情况，指出"某些双音动词后面需要有双音宾语""少数双音节介词后面需要有双音宾语"

"一部分双（单）音副词后面需要有双（单）音的中心词"等。

以上研究对单双音节的使用作出了带有尝试性质的分析，正如吕叔湘（1963）文末所言："这里谈的是某些个倾向……谈到的只是一些比较简单的现象，有些比较复杂的情况还没有摸清。"单双音节词语搭配的规律是什么，以上的早期研究并没有进行探索。虽然不够深入，但也引发了学术界对这一问题的关注。

汉语词汇学界较早就关注到同义单双音节词的问题。高庆赐（1957：38）从音节结构角度将同义词分为五种类型，其中包括"单音节词跟双音节词形成的同义词"，还列举出"进—进入""学—学习"。张弓（1964）不仅从结构上指出单双音同义词的一对一、一对多形式，还尝试概括同义组中单双音词在意义上的差别，"有的双音节比单音节语意较重。例如：'进—进入''加—增加'。有的双音节比单音节意义范围狭窄，更为明确。例如：'好—良好—美好''丑—丑恶—丑陋'"。周荐（1988）将等义词分为十类，提到单双音形式时，注意到单音和双音构词的关系，"根词和派生词相对照，如'杯—杯子'"；"根词和复合词相对照，如'窗—窗户''树—树木'等"；"单音词和复音词相对照，如'星—星星''常—常常'等"。刘叔新（1984、1990、1992）明确提出单双音节词是同义词中的一种类型，简要提及复音词形成的原因及单双音节词共存的情况，并概括总结同义单双音节词的意义差别，"单音词不如发展出的复合词表现得那样显豁、具体，往往还没有复合词所强调的地方，没有它的特殊意味或较重的语气"。此外还概括了同义单双音节词各自在音节搭配上的不同，"单音词成员一般多同单音节词搭配，双音词成员却往往以同双音词搭配较为妥当"。

各学者不再囿于同义词音节数目相同的限制，明确同素单双音节词作为同义词的一种类别，从同素单双音节同义词组的照应形式、成员的构词形式和关系、单双音词的意义差异等方面进行了初步的探索。

现代汉语动词、形容词、名词、方位词、副词、介词、连词等词类中都存在着包含共同语素的单双音节词。将同素单双音节词放入同义词的研究框架下，分词类进行的专门研究是成果最多的领域。

刘春梅（2006）、郝倩（2007）、蔡露（2008）、金秋（2012）、刘元君（2013）、高敏（2014）、于洋（2015）等对同素同义单双音节名词进行综合的对比研究，此外还有杨林（2016）、张亚婷（2016）进行的名词实例个案考察。朱德熙（1956），张国宪（1996），李泉（2001），李向农、张军（2005），张慧芳（2007），周颖（2009），刘峥（2012），许乐（2013），向舒（2013）等先后对同素同义单双音节形容词进行研究。相比实词的研究成果，虚词的研究成果相对单薄，其中同素同义单双音节副词的研究成果有刘淑娥、赵静贞（1987），王蕊（2005），孙瑞梅（2008），申延涛（2011），颜明、肖奚强（2012），孙怡（2014），颜明（2015），魏然（2016）等的；单双音节方位词的研究成果有谢红华（2001）、程超（2013）、崔金叶（2016）、涂烨（2016）、林凌飞（2020）等的；同素同义单双音节连词的研究成果有李茜（2012）、杨小雪（2019）的；同素同义单双音节介词的研究成果有陈玲（2013）的。其中，实词类别的研究以综合研究居多，主要探讨二者的词义关系、构词类型和搭配等共性用法。

1.1.1.4　同素同义单双音节动词的综合研究

张国宪（1989a）首先综合考察单双音节动作动词充当主语、谓语、宾语、定语、状语以及结果补语、可能补语、情态补语等句法成分的差异，指出除了作谓语之外，单双音节动作动词在句法功能上基本处于一种互补状态；其次对句法功能的差异进行探源，认为导致句法功能差异的因素在于交际功能和类义。该研究虽然没有强调二者是否具有同义关系，但列举的对象是同义单双音节动词，这是最早专门探讨单双音节动词的句法成分差异的文章，具有开拓性价值。

张国宪（1989b、1990）通过对与单双音节动作动词搭配的词的考察，得出以下结论：①在搭配词的音节选择上，单音节动词十分自由，双音节动词受到某些限制；②在次范畴的选择上，双音节动词相当自由，单音节动词受到较多限制。该研究认为这种互补分布的原因与双音节动词充当句法成分的功能丰富，而单音节动词贫乏及汉语的双音化有关。该文概括分析了单双音节动作动词和各种词类搭配组合中的音节及结构限制，但对单双音节动词本身的特点及其相关制约因素分析不够。为此，张国宪（1994、1997）针对单双音节的动性问题进行了专门探讨，分析指出单音节动词具有义项多、动作性强度高等语义特点，而双音节动词反之，义项单一，动作性强度低。此外，在音节特征上，动性的等级序列为：单音节＞双音节。文章将单双音节动词本身的动性特征作为观察解释的视角，说明二者的句法功能及搭配组合能力更具有一定的解释力。

张国宪（1989c）考察单双音节动作动词对不同语体、句类的感受度及其与使用者的关系，从而分析二者在语用上的差异。基于不同语体语料的统计分析，文章得出以下结论：①双音节动作动词的出现频率与书面语色彩成正比，单音节动作动词的出现频率与口语色彩成正比，单双音节动作动词的出现频率可视为判断口语语体和书面语语体的重要参考项。②口语语体中，单音节动作动词多出现在陈述句中；书面语语体中，单音节动作动词多出现在疑问句、祈使句和感叹句中；双音节动作动词的使用频率与使用者的文化素养水平成正比。该研究对单双音节动作动词语用特点的考察较为全面，但因仅涉及表示动作行为类的动词，且语料类型单一、总量少，其结论是否适用于其他类型的同义单双音节动词、是否在较大规模的语料中依然成立，仍需要进一步研究。

李临定（1990：134－135）指出：①单音节动词倾向于和表具体义的名词相组合，双音节动词则倾向于和表抽象义的名词相组合。单音节动词的主语倾向于指称人的名词或人称代词，排斥表抽象意义指称事物的名词；双音节动词的主语倾向于要求表抽象意义的名词，有时则排斥指称人的名词或人称代词。②双音节动词跟名词组合时，在"指大"和"指小"上有所选择。有些双音节动词只和"指大"的名词相组合，而排斥和"指小"的名词相组合。单音节动词则一般没有这方面的限制。③同义的单音节动词倾向于带宾语，双音节动词倾向于不带宾语。双音节动词名词化的可能性比较大，单音节动词名词化的可能性很小。该研究从与动词组合的名词的意义、音节、能否带宾语等方面分析单双音节动词与名词宾语组合上的差异，为动词与其他词类的组合搭配提供研究的视角。

季瑾（2003）分析单双音节动词替换受制约的因素时，提到句法功能因素，文章将句法功能因素的制约分为两种情况：①当双音动词充当体词性句法功能时，二者不可替换；②当单音词或双音词作谓词性成分时，在一定语境中二者不可互换。然而，该文分析的例词仅涉及动作、心理方面的一些动词，且未对不可互换的句法环境进行分析解释，但其提出的这两点差异在一定程度上具有规律性。

许晓华（2003）发现《汉语水平词汇与汉字等级大纲》甲乙级65组同素同义单双音节动词中，25个单双音节同义动词组中的单音词带结果补语、程度补语、可能补语，而同组中的双音节词很少带补语。程娟、许晓华（2004）进一步指出单双音节动词带补语的差异，发现单音节动词大都可以带补语，而且补语的类型丰富多样，还可以是趋向、数量、状态甚至介词短语等。而双音节动词在带补语方面却有较大限制，大多可以带可能补语、数量补语等，较少带结果补语。单双音节同义动词除在带结果补语上有较大不同之外，在带其他补语上也有一定的差异，但文章没有具体论述。

程娟、许晓华（2004）分析单双音节动词在所带宾语及句类和句型方面的差异，从是否可以带宾语、带体宾还是谓宾、常用于肯定形式还是否定形式、常用于主动句还是被动句、是否用于某种特殊句型的下位分类等方面研究单双音节动词。论述虽较为概括，但其从句式结构角度观察分析，对于深入挖掘单双音节动词句法功能的差异具有启发性意义。

刘智伟（2005）认为同义同素的单双音节动词充当主、谓、宾、定、状、补这些句法成分的能力是不同的，归纳为：①二者单独作主语都受到很大的限制，单音节动词作主语受到的限制要多一些；②双音节动词作宾语比单音节动词更自由；③大多数双音节动词都可以直接作定语，有时也可以加结构助词"的"，多数单音节动词不能直接作定语，但加"的"后就有作定语的资格；④双音节动词连用可以充当连动谓语句中的谓语，而单音节动词多数不能直接和光杆单音节动词连用充当连动谓语句的谓语；⑤只有少数单双音节动词可以作补语，二者的差别主要表现在意义和结构两方面；⑥只有少数单双音节动词可以作状语，单音节动词作状语不带"地"，可以带"地"作状语的双音节动词也不多。对于单双音节动词充当句法成分的差异，文章将主要原因归结为二者动性强弱不同。该文概括的是部分单双音节动词的共同差异，且主要涉及的是动作行为动词，总结的差异特点对其他类别的单双音节动词是否适用还有待进一步研究。

刘智伟（2007）认为单音节动词的出现频率与口语色彩成正比的论点值得商榷，他提出，有一些单音节动词的书面语色彩浓于双音节动词，有一些单音节动词的口语色彩浓于双音节动词，同素同义单双音节动词在语体色彩上往往呈互补分布关系。该文指出，这一方面与构成词的单音节语素是否保留了古义有密切的联系，另一方面与构成双音节动词的两个语素独立成动词时的语体色彩有关。该研究所考察的对象仅是一部分同义同素单双音节动词，不是系统考察所有单双音节动词的语体差异。此外，文中并未说明哪些语义或形式特点的单音节动词书面语色彩浓，哪些单音节动词口语色彩浓。

金桂桃（2012）进一步讨论同素同义单双音节动词的句法性质和功能方面的差异，特别对二者可以进入的句式结构及动词的语义特征进行了尝试性的探索，归纳出单音节动词能进入"V_1 + 着 + V_2"，充当 V_1，具有［＋状态］或［＋过程］义的单音节动词多能直接用作另一动词的状语，对应的双音节动词一般不能这样用。

骆健飞（2017）通过对汉语单双音节动词与不同类型宾语搭配情况的考察，发现：①方式、工具类宾语倾向于搭配动作性单音节动词，原因、目的类宾语倾向于搭配双音节动词；②句法结构上，单音节动词搭配的宾语主要分布在句法层级较低的位置上，双音节动词搭配的宾语主要分布在句法层级较高的位置上；③时空特征上，单音节动词一般是强时空动词，双音节动词一般是泛时空动词，没有具体的工具、方式，因此无法携带该类宾语。该文从宏观角度对单双音节动作动词所搭配的宾语进行了分类，对单双音节搭配宾语的研究有很大的启示意义。

1.1.1.5 同素同义单双音节动词的个案研究

相比于综合研究，由于动词语法功能的共性大于个性，同素同义单双音节动词的个案研究较为匮乏。

申江宁（2014）研究单双音节动词"学"和"学习"的差异。该研究以词汇—语法理论为支撑，全面详细地讨论了二者在语义、搭配对象、充当句法成分、重叠反复、"所"字结构、固定结构等方面的差异之处。其中关于二者搭配，文章进行了重点论述，认为二者在搭配方面存在很大差异，这也导致了二者语义方面的差异。该研究的观点值得商榷，但其所根据的理论及进行对比的各个角度值得借鉴。

彭越（2014）基于语料库比较"帮""帮助"两词的音节、句法、语义、语体四个方面，描写较为细致全面，然而存在句法功能分类失当等问题。

余畅（2015）对"考""考试"作谓语及非谓语功能进行较为详尽的描写比较，并对二者的功能分化进行历时追溯，探讨了双音化对单双音节动词功能差异的影响。该文描写比较深入细致，并对其功能差异提供较合理的解释，具有较大的启示意义。

除此之外，学习者使用频率较高但又易混淆的一些单双音节同义动词零星地出现在一些外向型汉语学习工具书或教学语法参考书中。这些外向型汉语学习工具书如：杨寄洲、贾永芬编著的《1 700 对近义词语用法对比》，王还主编的《汉语近义词典》，卢福波编著的《对外汉语常用词语对比例释》，赵新、李英主编的《商务馆学汉语近义词词典》，邓守信主编的《汉英汉语常用近义词用法词典》。教学语法参考书如：叶盼云、吴中伟编著的《外国人学汉语难点释疑》（其中收录"变—变化—变成""怕—害怕"）等。

1.1.2 习得研究

我们对同素同义单双音节动词进行细致的分类描写、解释，旨在研究外国留学生将汉语作为第二语言的中介语状态下，同素同义单双音节动词的使用状况。

1.1.2.1 同素同义单双音节动词习得研究的综合考察

最早对单双音节词进行习得考察的是刘春梅（2007），她在"汉语中介语语料库系统"中对 80 对单双音同义名词的偏误进行分析，发现单音节名词和双音节名词之间的偏误具有三个特点：①偏误分布不平衡；②二者之间的语义差异不是造成偏误的唯一原因；③发生偏误的概率与词汇等级无明显关系。目前关于单双音节同义动词的习得研究成果，仅有一篇硕士学位论文。谭家睦（2013）从 HSK 动态作文语料库中抽选出 40 组使用频率较高的单双音同义动词，统计出使用频率及偏误率，将留学生使用单双音同义动词的主要偏误类型划分为四个方面：意义内容上的偏误、音节制约上的偏误、句法功能上的偏误、语体色彩上的偏误。该研究根据四种偏误类型分别进行讨论，将偏误原因归纳为汉语言自身的因素、学习者策略的因素、学习环境的因素及"词义的不对等"和"同义互相释义"的矛盾因素。这是唯一考察学习者单双音节同义动词的习得研究，其归纳的偏误类型是从使用单双音节动词的制约条件的角度出发的，这是就单双音节动词的特殊性而作出的尝试性分析，但学习者出现的偏误很难归结于这四者中的某一个，往往存在多个方面的特点。再者，从该研究所依托的中介语语料库到研究的思路，可以看出并未讨论"回避"使用的情况，偏误分析方面有失全面。

宋炜（2014）仅考察了学生在同素同义单双音节动词误代偏误方面的情况，将单双音节误代偏误归纳为韵律、语义、句法功能方面的偏误。覃海燕（2015）通过问卷调查发现同素同义单双音节动词存在理性意义的偏误、音节搭配的偏误、句法功能的偏误和语体色彩的偏误四个方面。常聪（2016）将同素同义单双音节动词之间的误代偏误归纳为词义差异引起的偏误、韵律差异引起的偏误、语体差异引起的偏误、特殊用法引起的偏误。谷伟伟（2018）从甲乙两级词汇中选取 30 组同素同义单双音节动词，分析初级水平的泰国学生对此类动词的运用情况，发现偏误集中出现在词义、搭配和句法功能方面。罗峥嵘（2018）筛选出 349 对同素同义单双音节动词，并基于 HSK 动态作文语料库考察韩国学生出现的偏误情况，将偏误类型分为意义内容、语体色彩、音节韵律和句法功能四种。

从上面这些研究的偏误分类来看，虽然它们都按偏误来源进行细分，但缺乏本体规则对其深入的分析解释。

1.1.2.2 同素同义单双音节动词得研究的个案考察

彭越（2004）基于 HSK 动态作文语料库分析"帮""帮助"的偏误情况，但没有考察其使用量、正确用例数等习得情况，且由于 HSK 动态作文语料库仅存在高级水平汉语学习者的语料，其偏误分析反映的也仅是这一阶段的学生偏误情况，无法考察初级、中级的偏误类型及发展情况。

王芳（2018）对"练""练习"充当句法功能及进入特殊格式的用法进行较全面的比较，并研究了双音节词成词的语义演变过程，此外还考察了留学生习得该组词时出现的偏误及影响因素。然而前半部分本体规则的研究结论并未应用到后半部分的偏误分析及其解释中去。

同素同义单双音节动词不管是本体研究方面还是习得研究方面，都集中在综合性宏观的整体研究上，本体及习得的个案研究较少，这与动词句法功能的共性大于个性的特征有关。然而，个案中的同素同义单双音节动词组在句法功能、分布特征、动性的典型性、语体分布的倾向性等方面也有其自身的特点，这些直接影响学生对具体动词组习得的情况，比较研究具体的单双音节动词个案，细致深入地描写梳理规则，全面考察动词组个案的习得情况，不但对对外汉语教学有切实的实用价值，而且也能验证、完善综合性的宏观研究成果。

1.2　研究对象、技术路线

1.2.1　研究对象

本书借鉴本体词汇学界对词语基本义判定的标准以及对外汉语教学界对同义词的新认识，将研究对象指称为"同素同义单双音节动词"。由于本书以研究汉语学习者同素同义单双音节动词的习得情况为旨归，我们将重在对这类动词的各类用法进行描写和解释，为此，我们使之处在较为纯粹的同义框架下，按照严格的同义标准来选取研究对象。首先，单双音节动词的同义是指基本义（一般指《现代汉语词典》的第一义项义）相同，二者的对比是基于相同义项义范畴下的对比。其次，单音节词由一个成词语素构成，能够独立使用。根据这两点标准，我们以《汉语水平词汇与汉字等级大纲》为基准，综合《现代汉语八百词》（增订本，吕叔湘主编，1999）、《现代汉语词典》（第7版，2016）所列词条进行补充，同时参照《汉英汉语常用近义词用法词典》（邓守信主编，1996）、《汉语近义词词典》（王还主编，2005）、《对外汉语常用词语对比例释》（卢福波编著，2000）、《商务馆学汉语近义词词典》（赵新、李英主编，2012）、《1 700对近义词语用法对比》（杨寄洲、贾永芬编著，2013）等外向型汉语学习工具书进行研究对象范围的调整，初步确定170组同素同义单双音节动词。

基于本族人现代汉语语料库及留学生中介语作文语料库，对双库中使用频率居前位的四组动词进行提取，最终得到"变"组词（"变""改变""变化"）、"忘"组词（"忘""忘记"）、"知"组词（"知""知道"）、

"帮"组词（"帮""帮助""帮忙"）。①

1.2.2　技术路线

本书基于本族人语言实际，充分描写现代汉语平面中四组同素同义单双音节动词充当句法功能的能力，并结合现有的本体研究成果，分析相同句法功能下单双音节动词的异同，最后将梳理的本体规则用于解释学生作文中造成的偏误，并提出有针对性的教学建议。

基于自建的本族人 400 万字现代汉语语料库②，首先，统计每一动词组中单双音节动词各自的使用频率和语体分布的倾向性，统计充当谓语功能的数量比重。其次，细致详尽地描写、比较单双音节动词在相同用法中的句法特征、韵律搭配、高频共现的词语搭配，以及相同句法序列中的语义功能等特点。最后，归纳出单双音节动词在本族人语言实际中的用法分类，作为考察学生使用单双音节动词的参照分类。

基于南京师范大学留学生 150 万字不分国别的作文语料库③，考察留学生每组同义单双音节动词的使用情况，统计和分析不同学时等级中介语的正确和偏误情况，通过与本族人等量语料中的使用频率进行比较，发现使用不足或超量的情况，通过与教材输入频率及用法类型进行比较，考察学生习得的影响因素。并根据本体研究的规则对偏误用例进行解释，根据学生习得难度的特点反观大纲和教材，提出相应的教材编写和教学建议。

---

① "变"组词、"忘"组词、"帮"组词中的单双音节词在实际语言运用中的地位较为平衡，单音节词的使用都相当活跃。然而受汉语双音化影响，一些单音节词的独立存在地位受到其对应的同素同义双音节词的冲击，其在现代汉语平面中使用受限、活跃度降低，但仍与相对应的双音节词共存，且句法功能和特点也存在着严重的纠葛，它们是现代汉语同素同义单双音节动词中不容忽视的类别。"知""知道"组成的"知"组同素同义词便是这一类别的典型个案，该组词在本族人和留学生语料中的出现频率都很高，因而我们选择这组词作为研究对象，具体内容论述详见第四章。

② 自建现代汉语语料库包含 200 万字书面语语料和 200 万字口语语料。书面语语料来自当代小说的叙述部分、散文、报纸杂志；口语语料来自北京口语语料库中的部分语料、影视剧中的对话、访谈节目中的对话以及当代小说中的对话。本书中罗列的用例都是从该语料库中提取的，不再标注出处。需要特别说明的是，这些用例都尽可能原貌展现，对语法方面的问题不作改动，对错别字则以括注的形式进行纠正。

③ 南京师范大学留学生作文语料库，分为初、中、高三级，各有 50 万字的语料。本书中罗列的留学生习得用例，仅标注等级及国别，如"初级加拿大""中级西班牙""高级美国"。需要特别说明的是，为了原汁原味地呈现学习者偏误，所有偏误现象都尽可能原貌展现，对语法方面的问题不作改动，对错别字则以括注的形式进行纠正。

第2章

「变」组同素同义词习得研究

单音节词"变"和双音节词"改变""变化"（合称"变"组同素同义词）是一组含有共同语素的状态动词。《现代汉语词典》（第7版）对"变"的解释为"和原来不同；变化；改变"（2016：79），对"改变"的解释为"事物发生显著的差别"（2016：416），对"变化"的解释为"事物在形态上或本质上产生新的状况"（2016：80）。三者基本义大致相同，仅从释义角度很难把握它们的异同。

目前已有一些工具书对它们进行简单的比较。

孟琮等主编的《汉语动词用法词典》（1999：24）将"变"的用法归纳为七项：①后接名词宾语；②后接动量补语或时量补语；③后接介词短语修饰动词的状动结构；④带动态助词"着""了""过"；⑤有重叠形式；⑥带结果补语；⑦带趋向补语。将"改变""变化"的用法归纳为六项：①后接名词宾语；②带动量补语或时量补语；③带动态助词"着""了""过"；④有重叠形式；⑤带结果补语；⑥带趋向补语。

卢福波编著的《对外汉语常用词语对比例释》（2000：226）指出："'改变'一般不能带结果补语、情态补语、介词词组补语等。"

杨寄洲、贾永芬编著的《1700对近义词语用法对比》（2005：99）对"变"和"改变""变化"作了比较，指出："这三个词都是动词，都可以作谓语。'改变'和'变'是及物动词，'变化'是不及物动词，不能带宾语。'改变'书面用得多一些，'变'是口语词。'改变'的宾语一般是双音节词语。'变'和'变化'的是客观事物，'改变'强调主观行为，'变化'可以作宾语，'变'不能作宾语，'改变'不能作动词'发生'的宾语。'变化'有名词的用法，'改变'和'变'都没有这种用法。"

王还主编的《汉语近义词典》（2005：55-56）指出："'变'可以不带宾语，能带的宾语有限，如果加上补语'为'等，再带宾语则较自由；'变'一般不做主语、宾语，除非用于少数较固定格式。'变'加上'得'，再带形容词是相当自由的，一般都不能换成'变化'。'变化'较正式，也略微抽象，如要带宾语，必须加上'成''出'等。'改变'多是人为的，使事物与前不同，一般常比原来的好。名词'改变'多做'有''随着'等的宾语。"

赵新、李英主编的《商务馆学汉语近义词词典》（2012：38）比较了"变化"和"改变"两词，指出："第一点，'变化'强调是自然发生的，是客观事物发展的结果，不是人、组织或单位主动造成的，可以用于自然现象；'改变'多是人为的。第二点，'变化'一般不带宾语，'改变'可以带宾语。第三点，'变化'可以跟'发生''出现''起'等动词搭配，'改变'不能。"

16

　　上述工具书中对"变"组同素同义词的比较还是较为粗疏的，且在句法功能归纳方面存在相互抵牾的情形，其中较为明显的是，"变"组词带宾语的情况及作宾语的能力等方面的观点就不尽一致，我们将上述工具书中涉及的内容进行了归纳，见表 2 - 1。

表 2 - 1　工具书中关于"变"组词带宾语及作宾语成分的观点情况

工具书	"变"组词带宾语的观点	"变"组词作宾语的观点
孟琮等主编的《汉语动词用法词典》	都能带名词宾语	
杨寄洲、贾永芬编著的《1 700 对近义词语用法对比》	"变化"不能带宾语；"变""改变"能带宾语	"变化"可以作宾语；"变"不能作宾语
王还主编的《汉语近义词典》	"变"能带有限宾语；"变化"不能直接带宾语	"改变"可作宾语
赵新、李英主编的《商务馆学汉语近义词词典》	"变化"不带宾语；"改变"可带宾语	"变化"可作"发生""出现""起"等高频词的宾语；"改变"则不可

　　此外，上述工具书中对"改变""变化"后接补语类型的归纳也不尽一致，基本没有论及相同句法功能下三者的异同，而这却是留学生习得"变"组同素同义词最易混淆之处。正因为如此，本章先对"变"组同素同义词的本体规则进行探讨，进而观察留学生中介语作文中的习得情况。

2.1　"变"组词句法功能的比较

　　我们从 400 万字现代汉语语料库中检索到"变"组同素同义词汇 1 197 例，其中单音节词"变"有 835 例①，占"变"组全部用例数的 69.8%；双音节词"变化"有 207 例，占比 17.3%；"改变"有 155 例，占比

———————

　　①　本章考察的是单音节词"变"，所以排除构词语素"变"的用例，依据的标准是《现代汉语词典》（第 7 版），凡是已经收录的单词，一概排除。诸如"变动""流变""变换""渐变""突变""剧变""变数""瞬息万变""恒久不变""丰富多变"等。这些成词用例排除后得到的用例数为 835 例。

12.9%。可见，单音节动词"变"占有过半优势，而两个双音节动词的使用频率明显不及单音节动词。我们从它们分布的文体来看，"变"主要分布在对话等具有高度口语色彩的文体及报刊、小说等口语色彩浓厚的事件叙述型文体中，而"改变"主要分布在政论、科教、散文等高度书面化的文体及演讲、访谈等正式场合的语境中，"变化"则没有明显的文体分布倾向性。

在"变"组同素同义词中，"变"有 827 例充当谓语功能，占其全部用例数的 99.0%；"变化"充当谓语功能的有 19 例，占比 9.2%；"改变"有 129 例作句子的谓语成分，占比 83.2%。一般来说，充当句子的谓语功能是动词的主要功能，从上面一组数据可以看出，在"变"组词中，仅"变""改变"的主要句法功能是作句子谓语成分，而"变化"充当谓语成分所占比重极低，这是"变"组词不同于传统动词句法功能特征的地方。"变""改变"二者的动性特征都比较鲜明，相比之下，"变"比"改变"更具动词的"原型"特征。这一特点印证了吴为善（2006：37）提出的"单音节动词具有典型的动词语法特征，而由这些单音节动词作为语素参与构成的双音节动词，其动词的语法特征都弱化或部分丧失了"的观点。

我们先来探讨充当谓语句法功能时"变""改变""变化"的使用差异，接着再来比较它们充当非谓语句法功能时的不同。

2.1.1　充当谓语差异

2.1.1.1　带宾语能力的比较

上文提到的工具书中对三者能否带宾语的观点不尽一致。其中《汉语动词用法词典》指出三者都能带宾语；而《1 700 对近义词语用法对比》《汉语近义词典》《商务馆学汉语近义词词典》指出"变化"不能带宾语，"变"能带宾语或带宾语的能力有限。在 400 万字现代汉语语料库中，我们检索出"变"带宾语 354 例，占其充当谓语全部用例数的 42.8%；"改变"带宾语 104 例，占比 80.6%；"变化"带宾语 2 例，占比 10.5%。可见，虽然它们都有带宾语的能力，但能力强弱不同，"改变"带宾语的能力最强，"变"次之，"变化"最弱。

1. 直接带宾语

直接带宾语指的是"变"组词与宾语之间没有任何句法成分，这也最能体现动词带宾语的真正能力。"变"组词的三个成员中，只有"变""改变"能够直接带宾语，此类用法"变"有 38 例，占其带宾语全部用例数的 10.7%；"改变"有 96 例，占比 92.3%，从所占比重的显著差距可以看出，"改变"带宾语的能力毋庸置疑，而对于"变"来说，也无怪乎多本工具书对其带宾语能力的质疑。如：

（1）从浑（混）沌初开、猿猴变人类就开始了的长河，在缓慢而沉重地从她心头淌过。

（2）父母总想改变孩子的主意。

例（1）中"变"直接带的宾语"人类"是其目标或结果，而"变"前面出现的名词性成分"猿猴"是其对象客体。例（2）中"改变"直接带的宾语"孩子的主意"是其对象客体，"改变"前面的名词性成分"父母"却是其动作主体。

可见，虽然"变""改变"都可以直接带宾语，但句法语义上存在明显差异。"变"前项名词性成分是其对象客体，后项是其目标或结果①。《现代汉语八百词》（增订本，1999：80）指出：这表示"一种性质状态转换为另一种性质或状态"。这二者一般在形式上音节数量相同、结构类型相同；在语义上表示的性质状态相关或相反；在"变"的前后多呈对称分布，除了例（1）中的"猿猴变人类"，还如：

（3）a. 王子变青蛙、沧海变桑田、天涯变咫尺

　　　b. "接访"变"截访"、审查变登记、死亡变重生

　　　c. 黑暗变明朗、消极变积极、落后变先进

例（3）a 句"变"前后项都是名词；b 句"变"前后项都是动词；c 句"变"前后项都是形容词。"变"连接的成分可以是名词性的，也可以是谓词性的，但由于表示的是两种性质或状态，因此其中的谓词性成分表示的是其指称义。

"变"直接带宾语主要表现为上述形式，有 30 例，占直接带宾语全部用例数的 78.9%。除此之外，还有少量分布在以下两种类型中：

一是前项成分是动作主体，同时还是对象客体，后项成分也是对象客体，有时后项的对象客体领属于前项的对象客体。此类"变"的后面一般带时态助词"了"，强调动作的发生，有 4 例（10.5%）。如：

---

① "变"陈述的事态是未然时，"变"后面的成分表示动作施行后要达成的"目标"；当"变"陈述的事态是已然时，"变"后面的成分表示动作施行后产生的"结果"。

（4）他马上敛起笑容，变了个人似的。

（5）他忽然变了脸儿。

例（4）中，"他"是动作主体，同时"他"和"（一）个人"同指，都是对象客体，"了"表示"变"的发生，"他"的状态发生变化。例（5）中，"他"除了是动作主体，还和"脸儿"一起作对象客体，其中"脸儿"领属于"他"。

二是前项成分是动作主体，同时还是对象客体，这与上一类是一致的，但不同的是，后项是目标或结果，有4例（10.5%）。如：

（6）要是弄好了，我可以再往上升一级变中层领导。

（7）她脱了厚重的外套，就像突然变身了。

上述2例中，"我""她"既是"变"的动作主体，也是"变"的对象客体。后面的"中层领导"是"我"施行动作后要达成的"目标"，是未然的；"身"是"她"施行动作后产生的"结果"，是已然的。

在"改变"直接带宾语的用例中，"改变"前项名词性成分是动作主体，后项名词性成分是对象客体，这与"变"占优势比重的用例是不同的。二者直接带宾语的句法语义特征可以归纳为：

［对象客体］—变—［目标］/［结果］
［动作主体］—改变—［对象客体］

一般情况下，"改变"前的动作主体具有［＋人］的属性，如例（2）中的"父母"。

我们对"改变"直接带对象客体宾语的情况进行考察，发现宾语位置出现频次较多的词语分别是"命运""现状""方式""面貌""方向"。可见，宾语位置上的对象客体一般具有［＋抽象］的属性。如：

（8）假如不能改变人的命运，也就失去了研究的价值。

（9）短时间内谁也不能彻底改变这种"贸易逆差"现状。

（10）后来我们决心开建一座安全的露天煤矿，改变落后的生产方式。

（11）我们还有什么理由不为改变农村的面貌而努力呢？

（12）音乐可以平复一个人的心情，音乐可以改变一个人的方向。

一般来说,单音节动词搭配单音节宾语,双音节动词搭配双音节宾语。此类"变""改变"直接带宾语,排除其他插入成分的干扰,更能反映动宾的韵律搭配模式。在"变"直接带宾语的 38 个用例中,单音节宾语出现 3 例（7.9%）,双音节宾语出现 31 例（81.6%）,多音节宾语出现 4 例（10.5%）。在"改变"直接带宾语的 96 个用例中,单音节宾语出现 1 例（1.0%）,双音节宾语出现 23 例（24.0%）,多音节宾语出现 72 例（75.0%）。可见,在实际语言运用中,"变"倾向于直接搭配双音节宾语;而"改变"倾向于直接搭配多音节宾语,这与惯有认知有所抵牾。"变"倾向于搭配双音节宾语,这与其主要的句法分布紧密相关,"变"前后项出现的表指称义的对象客体以及目标或结果,不管是名词性的,还是动词性的,基本上只有双音节的光杆形式的指称性最强,因此双音节宾语的出现频次最多。"改变"倾向于搭配多音节宾语,这与其宾语中心语的语义特征相关,由于具有 [+抽象] 的语义特征,前面便多出现限定或描述性的定语来修饰,如例（8）至例（12）,如此整个宾语自然多呈现出多音节状态。

2. 先加补语再带宾语

先加补语再带宾语指的是"变"组词不能直接带宾语,中间须插入作为连接手段的补语成分。"变"组词的三个成员都有这样的用例。其中"变"有 315 例,占其带宾语全部用例数的 89.0%;"改变"有 8 例,占比 7.7%;"变化"有 2 例,这是其带宾语的唯一表现形式。结合直接带宾语一类中"变""改变"的数量比重来看,这二者在直接带宾语和先加补语再带宾语这两类中呈互补分布。如:

（13）校园瞬间变成了空巢,但开始回荡从来没有过的好听的嗓音,像心思砸在云彩上,传出的清脆的鸣叫……

（14）厂长不相信大禹真能把这些农民改变成"产业工人"。

（15）我看到一只鸟会感到它随时会变化成人。

例（13）中"变"先加结果补语"成",再带宾语"空巢";例（14）中"改变"先加结果补语"成",再带宾语"产业工人";例（15）中"变化"先加结果补语"成",再带宾语"人"。

在语料中,"变"组词和宾语中间插入的补语,基本上表现为结果补语"成"，或书面化程度较高的"为""作"① （为叙述便利，下文都以"成"统称）。"变"添加结果补语"成"后再带宾语有310例（98.4%），"改变"此类用例有3例（37.5%），"变化"的2例都是结果补语是"成"的用例。"变"组词在此类用法分布中，前项名词性成分都是对象客体，如例（13）中的"校园"、例（14）中的"农民"、例（15）中的"它"（指一只鸟）；后项名词性成分都是目标或结果，如例（13）中的"空巢"、例（14）中的"产业工人"、例（15）中的"人"。可见，此时这三者的句法语义序列是一致的，即：

［对象客体］—变/改变/变化＋结果补语（成）—［目标］/［结果］

结果补语"成"的插入，不仅有衔接动词和宾语、提高动词带宾语能力的作用，还有明示后项宾语的语义类别、标记焦点信息的作用。此类用法强调的不是动词本身，而是动作发挥作用后要达成的目标或取得的结果。当宾语表目标义时，时间轴上动作是未然的，"变"组词经常和"将""要"等时间副词或能愿动词共现；当宾语表结果义时，时间轴上动作是已然的，此时"成"的后面一般要带时态助词"了"。如：

（16）从前那些无用的石头在今天也变成了可以欣赏的风景。

（17）你要把原来那一套完全改变成新的，大老板担心会被控制，失去控制权。

（18）原作那种单调的一问一答的场面，顿时变化成了纷纭繁复、充满动感的舞台调度。

例（16）中，在"从前""今天"的时间对比语境中，我们可以知道作者表述的当下，动作是已然的，后面的宾语"风景"表结果义，因而需要在"变成"后面加上"了"；例（17）中，出现能愿动词"要"，后续小句中出现"担心"，揭示"改变"的动作尚未进行，因而不能加"了"；例（18）中，虽然没有时间词、能愿动词的显性标记，但根据语境信息，"变化"后面的宾语是表示真实存在的情景，即表结果义，因此"变化成"后面要加"了"。

---

① "变"和"成""为""作"构成的"变成""变为""变作"，都尚未收录进《现代汉语词典》（第7版），因而我们认为它们都是"变"带结果补语构成的动补短语，并不将其当作单独的词来看。

在语料中，"变"此类 310 个用例中，带"了"的有 113 例，占比 36.5%。由于"改变""变化"用例过少，我们在北大 CCL 现代汉语语料库（简称 CCL 语料库）中进行检测，发现："改变" 138 个用例中，仅 10 例（7.2%）带"了"；"变化" 38 个用例中，仅 4 例（10.5%）带"了"。可见，"变"组词此类用法中，宾语表目的义占有优势，但相较之下，"变"的宾语表结果义的倾向性略强。

跟直接带宾语的用法相比，"变"前后项的语义角色都没有变化，在动宾之间加上结果补语这个显性标记，更易明示后项名词性成分所表示的语义特征；而"改变"前后项的语义角色都发生变化：前项名词性成分由动作主体变为对象客体，后项名词性成分由对象客体变为目标或结果。正因为如此，"变"原则上可实现将直接带宾语的用法转换为先带结果补语再带宾语的用法。如：

(3′) a. 王子变成青蛙、沧海变成桑田、天涯变成咫尺
　　　b. "接访"变成"截访"、审查变成登记、死亡变成重生
　　　c. 黑暗变成明朗、消极变成积极、落后变成先进

既然"变"在这两种带宾语的用法中没有改变其前后项的语义角色，那么，是否可将中间插入的结果补语去掉，转换为直接带宾语的用法呢？请看示例：

(19) a. 过了这个时辰之后，上天旮旯了，朝阳变成白日。
　　　b. 过了这个时辰之后，上天旮旯了，朝阳变白日。
(20) a. 我的出生是一个决定性的事件，由于它，世界就变成一个和我息息相关的属于我的世界。
　　　b. 我的出生是一个决定性的事件，由于它，世界就变一个和我息息相关的属于我的世界。

上述 2 例中的 a 句是语料中"变"先加"成"再带宾语的原句，b 句是去掉中间插入成分转换为直接带宾语的变换句。我们看到，例（19）可以实现转换，而例（20）a 句无法转换成 b 句。例（19）a 句之所以能够转换成 b 句，是因为对象客体和目标或结果都是定中结构的双音节名词短语，且语义相对，这二者分列于"变成"前后两端，去掉"成"后，二者依旧对称分布，符合"变"直接带宾语的句法特征，因此可以实现转换。例（20）a 句前项对象客体以及后项的目标或结果的结构形式不相同，对

象客体是光杆形式的名词，目标对象是复杂的定中短语，且"变"的前面还出现副词状语，语义上也没有表现出相反或相对的对比，可见从结构形式到语义都无法对称，因而不能将原句转换成直接带宾语的用例。整齐对称的结构形式直接赋予后项目标或结果义，无须"成"这个明显的标记。

可见，由于"变"直接带宾语和先加补语"成"再带宾语这两种用法中对象客体、目标或结果的语义角色都存在且位序不变，虽原则上应实现两种用法的自由转换，但我们发现，直接带宾语的用法可以自由转换为先加补语再带宾语的用法，反之则不然。由于直接带宾语在形式上和语义上都有严格限制，因而只有符合限制条件的用例才能将"成"去掉，转换为直接带宾语。需指出的是，"变"先加补语再带宾语的用法，其出现频次远远超过直接带宾语的用法，这与前者没有严格的形式语义限制有较大关系。

在"变"先加补语"成"再带宾语的用例中，对象客体前面会出现一些形式标记，共有 62 例，占此类用法全部用例数的 20%，这是其直接带宾语用法中不会出现的句法特征。这些标记以"把"的出现频次最多，有43 例，占"变"此类带宾语全部用例数的 13.9%，其中"变"处在表处置义的"把"字句中居多，有 38 例（88.4%）。如：

（21）范钦面临的问题是如何把自己的意志力变成一种不可动摇的家族遗传。

例（21）中"自己的意志力"是动词"变"的对象客体，"家族遗传"是"自己的意志力"在"变"的作用影响下产生的结果。此时进入的是表处置义的"把"字句。

还有 5 例（11.6%）处在表致使义的"把"字句中。如：

（22）以追求成功为目的的教育，把大多数人都变成失败者。

例（22）中"大多数人"是"变"的动作主体，"失败者"是在致使事件"以追求成功为目的的教育"的影响下而使"大多数人"产生的状态结果。此处的"把"完全可以被典型致使标记"使"替换。

既然此类用法能够分布在表致使义的"把"字句中，语料中自然也出现了致使标记"使""让"与"变成"共现的用例，分别有 12 例（3.9%）、7 例（2.3%）。如：

（23）她是决不会舍弃许仙的，是<u>他</u>，使她想做人的欲求<u>变成</u>了现实。

（24）赢官的第一招是"<u>庭院经营化</u>"，让每一寸土地都<u>变成</u>小金库。

例（23）中，"他"指的是许仙，隐含"许仙帮助白素贞的种种"，这作为致使事件，使"她想做人的欲求"产生变化，最终成为现实。例（24）中，在"庭院经营化"这一事件的作用下，"每一寸土地"受到影响而产生"小金库"这样新的变化结果。

不仅"变"此类用例中共现"把""使""让"这样的显性形式标记，而且处在相同句法语义序列中的"改变"用例中也同样可以出现。在我们的语料中，"改变＋成＋宾语"的3个用例中，其中2例进入"把"字句，且这2例都处在表处置义的"把"字句中。如：

（25）担任林场副场长后，<u>他</u>很快<u>把</u>林场<u>改变成</u>营林、采伐、综合加工配套的企业。

上例中"他"是"改变"的动作主体，"林场"是"改变"的动作客体。动词"改变"对"林场"有处置、控制的作用，从而产生"营林、采伐、综合加工配套的企业"的结果。

在我们的语料中，此类用例的数量比较有限，我们在北语 BCC 现代汉语语料库（简称 BCC 语料库）中随机检索出 500 例，其中出现"把"字有 182 例，占比 36.4%，与"变"相比，"把"字的出现频率更高。同样，进入表处置义的"把"字句占有优势，有 137 例（75.3%），45 例（24.7%）"把"字句表示致使义。如：

（26）你要<u>把</u>每天晚上睡 8 个小时的习惯，<u>改变成</u>一天睡 10 次，每次睡 20 分钟。

（27）几天来的巨变又要<u>把</u>他<u>改变成</u>另一种闭不上嘴巴的人。

例（26）是表处置义的"把"字句，"你"是"改变"的动作主体，"习惯"是表受事的对象客体；例（27）是表致使义的"把"字句，"巨变"是致使事件，"他"是表使事的对象客体，同时也是"改变"的动作主体。

此外也出现了少量的致使标记。在 500 个用例中，"使"出现 19 例（3.8%），"让"出现 5 例（1.0%）。如：

（28）这项举措改变了社区的管理模式，使传统的纵向管理改变成扁平化管理。

（29）爱一个人，不是想方设法地让对方改变成自己理想的样子。

上述 2 例中分别出现致使标记"使""让"，两句的前端都出现了致使事件，前者是"这项举措改变了社区的管理模式"，后者是"爱一个人"。在致使事件的作用下，使事"传统的纵向管理"和"对方"分别产生"扁平化管理"和"理想的样子"的结果状态。

在我们的语料中，"变化"带宾语的全部用例（2 例）都分布在"变化 + 成 + 宾语"这一用法中，它不像"变""改变"一样能直接带宾语，其带宾语的能力须借助结果补语"成"来实现，可见带宾语的出现频次比较少。之所以如此，上文论述过，"变"组词此类用法中，焦点信息不在动作上，而在表目的或结果的宾语上，根据"象似性"原则，我们知道，焦点信息的结构形式要凸显，而非焦点信息的结构形式不应凸显。因此，动词本身的长度要尽可能短，那么"变化"相对"变"来说，自然不适于负载非焦点信息，其使用频率便远低于"变"。

虽然在插入"成"作结果补语后再带宾语的用法中，"变"组词都能分布在相同的句法语义序列中，但出现频率相差较大，"变"以绝对的使用优势抑制"改变""变化"的使用。不仅如此，此类用法中，"变"还有结构形式的变化，如"变……为……"，语料中出现 1 例，而"改变""变化"没有这一变式。如：

（30）创新有不确定性，"孤本"有时在所难免。不过，"试"本来就是为了消除不确定性，变试点为示范。

上例中"变……为……"是"变"独有的固化结构，和"试点变为示范"表达的意思一致。

在先加补语再带宾语这类用法中，结果补语"成"的使用占绝对优势，除了"成"，"变""改变"后面插入可能补语"不了"的数量都极少，前者出现 5 例，后者出现 4 例。如：

（31）倘若没有精当的运作技巧，这一必然性，也就像水变不了油一样转化不成现实性。

（32）你改变不了这事情的性质。

上述 2 例虽然带的都是"不了",但二者前后项名词性成分的语义角色不同。"变"的前项是对象客体,如例(31)中的"水";后项是目标或结果,如"油"。"改变"的前项是动作主体,如例(32)中的"你";后项是对象客体,如"这事情的性质"。因此,当二者都加"不了"作补语再带宾语时,"变""改变"是无法相互替换的。

"改变"在先加补语再带宾语这一用法中虽然用例极少,但其中出现的补语类型最多,除了结果补语"成"、可能补语"不了"之外,语料中还出现动量补语"一下",有 1 例。即:

(33)我们打算改变一下做法,换个角度。

上例中前项成分"我们"是"改变"的动作主体,后项成分"做法"是其对象客体。这一语义角色的顺序与"改变"直接带宾语和先加结果补语"不了"再带宾语是一致的。可见,"改变"倾向于"主动态"表达,而"变"倾向于"被动态"表达。这与动词本身的关涉对象的倾向性有关,上文提到,《1 700 对近义词语用法对比》《汉语近义词典》都指出,"改变"强调主观行为,而"变"强调的是客观事物。

2.1.1.2　带补语能力的比较

在 400 万字现代汉语语料库中,我们检索出"变"带补语 365 例,占其充当谓语全部用例数的 44.1%;"改变"带补语 4 例,占比 3.1%;"变化"带补语 2 例,占比 10.5%。可见,"变"带补语的能力远超出"改变""变化"。

1. 带情态补语

"变"组词带情态补语,从语言形式上看,就是动词"变""改变""变化"和补语之间插入助词"得"。目前有工具书对"改变""变化"带此类补语的能力进行否定,如《对外汉语常用词语对比例释》指出"改变"不能带情态补语;《汉语近义词典》指出"变化"不能替换"变"带情态补语。而在语料中,"变""改变""变化"都出现带情态补语的用例。其中"变"有 313 例,占其带补语全部用例数的 85.8%;"改变"有 2 例;"变化"有 1 例。可见,"变"带补语的用例集中分布在情态补语类型中,与"改变""变化"仅现偶例的情况相比,"变"带情态补语的能力最强。"改变""变化"这两个双音节词极少带情态补语,这与情态补语前的动词多为单音节有关。如:

(34)半年下来,二老变得更加乐观、安详、喜悦。

（35）谁为对方改变得最多，谁就是更爱的那个人。

（36）中国青年思想，以五四运动前后变化得最厉害。

上述 3 例中，从"变"组词前的名词性成分的语义类别来看，"变""改变"前项名词性成分"二老""谁"都是［＋有生性］的；"变化"前项名词性成分是［－有生性］的。从所带情态补语的结构类型来看，它们都是偏正短语，且"改变""变化"的偶例中，都出现表程度高的词语作补语。从情态补语的语义指向来看，"变"的补语"更加乐观、安详、喜悦"是指前项名词性成分"二老"的；而"改变""变化"的补语"最多""最厉害"都指向动词本身。由于我们的语料中"改变""变化"带情态补语的用例数极为有限，很难从仅现的偶例中得出三者带情态补语的异同，我们借助 BCC 语料库增加"改变""变化"的用例数，其中"改变"174 例，"变化"194 例。接下来我们进一步探讨"变"组词带情态补语的使用规律和差异。

首先来比较前项名词性成分。

在"变"带情态补语的用例中，前项名词性成分既可以是［＋有生性］的词语，如例（34）中的"二老"，有 162 例（51.8％）。也可以是［－有生性］的，有 151 例（48.2％）。如：

（37）隋文帝统一中国之后，衣服和图案都变得华丽。

上例中"衣服和图案"显然具有［－有生性］的语义特征。从"变"前项名词性成分的这一语义类别来看，［＋有生性］和［－有生性］并没有显豁的倾向性。

而在"改变""变化"的用例中，前项名词性成分的特征却有显豁的倾向性。"改变"前项名词性成分具有［＋有生性］语义特征的有 63 例（36.2％），［－有生性］的有 111 例（63.8％），可见，"改变"前项名词性成分倾向于［－有生性］。如：

（38）你改变得太大了，我都已经不认得了！

（39）不是我的诺言不兑现，而是时间和环境改变得太快，出乎我意料。

例（38）中"你"是［＋有生性］的前项成分；例（39）中"时间和环境"是［－有生性］的前项成分。

"变化"前项名词性成分具有［＋有生性］语义特征的仅有 15 例（7.7％），［－有生性］的有 179 例（92.3％）。可见，跟"改变"相比，"变化"前项名词性成分具有［－有生性］语义特征的倾向性更明显。如：

（40）一会儿喜欢这个，一会儿喜欢那个，你不觉得<u>你</u>变化得太快了吗？

（41）<u>面上的神情</u>，忽然烦燥（躁），忽然安恬，变化得十分剧烈。

上述 2 例中的"你"显然具有［＋有生性］的语义特征；"面上的神情"是［－有生性］的前项成分。

"改变""变化"前项名词性成分中频现一些词语，即这些词语在与"变"组词搭配时对其中的成员有自身的选择倾向性，而"变"此类用法中的前项名词性成分却没有这样显著的特点。

我们将"改变""变化"带情态补语用法中频现的前项名词性成分列出，见表 2-2。

表 2-2 "改变""变化"频现的前项名词性成分

序号	改变	变化
1	态度	事情
2	生活	世界
3	世界	情况
4	一切	情绪
5	面貌	表情

接着我们再来比较充当补语的语言成分的结构类型。

在"变"带情态补语的用例中，补语的典型结构类型有偏正短语、并列短语和谓词光杆形式。其中，偏正短语的数量最多，有 121 例，占比 38.7％；其次为并列短语，有 84 例（26.8％）。谓词光杆形式也是数量较多的结构类型，有 62 例（19.8％）。如：

（42）那对眼珠子要是盯上了你，就会变得<u>越来越黑</u>。

（43）有恃无恐的精神力量使他们变得<u>大方而豁达</u>。

（44）父母不在了，他的来路就变得<u>模糊</u>，他的去路反而敞开了。

29

上述 3 例中的情态补语的结构类型分别是偏正短语、并列短语和形容词光杆形式。例（42）中，"黑"前面的修饰词"越来越……"常见于"变"的情态补语中，形成"变＋得＋越来越＋形容词"的线性序列，有 26 例（21.5％）。《现代汉语八百词》（增订本，1999：640）把"越来越……"解释为"表示程度随时间的推移而变化"。其语义包含［＋持续］［＋程度变化］，须直接修饰具体的形容词，语义才能明示，同时它和"变"的词义也存在交叉，故而常出现于"变"的情态补语中。例（43）中，"而"连接两个形容词，共同补充"变"的动作主体"他们"的状态结果。例（44）中，"模糊"是性质形容词，单独作情态补语的用例较少，在语料中，形容词以光杆形式单独作情态补语的多是状态形容词，这与状态形容词的功能相关。

"变"情态补语的非典型结构有四字短语、中补短语、动宾短语、主谓短语等，分别有 18 例、16 例、10 例、2 例。如：

（45）原本泾渭分明的答案变得似是而非，泥鳅一样滑走。

（46）人们对大自然或者视而不见，或者目光变得尖利起来——那是攫取的目光。

（47）他故意让遗嘱变得不近情理，让立志继承藏书的一房完全无利可图。

（48）多出一所破庙，一口老井，这个县立即变得古风蕴藉，不必再有长进。

上述 4 例中的情态补语的结构类型分别是四字短语、动趋短语、动宾短语和主谓短语。"变"情态补语中出现的四字短语以贬义色彩词居多，如例（45）。动趋短语中作趋向补语的词都是"起来"，如例（46），《实用现代汉语语法》（2001：566）指出："用在动词后时，表示动作开始进行——由静态进入动态；用在形容词后，表示新的状态开始。""变"情态补语中出现的动宾短语表示结果，以消极负向义居多，如例（47）。主谓短语只见偶例，且"变"后出现的主谓短语都是四音节的，如例（48）。

"改变""变化"情态补语的结构类型也比较多样，但偏正短语所占比重较之"变"要大得多，其中"改变"的情态补语中有偏正短语 123 例（70.7％），"变化"的情态补语中有偏正短语 141 例（72.7％）。如：

（49）人民对于文学艺术的爱好，不会像对物质生活，改变得那样快。

（50）他以前从来没有见过他的脸孔似的；它变化得多么大啊。

"改变""变化"的补语中频频出现表示频率快慢的词，如例（49）；或表示程度高低的词，如例（50）。这两种语义类别的偏正短语占有绝对优势，"改变"中有 111 例（90.2%），"变化"中有 129 例（91.5%）。这是"改变""变化"在情态补语中分布的显著特点之一。

"改变""变化"的情态补语还有少量用例的结构类型是四字短语、形容词光杆形式、主谓短语等。如：

（51）媒体早已使人们改变得"喜新厌旧"。

（52）百年以后，人类社会也许已经变化得天翻地覆。

上述 2 例是四字短语作"改变""变化"情态补语的用例。"改变"后面的四字短语也是贬义色彩的居多，如例（51）；而"变化"后面的四字短语没有明显的感情色彩倾向，如例（52）。

（53）谁若拒绝这种改变，或者改变得晚，那么谁就被动，甚至会被淘汰。

（54）局势千变万化，任何计划都没有实际情况变化得快。

上述 2 例是形容词以光杆形式作"改变""变化"情态补语的用例。同"变"后面带的形容词的光杆形式相比，"改变""变化"后面的形容词光杆形式以单音节词居多。

（55）三个月的时光竟将一个洒脱不过的人急剧地改变得原形消失一尽。

（56）他不说，证明改变得他目瞪口呆。

上述 2 例是主谓短语作"改变""变化"情态补语的用例。与"变"不同的是，它们后面的主谓短语较为复杂，长度较长，并未限制在四个音节内。情态补语是主谓短语时，前面的动词加"得"，带有致使意味，这是其他结构类型的情态补语不具备的特点。

最后我们再来比较这三者所带的情态补语的语义指向。

"变"的情态补语都指向"变"前项的名词性成分。不管前项成分是否［＋有生性］，也不管补语的结构类型是否典型，其情态补语的语义都指向前项名词性成分。我们可以从去掉"变＋得"的原句变式中看出，语义基本没变。

然而，"改变""变化"情态补语的语义指向相对较为复杂。上文提到，表示程度大小和频率快慢的词语常见于它们的情态补语中，且占有比重优势。当情态补语中出现了这些词时，其语义指向"改变""变化"，即补语语义指向动词本身。

2. 带结果补语

在我们的语料中，"变"带结果补语47例，占其带补语全部用例数的12.9%；"改变"带结果补语1例，而"变化"没有出现带结果补语的用例。如：

（57）原来只是一条细细的小溪，走到南温泉尽头，小溪变宽了。

（58）我为她做了那么多，也改变那么多，她都看不到吗？

例（57）是"变"带结果补语的用例。其结果补语一般是单音节的性质形容词，有44例（93.6%）。例（58）是语料中出现的"改变"带结果补语的唯一用例。它的结果补语与"变"的有很大不同，是偏正短语作补语，我们在BCC语料库中检索"改变"带结果补语的用例，发现能作其结果补语的词语十分有限，一般表示程度高低的词才能作其结果补语，如此例中的"多"，是出现频率最高的。

"变"带结果补语表示其对象客体的状态发生变化，由原来某种状态发展到新的状态中。正因为如此，其前面出现的状语中，频频出现具有［＋渐变］语义特征的副词，如"逐渐""渐渐""慢慢"等。如：

（59）《左传》中的这位子产，是在国人的恨骂声中逐渐变好的。

（60）到了秋天，果实成熟，植物的叶子渐渐变黄。

（61）现在，西北的山在慢慢变绿，水在慢慢变清。

上述3例分别是"逐渐""渐渐""慢慢"充任状语的用例。可见具有［＋渐变］语义特征的副词与"变"的语义契合度较高。

3. 带数量补语

"变""改变""变化"三者都能带动量补语，在语料中，"变"有4例，"改变""变化"各有1例。相比带情态补语、结果补语的能力，动量补语是"变"所带的非典型补语类型。"改变"带动量补语依旧仅见偶例。"变化"虽然出现了带动量补语的用法，但也是仅见偶例。如：

（62）她每次吐槽都是以这句话作开场白的，连两个小句的前后顺序都不会变<u>一下</u>。

（63）要解决这个矛盾，需要把这个生产关系和上层建筑改变<u>一下</u>。

（64）当学生解答了某一问题之后，教师要求学生把原问题的某一部分变化<u>一下</u>。

上述 3 例都是"变"组词带动量补语的用例，且动量补语都是由"一下"充任。其中例（63）中，"改变"的对象客体由"把"提前，而"改变"带动量补语后再接体词性宾语的用法在实际语言中更为常见①。

语料中"变"的动量补语还可以是"一/几变"，前面搭配的名词一般是"脸色""面色""神色"等词语。如：

（65）半分灵气都没了，周青若的脸色变了<u>几变</u>。

（66）那家伙陡地一呆，面色也变了<u>一变</u>。

"变"作为特殊的动量词，仅跟动词"变"搭配，形容人的脸色骤变，常用于叙事型文体中，动词"变"与动量补语"一/几变"中间插入"了"。"改变""变化"不能带含有动量词"变"的补语。

"变""变化"还能带时量补语，虽然我们的语料中没有出现这样的用例，但在实际语言中，"变""变化"带时量补语表示对象客体变化的时间。在 BCC 语料库中，我们检索到"变"带时量补语 2 例，"变化"带时量补语 3 例。如：

（67）史仲义脸色又变了<u>一阵</u>，才说道……

（68）当电子运动了半个轨道，而电场已经变化了<u>一个周期</u>。

上述 2 例是"变""变化"带时量补语的用例，"变"带时量补语时中间一般都要插入"了"。

4."变"带趋向补语

前面提到，"变"带补语的能力在"变"组词中是最强的，之所以如此说，是因为其带补语的数量最多。除了数量最多之外，"变"带的补语类型也是最丰富的。在实际语言中，"变"还能带趋向补语，有 1 例。即：

---

① 在 BCC 语料库中，"改变 + 一下 + 宾语"的用例多于"宾语 + 改变 + 一下"，前者有 287 例，后者有 45 例。

（69）这姑娘<u>变</u>起来这么快！

虽然我们的语料中没有出现"变化"带趋向补语的用例，但上述例子中的"变"也可以用"变化"替代，即"变化"也具有带时量补语的能力，但其使用频率不及"变"①。

2.1.1.3 不带任何句法成分的比较

还存在一种情况，对象客体充当主语、动词后没有后续句法成分，即动作关涉的对象客体居于句首主语位置，同时动词不带宾语或补语。如：

（70）这种牵一发而动全身的绘画艺术，改一笔，笔笔要动，因为<u>关系</u>全<u>变</u>了。

（71）不管<u>他的外在身份</u>如何<u>变化</u>，历史留下了他的一个最根本的身份。

（72）<u>问题</u>虽然<u>改变</u>了，但关键仍然是政治。

上述3例中，"关系""他的外在身份""问题"分别是"变""变化""改变"的对象客体，其中只有带宾语能力最强的"改变"可以将对象客体移至宾语位置。动词后面没有后续的句法成分，可以不出现任何语言成分，如例（71）；也可以只出现句末助词"了"，表示对象客体出现了变化，如例（70）（72）。

在语料中，此类句法分布，"变"有108例，占其作谓语全部用例数的13.1%；"改变"有21例（16.3%）；"变化"有15例（79%）。从三者所占比重来看，带宾语能力最弱的"变化"所占比重最大，而"改变"虽然带宾语能力最强，但此时和带宾语能力较弱的"变"所占比重差别不大。

从居于主语位置的对象客体来看，充任的词语是以［－有生性］占绝对优势。我们将三者高频出现的词语列出，见表2－3②。

---

① 在BCC语料库中，"变"搭配"起来"有49例；而"变化"搭配"起来"有15例。

② 基于我们的自建语料库及BCC、CCL语料库，对"变"组词作谓语，且对象客体作主语时，统计得出的对象客体高频排序表。

表 2 - 3　"变""改变""变化"主语位置频现词语

序号	变	改变	变化
1	脸色	方式	情况
2	天	环境	时代
3	事情	观念	天气
4	表情	态度	一切
5	情况	面貌	方式

从表 2 - 3 可以看出，"变""变化"高频搭配的对象客体主语都具有 ［ - 主观性］的语义特征，而"改变"高频搭配的对象客体主语中既有 ［ - 主观性］的，也有 ［ + 主观性］的名词。

在这一句法分布中，"变"组词中不同成员前面的修饰成分也表现出 不同的搭配倾向性。我们将三者前面频现的词语列出，见表 2 - 4。

表 2 - 4　"变""改变""变化"状语修饰成分频现词语

序号	变	改变	变化
1	不	（不）会	（正）在
2	一	（正）在	如何
3	没（有）	可以	怎么
4	大	彻底	（不）会
5	也	如何	迅速

首先，从音节搭配来看，此类用法没有后续的句法成分，最能显现 "变"组词和状语搭配的音节组合规律。"变"的高频状语基本上是单音节 词；而"改变""变化"的高频状语则以双音节词居多。可见，从音节搭 配的倾向性来说，"变"组词和状语搭配遵循 ［1 + 1］ 和 ［2 + 2］ 的韵律 模式。其次，从高频状语的词性分布来看，"变"的高频状语是副词；"改 变"的高频状语中，能愿动词数量最多，副词次之，代词最少；"变化" 的高频状语中，副词和代词的数量较多，能愿动词数量最少。从高频状语的 语义类别来看，"变"倾向于和包含 ［ + 否定性］［ - 持续性］［ + 程度］ 等 语义特征的副词搭配；"改变"倾向于和包含 ［ + 否定性］ ［ + 持续性］ ［ + 程度］ ［ + 方式］ 等语义特征的副词搭配；"变化"倾向于和包含 ［ + 持 续性］ ［ + 方式］ ［ + 否定性］ ［ + 频率］ 等语义特征的副词搭配。

2.1.2 充当非谓语差异

2.1.2.1 充当主语、宾语

本章开头部分提到，《对外汉语常用词语对比例释》指出，"变"组词中只有"变化"具有充当非谓语的句法功能，而"变""改变"都没有。在400万字现代汉语语料库中，我们检索出"变"作主语1例，作宾语7例，是其充当非谓语句法功能的全部用例；"改变"充当主语或主语中心语4例，充当宾语或宾语中心语16例，共占其充当非谓语全部用例数的76.9%；"变化"充当主语或主语中心语37例，充当宾语或宾语中心语126例，共占比86.7%。

由于"变"作主语、宾语具有特殊性，我们将其单独讨论；"改变""变化"有比较的基础，因此放在一起讨论。我们先来看"变"作主语、宾语的情况。

1. "变"作主语、宾语

在语料中，我们仅发现1例"变"作主语的用例。即：

（73）从法律体系到法治体系，一字之变，折射出中国共产党和中国人民在推进国家治理体系和治理能力现代化的道路上迈出了实质性步伐。

此例中，"变"分布在句子的主语位置，且在主语中心语的位置。前面有双音节定语加定语标记"之"，作主语中心语的"变"和前项定语、定语标记一同构成一个四音节的偏正短语，虽然这是临时组合，但因为四音节短语符合［2＋2］稳固和谐的韵律模式，且它分布在书面化程度较高的语体中，因而，这里使用了单音节词"变"而非"变化"。

"变"作宾语时可搭配的谓语动词十分有限，在语料中，我们发现它仅充当"有""求""待"的宾语。如：

（74）春运期间部分列车停靠点有变。
（75）面对逼人的形势，所有的国家都在求新求变、求变求新。
（76）人生苦短，对于一个虚无主义者来说，与其苦撑待变，不如以片刻的轰轰烈烈、以带血的自由意志、以瞬间的死亡进一步初步"立德"之业。

上述3例中，"变"作宾语时，搭配的这三个谓语动词都是单音节词，且"变"的前面没有修饰成分，和谓语动词紧密结合成双音节的动宾短

语。从它们分布的句法环境来看,"变"作宾语和单音节动词形成的动宾短语,一般要与其他双音节动宾短语结合,构成一个四音节的并列短语,如例(75)(76)。而"变"作"有"的宾语时,却相对较为自由,如例(74),"有变"并没有与其他双音节动宾短语形成四音节的并列结构。可见,相对"变"搭配的其他单音节谓语动词来说,"有变"的出现频次最多,它已脱离限定性句法环境的制约,单独使用的倾向性较强。

2. "改变""变化"作主语、宾语

首先来看二者直接作主语或主语中心语的情况。

"改变"的4例都是其作主语中心语的用例;而"变化"既有作主语中心语的用例(34例),也有以其光杆形式直接作主语的用例(3例)。如:

(77)新政党成立之后,最明显的改变,是各级民意机关本身的预算大幅增加。

(78)来自大西北的天气变化依然牵动着我的目光。

(79)新世纪以来,变化开始出现。新兴经济体之间的投资、贸易和产业互动加快。

例(77)(78)是"改变""变化"充当主语中心语的用例,例(79)是"变化"以光杆形式直接作主语的用例。虽然"变化"作主语的类型有两种,但以光杆形式直接作主语的用例却较少,主要在于其指称义抽象,因而需要有定语对其进行修饰限定。

再来看二者直接作宾语或宾语中心语的情况。

"改变"有16例处在宾语位置上,其中10例为以光杆形式直接作宾语,6例作宾语中心语;"变化"有126例处在宾语位置上,其中25例为以光杆形式直接作宾语,101例作宾语中心语。如:

(80)有些承诺被刻上了永远的印记,一生也因为此刻而有所改变。

(81)"科技镇长团"成员为当地经济发展带来实实在在的改变。

(82)只有僻静地方,还有炸弹造成的黑色废墟,情势惨淡,城市面貌发生了变化。

(83)在他们离开了这个世界之后,时代已经发生了多么大的变化。

例(80)(81)分别是"改变"以光杆形式直接作宾语和作宾语中心语的用例;例(82)(83)分别是"变化"以光杆形式直接作宾语和作宾

语中心语的用例。与二者作主语的情况比较，"改变"处于宾语位置时不仅可以作中心语，也可以光杆形式直接作宾语，且后者的使用频率更高。而"变化"依旧还是作宾语中心语比以光杆形式直接作宾语更常见。

我们对"改变""变化"处于宾语位置时与其相搭配的谓语动词进行统计，将二者作宾语时与其相搭配的高频谓语动词列出，见表2-5。

表2-5　"改变""变化"作宾语时与其相搭配的高频谓语动词

序号	改变	变化
1	有（所）	发生
2	没有	有
3	发生	随
4	带	没（有）
5	得到	出现

邓守信主编的《汉英汉语常用近义词用法词典》（1996：55-56）列出，"有""发生"可以搭配"变化"，但不能搭配"改变"。基于我们的自建语料库以及BCC、CCL语料库的检索，我们发现，"有""发生"不仅能搭配"改变"，而且都是其高频搭配的谓语动词。需指出的是，当谓语动词是"有"时，"改变"前面出现名词化标记"所"之后，可以直接作其宾语，若不加"所"，"改变"一般作宾语中心语，其前面还需出现修饰成分。

2.1.2.2　"改变""变化"充当定语

"改变""变化"都有作定语的用例，其中"改变"有6例，"变化"有25例。如：

（84）既然如此，不去徒劳地想不可改变的命运，岂非明智之举？
（85）肖云嫂与岳鹏程关系的变化过程，她从根到梢清清楚楚。

上述2例中，"改变""变化"都不是以光杆形式直接作定语，这也是二者分布在定语中的常态，一般接受其他成分修饰后，形成的整体作后面中心语的定语。如例（84）中，"不可"先修饰"改变"，形成状中短语，之后这个状中短语作定语修饰后面的中心语"命运"。例（85）中，"肖云嫂与岳鹏程关系"的定中短语先修饰"变化"，之后这个主谓短语作定语修饰后面的中心语"过程"。需指出的是，此类"改变"用例中，后面的中心语在意念上是"改变"的对象客体；而"变化"和后面的中心语并没有直接的语义关系。

(86) 中国的国有控股银行在世界上堪称最大最多，也是不争的事实。在中国，国有银行占大头的事实，短期内看不到改变的迹象。

(87) 庐山的文化形象是在本世纪初年发生重大变化的，变化的契机是"西人避暑"。

上述 2 例是"改变""变化"以光杆形式直接作定语的用例。这是二者作定语的非常规表现，在语料中仅见偶例。例（86）中，作者在前一句中铺垫"中国国有银行占大头"的信息，下一句定语位置上的"改变"一词包含"将国有银行比重降低改变"的意思；例（87）中，定语位置上的"变化"，指的是上文中"庐山文化形象发生重大变化"的信息。可见，"改变""变化"之所以能够以光杆形式直接作定语，是受到语境中上文信息的影响，可以省略相应的修饰成分，而读者结合上文信息的提示，不会觉得语义不明。

综合以上"变"组同素同义词本体规则的研究及梳理，我们发现，在"变"组词充当谓语功能的用例中，它们的句法分布可归纳为三大类，即：带宾语；带补语；对象客体充当主语，动词后不带任何句法成分。其中第一大类——带宾语包括直接带宾语以及先加补语再带宾语两小类。第二大类——带补语按照补语类型分主要有情态补语、结果补语、数量补语及趋向补语四小类。第三大类，没有再细分下位类别。"变"组同素同义词都还具有非谓语的句法功能，动性特征最强的"变"可作宾语或主语；动性特征较强的"改变"和动性特征最弱的"变化"都能作主语、宾语或定语。

2.2　"变"组词习得情况考察

本节我们主要考察留学生"变"组同素同义词的习得情况，并根据上面本体规则的比较研究，试对留学生偏误现象进行分析解释，从而结合学生的习得情况，在本体规则的基础上提出教学建议。

在考察习得情况之前，我们先看一下"变"组同素同义词在大纲和教材中的安排情况。在《汉语水平词汇与汉字等级大纲》中，"变""改变""变化"都被列为甲级词；在《高等学校外国留学生汉语教学大纲》（长期进修）中，三者都属初等阶段词汇，其中"变"为最常用，"变化"

"改变"为次常用；在《高等学校外国留学生汉语言专业教学大纲》中，三者都在一年级词汇表中，其中"变""变化"是一级词汇，"改变"是二级词汇。在三个通用大纲中，"变"都被列为最基本、需要最先掌握的词。

我们在南京师范大学留学生学习汉语的教材中，发现"变"最先出现在初级阶段听说课本Ⅱ第24课"我的理想从小到大都没有变"中；"变化"最先出现在初级阶段听说课本Ⅱ第28课"和你的朋友谈一谈你来中国以后你的变化"以及综合课本Ⅱ第34课"很多城市都发生了巨大的变化"中；"改变"最先出现在初级阶段综合课本Ⅱ第34课"看城市在慢慢地改变"中。在初级阶段综合课本（Ⅰ、Ⅱ、Ⅲ、Ⅳ）和听说课本（Ⅰ、Ⅱ、Ⅲ、Ⅳ）中，"变"出现21次，"变化"出现16次，"改变"出现8次。中级阶段教材《桥梁》（上、下）中，"变"出现23次，"变化"出现10次，"改变"出现8次。高级阶段教材《高级汉语教程》（上、下）中，"变"出现58次，"变化"出现14次，"改变"出现20次。可以看出，"变"不仅在初级教材中最先出现，而且在三个阶段教材中的出现频次都是最多的；"变化"的出现顺序及频次在初级、中级阶段教材中都居于第二位；"改变"的出现频次在高级阶段教材中才超过"变化"。可见，教材中各词出现顺序及频次多少基本与大纲列出的先后顺序及重要程度相一致。

2.2.1 总体使用情况

在150万字的中介语作文语料库中，我们检索到781例"变"组同素同义词，其中"变"443例（56.7%），"改变"166例（21.3%），"变化"172例（22.0%）。三者出现频次的多少与本族人的相一致，都是"变" > "变化" > "改变"。现将留学生在各个等级（初级、中级、高级各50万字）中对这组词的使用数量进行统计，并与本族人等量语料（从400万字中随机抽取50万字）中的使用数量进行比较，具体数据见表2-6。

表2-6　中介语作文语料库中各等级"变"组词的使用情况

级别	变	改变	变化	总计
初级	77 例	11 例	49 例	137 例
中级	145 例	65 例	43 例	253 例
高级	221 例	90 例	80 例	391 例
本族人	162 例	35 例	41 例	238 例

可以看出，留学生对于"变"组词的使用，是随着学时等级的不断提升而逐渐增加的。初级阶段"变"组词的使用总量还不及本族人，但到了中级、高级阶段已超过本族人的使用量，特别是高级阶段，其使用量比本族人的多出 64.3%。留学生"变"组词的平均使用量是本族人平均使用量的 1.1 倍，总体上存在对"变"组词的超量使用现象。从具体每个词各阶段的超量使用情况来看，"变"到高级阶段才开始超量使用，而"改变"从中级阶段就开始了，"变化"则贯穿整个学时阶段。可见，"变"组词总体上的超量使用，主要源于"改变""变化"超出常量，尤其是"改变"一词，其使用量是本族人的 1.6 倍。然而，"改变"在教材中的输入量并不是最多的，由此看来，留学生"变"组词输出超量并不完全是由教材影响的。

接下来，我们将这 781 例"变"组词的句法分布情况进行统计，具体数据见表 2-7。

表 2-7 中介语作文语料库中"变"组词句法分布情况

句法功能	具体句法分布	变	改变	变化
充当句子谓语成分	1. 直接带宾语	12 例（2.7%）	70 例（42.2%）	7 例（4.1%）
	2. 先加补语再带宾语	245 例（55.3%）	5 例（3.0%）	2 例（1.2%）
	3. 带情态补语	78 例（17.6%）	2 例（1.2%）	4 例（2.3%）
	4. 带结果补语	61 例（13.8%）	0	4 例（2.3%）
	5. 带数量补语	0	1 例（0.6%）	0
	6. 带趋向补语	0	0	1 例（0.6%）
	7. 对象客体充当主语、动词后没有后续句法成分	46 例（10.4%）	73 例（44.0%）	19 例（11.0%）

（续上表）

句法功能	具体句法分布	变	改变	变化
充当句子非谓语成分	8. 充当主语、宾语	1 例（0.2%）	15 例（9.0%）	133 例（77.3%）
	9. 充当定语	0	0	2 例（1.2%）

根据表 2-7 列出的中介语中"变"组词的句法分布，结合本族人的使用情况，我们发现：

其一，留学生使用"变"组词的用法类型比本族人的要少。具体来说，"变"缺少带数量补语、带趋向补语这两种用法；"改变"缺少带结果补语、带趋向补语以及充当定语这三种用法；"变化"缺少带数量补语这一种用法，但它同时还多出一项本族人不会使用的不符合语法的情况，即直接带宾语这种用法。对于"变""变化"来说，整个学时阶段教材中都没有出现这二者所缺少的用法；而对于"改变"来说，中级、高级阶段教材中出现其带结果补语、充当定语的用法。

其二，留学生使用"变"组词在用法类型倾向性上与本族人也不尽相同。就"变"来说，本族人使用"变"主要分布在先加补语再带宾语以及带情态补语这两种用法中，这二者在本族人的语言使用实际中占比高达 75.2%；留学生使用"变"频率最高的两种用法跟本族人的一致，但在非典型用法的使用频率排序中就不相一致了。例如，对象客体充当主语、动词后没有后续句法成分在本族人的使用中也较为典型，但留学生对此的使用频率不及其带结果补语的用法。对"改变"来说，本族人使用"改变"集中分布在直接带宾语的用法中，而留学生使用频率最高的却是对象客体充当主语、动词后没有后续句法成分这一用法。对"变化"来说，本族人和留学生都集中在充当主语、宾语的非谓语功能中使用，用作谓语时也都主要将其分布在对象客体充当主语、动词后没有后续句法成分的用法上。可见，在"变"组词中，留学生"变化"的使用频率分布顺序最接近本族人，其次是"变"，最后才是"改变"。

从教材输入来看，三者的用法输入基本和本族人日常语言实际使用相一致。可见，跟"改变"相比，留学生使用"变""变化"的情况受到教材输入的影响较大。

留学生在使用"变"组词直接带宾语的用法时，宾语音节数量的分布情况见表 2 - 8。

表 2 - 8 中介语作文语料库中"变"组词动宾音节搭配情况

宾语类型	变	改变
单音节宾语	2 例	0
双音节宾语	2 例	20 例
多音节宾语	8 例	50 例

上文提到,本族人使用单音节词"变"更倾向于搭配双音节宾语,使用双音节词"改变"更倾向于搭配多音节宾语。而留学生在作文中使用"变"则更倾向于搭配多音节宾语,这与本族人有所差异;但他们使用"改变"搭配宾语音节数量的倾向性与本族人相同。

在 781 例"变"组词的用例中,正确用例有 545 例,偏误用例有 236 例,平均正确率为 69.8%,总体上留学生对"变"组词的习得情况不是很理想。各学时等级中"变""改变""变化"的正误情况具体见表 2 - 9。

表 2 - 9 中介语作文语料库中各等级"变"组词的正误情况

级别	变		改变		变化	
	正	误	正	误	正	误
初级	44 例	33 例	9 例	2 例	37 例	12 例
中级	81 例	64 例	59 例	6 例	31 例	12 例
高级	134 例	87 例	81 例	9 例	69 例	11 例
总计	259 例	184 例	149 例	17 例	137 例	35 例

"变"组词在初级阶段的正确用例有 90 例,偏误用例有 47 例,初级阶段的正确率为 65.7%,低于平均正确率;中级阶段的正确用例有 171 例,偏误用例有 82 例,其正确率为 67.6%,略高于初级阶段的正确率,但依旧低于平均正确率;高级阶段正确用例有 284 例,偏误用例有 107 例,其正确率为 72.6%,高于平均正确率。可见,随着学时等级的提高,正确率也在不断攀升,但整个学时阶段的正确率都未能达到 80% 以上,可见留学生对于"变"组词的习得难度较大。

从中级到高级这一阶段,正确率上升幅度最大,是"变"组词整体上的习得的关键期。这一阶段,"变化"的正确率提升了 14.2%,"变"的正确率提升了4.7%；而"改变"不升反降，正确率下降了0.8%。可见，"改变"相对另外两个词来说，习得难度更大。

2.2.2 正确用例情况考察

中介语理论认为留学生产出的中介语既包括正确的部分（符合目的语的部分），也包括偏误的部分（不符合目的语的部分）（肖奚强，2011）。接下来我们对"变"组各词在各个学时阶段的正确用例情况进行考察。首先来看"变"的正确用例情况。

1. 变

初级阶段，"变"的使用量最少，同时正确用例数也最少，其正确率为57.1%，低于初级阶段"变"组词的正确率。44个正确用例主要分布在先加补语再带宾语的用法上，有31例，占比70.5%。如：

（88）丢了马本来是一件坏事，但是怎么能知道它不会变成一件好事呢？（初级加拿大）

（89）我其实不想离开中国因为我变成了一个蛮爱中国的人。（初级韩国）

上述2例都是"变"先加补语再带宾语的正确用例。补语都是由结果补语"成"充任，这也是本族人使用此类用法时出现频率最高的词。初级教材中这一用法的出现频次最多，且多数用例用于已然发生的事态中，因而补语后面、宾语前面出现时态助词"了"的用例多于中间不插入"了"的用例。学生注意到这一点，在陈述已然发生的事态时有意识地带"了"，如例（89）。

初级阶段还有少量正确用例分布在对象客体充当主语、动词后没有后续句法成分，带情态补语，带结果补语这三类用法上，分别有6例、5例、2例。如：

（90）我希望我们的好关系不变，会永远继续下去。（初级法国）

（91）随着科学的发展，人们的生活也会变得越来越好。（初级尼泊尔）

（92）随着国家的经济发达，自行车慢慢地变少了。（初级老挝）

上述3例分别是对象客体充当主语、动词后没有后续句法成分，带情态补语，带结果补语这三类用法的正确用例。初级阶段"变"一词最先在教材中引进的用法就是对象客体充当主语、动词后没有后续句法成分，在此类用法的 6 个正确用例中，有 3 例"变"的前面受否定副词"不"修饰，如例（90），且初级教材中这一用法的输入用例中，呈现的都是其否定形式"没有"或"不"修饰的情况，可见学生输出的正确用例应深受教材输出的影响。"变"带情态补语是初级教材输出最多的用法类型，在教材中出现 2 例"变 + 得"与"越来越 + 形容词"相组合的用例，因而学生受此影响，产出"变得越来越好"的正确用例。初级教材中"变"带结果补语的用例出现频次也较多，输入的结果补语一般是表示形状大小、数量多少的单音节性质形容词，如例（92）中的"变少"，显然也是受到教材输入用例的直接影响。

中级到高级阶段是留学生习得"变"组词的关键期，其中"变"的正确率的提升幅度较大，所以从中级到高级也是留学生习得"变"的关键期。中级阶段正确用例分布的用法类型与初级阶段的一致，但出现频率的高低排序与初级阶段的不同，这与中级教材的输出类型的排序一致，即：先加补语再带宾语 > 带情态补语 > 带结果补语 > 对象客体充当主语、动词后没有后续句法成分。到了高级阶段，正确用例的分布类型不仅保留了初级、中级就有的四种类型，还多出一项直接带宾语的用法。

中级、高级阶段正确用例数量最多的分布类型都是先加补语再带宾语，中级有 35 例，高级有 69 例。这也是整个学时阶段正确用例数最多的分布类型。如：

（93）把自己的生活变成一场比赛，比赛越厉害，收获越多。（中级西班牙）

（94）幸好找到了工作，由于她工作勤快，很快就变成了老板的助手。（高级美国）

（95）树上的叶子开始长大，从前白色的土地变为绿色的一片。（高级白俄罗斯）

（96）这样的雪上面还没有脚印，它变出霓虹般的色彩。（高级俄罗斯）

例（93）是中级阶段先加补语再带宾语的正确用例，这一阶段此类正确用例中插入的都是结果补语"成"，与教材输入的一致。例（94）至例（96）是高级阶段先加补语再带宾语的正确用例，可以看到，插入的补语中，充任结果补语的词不仅有"成"，如例（94），还出现了"为"，如例（95）。此外，还出现了趋向补语"出"，如例（96）。高级教材中"变" +

"为"出现2例，但没有出现"变"＋"出"的用例，可见在高级阶段学生已经能跳出教材输入的范围，创造性地运用规则。

中级、高级阶段正确用例较典型的分布类型是带情态补语、结果补语这两种。其中中级阶段带情态补语的出现频次（20例）居于第二，带结果补语（17例）的居于第三；而到了高级阶段，二者互换了排序名次，第二的是带结果补语（23例），情态补语（22例）降至第三位。如：

（97）树叶变得五颜六色的，随着天气转凉，树叶一片一片地落下来。（中级俄罗斯）

（98）她逐渐变得有些精神质，说倒退的看法。（高级日本）

（99）他们一代接一代地把这两座山搬掉，何况山不会再变高。（中级柬埔寨）

（100）最近南京的树叶变黄了，南京的秋风更冷了。（高级土耳其）

例（97）（98）是中级、高级阶段带情态补语的正确用例。例（99）（100）是中级、高级阶段带结果补语的正确用例。中级、高级教材中"变"带情态补语的出现频次都多于其带结果补语的，但由于结果补语比起情态补语结构较简单，且充任的词语性质单纯，因此学生使用"变"带结果补语的正确用例数会比带情态补语的多。

"变"的对象客体充当主语、动词后没有后续句法成分的这一分布类型，在中级、高级阶段的用例数都较少，且都排在第四位。中级阶段有9例、高级阶段有19例。如：

（101）实际上，接受手术以后，很多人的生活变了。（中级日本）

（102）绿油油的山变了，好像被谁漆上颜料一样。（高级韩国）

上述2例分别是中级、高级阶段对象客体作主语、动词后没有后续句法成分的正确用例。中级、高级教材中此类用法的输入量极少，且集中在否定性副词"不""没"修饰"变"的状中结构中，"变"后面带"了"仅见偶例。因而中级、高级作文中此类用法的正确用例也多为"变"的否定形式，如上述2例中句末带"了"的正确用例是少数，虽然数量少，但出现了初级作文中所未见的正确用例。

上面提到高级阶段正确用例中多出一种新的分布类型，即"变"带直接宾语的用法，仅有1例。即：

（103）一个个笑得喜洋洋的人们，好像<u>变了样子</u>。（高级日本）

"变"直接带宾语的用法在本族人的语言实际中较少出现，留学生直至高级阶段才偶见此类正确用例，且"变"和宾语组成的动宾短语"变了样子"这一用例，在中级教材中就已出现，高级教材中出现近似用例"变了个人"，可见学生是以语块形式整体地照搬模仿，并非真正习得"变"直接带宾语的用法。

2. 改变

从初级到中级阶段，"改变"的正确率提升了 9.0%，这一过渡阶段是其习得的关键期。这不但体现在正确用例数量的大幅度增加上，而且正确用例的分布类型从初级的两种增加到中级的四种。初级阶段，正确用例主要分布在对象客体充当主语、动词后没有后续句法成分中，有 6 例（66.7%），而这一用法的正确用例在中级阶段不是数量最多的，有 23 例（39.0%）。如：

（104）国内生活条件<u>改变</u>了，出国的人才会回国。（初级韩国）
（105）他的态度没有<u>改变</u>，对我依然很好。（中级韩国）

上述 2 例分别是初级、中级阶段"改变"的对象客体充当主语、动词后没有后续句法成分的正确用例。例（104）（105）中的"国内生活条件""他的态度"都是"改变"的对象客体，前例"改变"后带句末助词"了"，后例"改变"受状语"没有"的修饰。"改变"首次出现在初级教材中就是此类句法分布，初级、中级教材中这类用法的出现频次都比较多，直接影响学生对这一用法的输出。

初级阶段正确用例分布的另一种用法是"改变"直接带宾语，有 3 例（33.3%）；而直接带宾语是中级阶段正确用例分布数量最多的类型，有 30 例（50.8%）。如：

（106）可来中国后亲身经历的一件事让我<u>改变了我的想法</u>。（初级韩国）
（107）原来我在中国打算学习一年了，最后<u>改变注（主）意</u>了。（中级韩国）

上述 2 例是初级、中级阶段"改变"直接带宾语的正确用例。初级、中级教材中"改变"的此类用法出现频次最多，且在此类用法中多搭配

47

"观念""主意""想法"等具有主观性语义类别的名词，这直接影响学生在作文中的输出情况，作文语料中也频频出现这类词语，如上述2例中的"想法""主意"。

中级阶段正确用例还分布在充当主语、宾语，带动量补语及带情态补语这三种用法上，数量都极少，分别有4例（6.8%）、1例（1.7%）、1例（1.7%）。而这三类用法的正确用例在初级阶段都没有出现。如：

（108）五官的改变有时候会影响我们的人生。（中级韩国）
（109）这个故事说的是一个中学生思想和身体的改变。（中级俄罗斯）
（110）把那句"学习是为了生活"改变了一下，扩大了一下。（中级芬兰）
（111）虽然现在很辛苦但是将来会改变得很好，不是吗？（中级韩国）

例（108）（109）分别是"改变"充当主语、宾语的正确用例，其中前例是"改变"作主语中心语，"五官"修饰"改变"；后例是"改变"作宾语中心语，"思想和身体"作修饰定语。中级教材中仅出现作宾语的偶例，没有出现作主语的用例，学生却能将它充当非谓语成分的用法类推到主语位置上。例（110）是"改变"带动量补语的正确用例，例（111）是"改变"带情态补语的正确用例，中级教材中同样未出现这样的用法，学生却输出这类用法的正确用例，或是对动词带动量补语"一下"这一动补结构的类推，或是学生受自然语言环境输入的影响。

虽然高级阶段正确用例数量有所增加，使用量也在增加，但正确率较之中级阶段反而略有下降。此时正确用例的分布类型也有四种，但跟中级阶段的不尽相同。数量最多的是对象客体充当主语、动词后没有后续句法成分，有37例（45.7%）。如：

（112）命运也许有天主（注）定的因素，但命运本身可以改变。（高级印尼）

上例中，对象客体"命运"作主语，"改变"前面出现能愿动词"可以"作修饰。高级教材中此类用法的输入量并不是最多的，但它在学生作文中，从初级到高级整个学时阶段的出现频率都较高。

高级阶段正确用例较多地分布在直接带宾语的用法上，有33例（40.7%）。如：

（113）我想来想去，体育运动不行，音乐美术也没有才能，只有考试会<u>改变结果</u>，所以我拼命学习。（高级日本）

高级阶段的作文中，"改变"搭配的宾语不再局限在"想法""主意"等这类词语中，还搭配客观语义类别的宾语，如上例中的"结果"。

高级阶段正确用例还有少量分布在作主语、宾语及带情态补语这两类用法上，前者有 10 例（12.3%），后者有 1 例（1.2%）。如：

（114）《祝福》在我们的眼里整个旧的社会都有所<u>改变</u>。（高级越南）
（115）除了这个以外，市政厅差不多<u>没有大的改变</u>。（高级白俄罗斯）
（116）我放弃了当老师的愿望，教育制度<u>改变得太多了</u>。（高级俄罗斯）

例（114）（115）分别是"改变"作宾语的正确用例，其中前例出现助词"所"名词化"改变"之后充当宾语，这是高级阶段才出现的；后例中"改变"作宾语中心语，受表程度义的形容词"大"的修饰。高级阶段作宾语的正确用例不仅分布在"是"字句中，还能搭配实在的谓语动词作宾语，如前例中的"有"、后例中的"没有"。例（116）是"改变"带情态补语的正确用例。高级教材中并未出现此类用法，且本族人也极少使用"改变"带情态补语，这应是学生对动词带情态补语这一用法的类推。

3. 变化

"变化"的正确用例数中级阶段最少，初级阶段次之，高级最多，与它每一阶段的使用量变化相吻合。初级阶段，正确用例主要分布在其充当主语、宾语的用法上，共有 32 例（86.5%），其中作主语 12 例，作宾语 20 例。如：

（117）这个<u>变化</u>既有好处也有坏处。（初级坦桑尼亚）
（118）但到现在，中国的交通情况己（已）经有了很大的<u>变化</u>。（初级尼泊尔）

上述 2 例分别是"变化"充当主语、宾语的正确用例。初级教材中"变化"此类用法的出现频次最多，"变化"作主语时一般前面出现定语，学生作文中都是处在主语中心语的位置上，如例（117）中"变化"前面出现"这个"。学生使用"变化"作宾语时，频繁搭配谓语动词"有"，在 20 例作宾语的用例中，"有"出现 19 例，另外 1 例搭配的谓语动词是"发生"。初级教材中出现"有"作谓语动词的用例也占绝对优势。

初级阶段还有少量正确用例分布在对象客体充当主语、动词后没有后续句法成分以及带结果补语两类用法上。前者有 3 例，后者有 2 例。如：

（119）尼泊尔不是发达国家，所以在很多地方路也很窄，但是现在交通情况也慢慢在变化。（初级尼泊尔）

（120）现在首都变化了很多。（初级老挝）

上述 2 例分别是初级阶段对象客体充当主语、动词后没有后续句法成分以及带结果补语的正确用例。前者是"变化"充当谓语时出现频次最多的用法，初级教材中它的出现频次仅次于充当主语、宾语。后者带结果补语的用法在中级教材中并未出现，学生输出的用例中，结果补语都是由程度副词修饰"多"的定中短语充任。

中级阶段"变化"的使用量减少，正确用例数也随之减少，正确率与初级阶段相比下降了 3.4%，正确用例分布的类型也减少了，只有两种，即"变化"充当主语、宾语及对象客体充当主语、动词后没有后续句法成分。到高级阶段，正确用例数随使用量大幅增加，正确率比中级阶段时提高了 14.2%，正确用例分布的类型除了中级阶段的两种，还有作定语及带趋向补语这两种用法。可见中级到高级阶段是"变化"正确率上升最多的过渡阶段，是学生习得"变化"的关键期。

中级、高级阶段正确用例分布的最主要类型依旧还是"变化"充当主语、宾语，中级有 28 例（90.3%），高级有 63 例（91.3%）。如：

（121）去的时候城市的变化很大，但是我最喜欢那个城市，以后想一直住那个城市。（中级未详）

（122）日本的周围的全部是海洋，所以温度的变化是很温和的。（高级日本）

（123）今年有机会的话，我一定还去这个岛，看一看有没有变化。（中级俄罗斯）

（124）别的国家的天气在发生很大的变化时，我们在古巴没有这种感觉。（高级古巴）

例（121）（122）分别是中级、高级阶段"变化"作主语的正确用例。由于"变化"词义抽象，本族人用作主语时，一般前面会有定语成分来修饰限定"变化"。留学生作文中"变化"作主语的正确用例也都是前面有修饰限定成分，后面也都是形容词作谓语。例（123）（124）分别是中级、高级阶段"变化"作宾语的正确用例。"有""发生"依旧是出现频次最高的谓语动词。

对象客体充当主语、动词后没有后续句法成分，中级阶段有 3 个正确用例（9.7%），高级阶段也有 3 个正确用例（4.3%）。如：

（125）东施本来认为模仿西施情况能变化，不过现在更坏了。（中级西班牙）
（126）他们都想亲眼看到大自然渐渐地变化。（高级罗马尼亚）

上述 2 例分别是中级、高级阶段对象客体充当主语、动词后没有后续句法成分的正确用例。前例中"情况"是"变化"的对象客体作主语，后例中"大自然"是其对象客体作小句的主语。中级、高级教材中此类用法的出现频次仅次于作主语、宾语的用法，在学生中级、高级阶段作文中，虽然出现频率低，但都是"变化"作谓语功能出现频次最多的用法。

高级阶段"变化"还有少量正确用例分布在作定语和带趋向补语这两种用法上，分别有 2 例（2.9%）、1 例（1.4%），这是初级、中级阶段没有的。如：

（127）季节变化每天很慢，但还能看到变化的风景。（高级韩国）
（128）春天就是神奇的大自然变化出来的。（高级韩国）

上述 2 例分别是"变化"作定语、带趋向补语的正确用例。高级教材中就出现 2 例"变化"作定语的用法，这直接影响了此阶段学生的输出类型。然而其带趋向补语的用例在高级教材中没有出现，初级教材中则出现 1 例"变化"带趋向补语"出来"的用法。

2.2.3 偏误用例情况考察

上面我们对留学生习得"变"组词的正确用例情况作了论述。接下来我们对它们出现的偏误类型及分布情况进行考察。

"变"组词偏误共有 236 例，其偏误类型按出现频次的多少排序，即：遗漏 > 误代 > 冗余 > 错序。具体数据请见表 2 – 10。

表 2-10　中介语作文语料库中"变"组词的偏误类型及数量分布

词汇	级别	误代	遗漏	冗余	错序
变	初（共33例）	11例	13例	6例	3例
	中（共64例）	26例	31例	3例	4例
	高（共87例）	24例	57例	6例	0
改变	初（共2例）	1例	0	0	1例
	中（共6例）	6例	0	0	0
	高（共9例）	8例	0	0	1例
变化	初（共12例）	2例	7例	2例	1例
	中（共12例）	8例	4例	0	0
	高（共11例）	6例	4例	1例	0

可以看出，"变"偏误量最多的是遗漏偏误，占比54.9%；其次是误代偏误，占比33.2%；冗余和错序的数量都较少，是其非典型偏误。"改变"和"变化"偏误量最多的都是误代偏误，分别占比88.2%、45.7%。"改变"的错序偏误中仅见偶例，没有遗漏、冗余偏误。"变化"偏误量较多的是遗漏偏误，占比42.9%，而冗余和错序偏误数量都极少，是其非典型偏误。可见，"变"出现大量遗漏偏误导致整组词的遗漏偏误量居首，然而"改变""变化"最典型的偏误却是误代，而非遗漏。错序在各词中都是非典型偏误。冗余偏误仅出现在"变""变化"中，也是非典型偏误。

接下来我们按照"变"组词整体偏误类型的排序，分别探讨"变""改变""变化"的偏误情况。

2.2.3.1　遗漏偏误

1."变"的遗漏偏误

遗漏偏误是"变"最典型的偏误类型，共有101例，其中初级13例、中级31例、高级57例，可见随着学时等级的提高，遗漏偏误量也逐步增加。"变"遗漏偏误的用例主要表现为三大类，即："了"的遗漏、结果补语"成"的遗漏以及情态补语标记"得"的遗漏。其中第一类数量最多，有58例；第二类有26例；第三类数量最少，仅有17例。先看"了"的遗漏偏误。

"了"的遗漏用例分布在先加结果补语"成"再带宾语，带结果补语，直接带宾语以及对象客体充当主语、动词后没有后续句法成分这四类用法上。其中，"变+成+宾语"的句法分布中"了"的遗漏数量最多，有41

例,初级、中级、高级分别有 7 例、13 例、21 例。如:

(129) *暑假去云南玩得很开心,而且变成∧普洱茶的爱好者。(初级韩国)①

(130) *江的鱼吃污染的水,然后变成∧怪物。(中级韩国)

(131) *三个人都在森林死去,变成∧槟榔、蒌叶和石头。(高级越南)

上述 3 例中"成"的后面应加上表动作完成义的时态助词"了"。上文本体研究部分提到,"变"先加结果补语"成"再带宾语表结果义、非目标义时,"成"后面一般要加"了"。例(129)中的"普洱茶的爱好者"是游玩之后已然发生的结果;例(130)中的"怪物",是江鱼吃过污染的水之后的结果;例(131)中的"槟榔""蒌叶""石头"是三个人死去之后的结果。

"了"的遗漏偏误的第二种用法类型是"变"带结果补语,表现为结果补语后面遗漏"了"。这一类有 13 例,初级、中级各 2 例,高级 9 例。如:

(132) *发生那件事后,我和好朋友的关系变坏∧。(初级日本)

(133) *有很多女子,她们变老∧,但是她们不想有老人的样子,所以想做整容手术。(中级俄罗斯)

(134) *树上的枫叶都变红∧,好像火一样,好像红海一样。(高级韩国)

上述 3 例中的结果补语后面应加上表状态变化的"了"。这 3 例中的"坏""老""红"都是从没坏、不老、不红的状态转变过来的,是已然发生的现实结果,所以后面要出现"了"。

"了"遗漏偏误还有少量用例分布在"变"直接带宾语和对象客体充当主语、动词后没有后续句法成分这两种用法上,各有 2 例,都发生在高级阶段。如:

(135) *夏天时叶子有一样的颜色,秋天到了时有的叶子变∧自己的颜色。(高级韩国)

---

① *表示该句为不合语法的病句;∧表示此处存在遗漏现象。

（136）＊我们周围的东西都变∧，但我们自己感觉不到。（高级未详）

上述 2 例分别是"变"直接带宾语以及对象客体充当主语、动词后没有后续句法成分的遗漏偏误用例。上文本体研究部分提到，"变"直接带宾语的用法中存在一类，"变"前项成分是动作主体，同时还是对象客体，后项成分也是对象客体，有时后项的对象客体领属于前项的对象客体。此类"变"的后面一般带时态助词"了"，强调动作的发生。例（135）中，"叶子"是变化主体，也是其客体，而后边的"颜色"是对象客体，同时也属于"叶子"本身，且变化的状态已然发生，须带上"了"。在对象客体充当主语、动词后没有后续句法成分的用法中，虽然没有后续的宾语或补语，但"变"后面一般出现"了"，表示对象客体出现了变化。例（136）中的"我们周围的东西"是"变"的对象客体，此处强调其状态发生变化，因此要带上"了"。

再看遗漏偏误的第二大类——结果补语"成"的遗漏。"成"的遗漏用例都分布在先加补语再带宾语这一用法上，有 26 例，其中初级 3 例、中级 10 例、高级 13 例。如：

（137）＊本来我们是同学现在我们变∧了好朋友。（初级喀麦隆）

（138）＊可是，对于我到中国留学，他突然变∧了热情的人。（中级日本）

（139）＊它的眼睛变∧了高兴、欢迎的样子，然后注视我的手，这是确认自己主人有没有好吃的东西。（高级韩国）

上文提到，"变"带宾语的能力是有限的，主要借助于添加补语，才能带宾语。虽然"变"也可以直接带宾语，但直接带宾语和先加补语再带宾语这两种句法分布中宾语的语义角色是不同的，前者是对象客体作宾语，后者是动作的目标或结果作宾语。例（137）中的"好朋友"是从同学关系发展而来的结果；例（138）中"热情的人"是他变化后的结果；例（139）中"高兴、欢迎的样子"是眼睛变化后的结果状态。可见，"变"后面的宾语都表结果义，应该选用先加补语再带宾语的用法，后面都是结果义动词，可选择添加结果补语"成"。因此，这 3 例"变"的后面要加上"成"。

我们再看"变"带情态补语时"得"的遗漏。这类遗漏有 17 例，其中初级 1 例、中级 6 例、高级 10 例。同"了""成"遗漏一样，都是随着学时等级的提高，偏误量也不断增加。如：

（140） ＊我希望不久以后我国的交通会变∧如中国一般方便。（初级坦桑尼亚）

（141） ＊来到中国以后我的身体变∧不好。（中级韩国）

（142） ＊夏天的几个太（台）风过以后天变∧蓝晶晶，早晚空气越发的冷。（高级韩国）

"得"是情态补语的重要标记，它将动词与表示动作结果状态的补语连接起来。因而上述 3 例都是缺少"变"与情态补语中间的助词"得"。"变"可以直接带补语，直接带表结果义的补语一般称为结果补语，但形式简单，以单音节性质形容词居多。我们之所以判断上述 3 例中的是情态补语而非结果补语，除了语义表示动作的结果状态之外，还有形式上的区分。

上文提到，"变"情态补语的结构以偏正短语为主，如例（140）中的"如中国一般方便"，例（141）中的"不好"。情态补语也可以是状态形态词，如例（142）中的"蓝晶晶"。因而这些都是情态补语，它们不能直接跟在"变"的后面，需要借助"得"的连接。

2. "变化"的遗漏偏误

在"变化"的偏误用例中，相较于冗余和错序偏误，遗漏是较典型的偏误类型，共有 15 例，其中初级 7 例、中级 4 例、高级 4 例。"变化"的遗漏偏误主要表现在四个方面：一是跟"变化"相搭配的谓语动词的遗漏；二是"了"的遗漏；三是"成"的遗漏；四是"得"的遗漏。虽然"变化"遗漏偏误的数量不及"变"，但其遗漏的方面却比"变"要多。

第一，谓语动词的遗漏是数量最多的，分布在"变化"充当宾语的用法上，共有 9 例，其中初级 5 例、中级 3 例、高级 1 例，即随着学时等级的提高，此类遗漏逐渐减少。如：

（143） ＊因为人们的生活∧很大的变化。（初级坦桑尼亚）

（144） ＊来中国以后在韩国时的对工作的追求∧很大变化。（中级韩国）

（145） ＊叶子颜色∧明显的变化，随着气温下降，树叶由绿变黄，再变红。这好像人的一生一样。（高级日本）

上文对"变化"作宾语时与其相搭配的高频谓语动词进行统计，"发生""有"是与"变化"相搭配的高频动词中的前两位，都表示"变化"这种状态的形成或实现。上述 3 例中，"人们的生活""对工作的追求"

"叶子颜色"都形成或实现"变化"这种状态，因而遗漏谓语动词"发生"或"有"。此外，这种"变化"的状态在叙述时间上是已然发生的，所以动词后面要加上"了"，即上述3例遗漏"发生了"或"有了"。

第二，"了"的遗漏，分布在对象客体充当主语、动词后没有后续句法成分的用法上，共有3例，其中初级2例、中级1例。如：

（146）＊我来中国以后，我的爱好变化∧。（初级韩国）

（147）＊果然，子女去大学的时候，情况变化∧。（中级法国）

上述2例中，"我的爱好""情况"都是"变化"的对象客体，根据语境，"变化"关涉的对象客体都已然发生变化，所以要加上"了"。

第三，"成"的遗漏，共有2例，都出现在高级阶段。如：

（148）＊很多人们是一只兔子的生活一样。我们变化∧一只乌龟吧。然后我们慢慢走吧。而且经常努力吧。（高级韩国）

上文提到，"变化"带宾语的能力十分有限，不能直接带宾语，须借助补语后才能带宾语。上例中的"一只乌龟"是表目标或结果义的宾语，所以须添加结果补语"成"。

第四，"变化"遗漏偏误还有1例是其带情态补语时"得"的遗漏，出现在高级阶段。即：

（149）＊各个树都渐渐变化∧好像骷髅一样。（高级韩国）

上例中，"变化"后面的"好像骷髅一样"表示动作的结果状态，充当的是情态补语，因而"变化"和情态补语"好像骷髅一样"之间应添加"得"。

2.2.3.2　误代偏误

1."变"的误代偏误

"变"的误代偏误是居于第二位的偏误类型，仅次于遗漏偏误，共有61例，其中初级11例、中级26例、高级24例。"变"的误代偏误主要表现为两大类型：一是"变"内部各用法之间的误代；二是"变"对"变"组词中其他两个双音节词的误代。前者占多数，有40例，后者有21例。

第一，"变"内部各用法之间的误代。这可再细分为两小类：第一类是"变"先加补语再带宾语的用法对"变"带情态补语的用法的误代，语言形式上表现为结果补语"成"误代情态补语标记"得",共有30例,其中初级3例、中级13例、高级14例。可见随着学时等级的提高,此类误代数量反而不断增加。这不仅是"变"自身用法中最主要的误代,也是"变"误代偏误中最主要的类型。如:

(150)＊它要把现在的路变成宽点,这样一来会好点。(初级坦桑尼亚)

(151)＊它趁这个时期进去我们的房间跑来跑去,把家里变成乱七八糟。(中级未详)

(152)＊你应该真的喜欢所要作(做)的东西,这样达到目标的路会变成更有意思,更舒服。(高级古巴)

上述3例中,"成"后面分别出现的"宽点""乱七八糟""更有意思,更舒服"这类动词性短语不能作宾语,只能作表结果状态的情态补语,因此,"成"都应改成"得"。这是"变"先加结果补语"成"再带宾语的用法对其带情态补语的用法的误代,从而使"成"误代了"得"。

第二类是"变"带情态补语的用法对"变"先加补语再带宾语的用法的误代,语言形式上表现为情态补语标记"得"误代结果补语"成",共有10例,其中初级2例,中级、高级各4例。此类误代与上一类形成双向误代,然而从出现频次来看,学生倾向于先加补语再带宾语的用法对带情态补语的用法的误代,即先加补语再带宾语这一用法的泛化倾向性较强。如:

(153)＊她的脸色变得白色。(初级韩国)

(154)＊土豆自然而然变得比利时人的主食。(中级比利时)

(155)＊在秋天的时候山里无数的树的叶子都变得很美丽的颜色,比如红色或黄色。(高级韩国)

上述2例中"得"后面的"白色""比利时人的主食""很美丽的颜色"这类名词性短语不能作情态补语,只能作宾语,因此"得"都应改成"成"。这是"变"带情态补语的用法对先加结果补语"成"再带宾语的用法的误代,从而使"得"误代"成"。

学生之所以会较多出现"变"这两种用法之间的误代,是因为这两种用法中,"变"和后面的句法成分都不能直接组合,都需要插入其他成分,一种是将结果补语"成"插到体词性宾语的前面,另一种是将助词"得"

插到动词性成分充任的补语的前面。学生因序列的相似性而将"变"的这两种用法混淆。

第二,"变"对"变"组词中其他两个双音节词的误代。"变"对"变"组词中"改变""变化"的误代,共有 21 例,其中"变"误代"改变"有 11 例,"变"误代"变化"有 10 例。我们先来看"变"误代"改变"的偏误情况。

"变"误代"改变"表现为三个方面:一是"变"在直接带宾语的用法中误代"改变",共有 8 例,其中中级 5 例、高级 3 例。如:

(156) *用他自己的能力,他变自己的命运。(中级日本)

(157) *我从那时候以来慢慢变对老鼠的印象。(高级日本)

上述 2 例中,"变"后面的宾语"自己的命运""对老鼠的印象"都是对象客体作宾语。上文我们提到,"变"直接带宾语,中间不插入"了"时,其宾语是动作的目标或结果;而"改变"直接带宾语的用法中,宾语是对象客体。因此,上述 2 例中的"变"是对"改变"的误代。

二是"变"在先加结果补语"成"再带宾语的用法中,"变成"这一动结短语对"改变"的误代,共有 2 例,中级、高级各 1 例。即:

(158) *人们都记住了东施以前的样子,没有人对东施变成他的想法。(中级俄罗斯)

(159) *它帮助我变成我的想法。(高级波兰)

上述 2 例中,"变成"后面的"他的想法""我的想法"在语义类别上都是对象客体。上文我们提到,"变"先加"成"再带宾语的用法中,宾语是表目标或结果义的,而这 2 例的宾语显然是对象客体,因此"变成"是对"改变"的误代。

三是"变"在对象客体充当主语、动词后没有后续句法成分的用法中误代"改变",仅有 1 例,出现在初级阶段。即:

(160) *我的想法被他们慢慢地变了。(初级未详)

上文提到,"变"多是非自主性的变化,而"改变"强调外力自主性的干涉。此例中的"我的想法"需要在"他们"外力干涉操作下才能发生变化,因此"变"误代"改变"。

我们再来看"变"误代"变化"的偏误情况。"变"误代"变化"主要表现在两个方面：一是"变"对"变化"的误代。这还可再细分为两小类：第一类是在对象客体充当主语、动词后没有后续句法成分的用法中，"变"误代"变化"，共有 6 例，其中初级 1 例、中级 3 例、高级 2 例。如：

（161） ＊我的身体逐渐地<u>变</u>。（初级坦桑尼亚）

（162） ＊他们的关系在慢慢<u>变</u>。（中级韩国）

（163） ＊我的汉语水平终于有点儿<u>变</u>了。（高级韩国）

上文提到，"变"光杆形式前面的状语音节数量基本是单音节的，而这里"逐渐""慢慢""有点儿"作状语，都非单音节词，因此"变"应改成"变化"。

第二类是"变"作宾语时，"变"误代"变化"，共有 2 例，都出现在初级阶段。如：

（164） ＊北京发生很大<u>变</u>的地方，就是高楼比以前多了。（初级越南）

上文提到，"变"虽然也可以作宾语，但是只能作有限动词的宾语，且限定在固定的句法环境中。上例中，"变"不能作"发生"的宾语，而"变化"作宾语时搭配最多的谓语动词就是"发生"，因此"变"应改成"变化"。

二是"变成"这一动结短语对"变化"的误代，共有 2 例，都出现在初级阶段。如：

（165） ＊中国的气温<u>变成</u>很大，我不太习惯中国的气温。（初级老挝）

上文提到，"变成"后面须带宾语，这一动结短语并没有作非谓语句法成分的功能，因此应将它改为"变化"。

2. "改变"的误代偏误

"改变"的误代偏误是"改变"最典型的偏误类型，共有 15 例，其中初级 1 例、中级 6 例、高级 8 例。"改变"的误代偏误表现在三个方面：一是"改变"对"变"的误代；二是"改变"对"变化"的误代；三是"改变"对其他动词的误代。其中前两种都属于"改变"对"变"组词其他成员的误代，前两种分别有 6 例、8 例，最后一种有 1 例。

第一，"改变"对"变"的误代。这可再细分为"改变"对"变"的误代和"改变"对"变成"动结短语的误代两小类。其中前者有5例，后者有1例。在"改变"误代"变"的用例中，"改变"主要分布在先加结果补语"成"再带宾语的用法中，共有5例，其中中级4例、高级1例。如：

（166）*这样的爱情<u>改变</u>成个人的工作实力。（中级韩国）
（167）*学习生活不能总是放松，需要困难和危机，通过这种困难可以<u>改变</u>成更好的生活。（高级韩国）

上例中，"爱情""学习生活"都是〔－有生性〕的对象客体。我们知道，虽然"改变"也能先加"成"再带表目标或结果义的宾语，但因其出现频率极低，加之它强调有外力自主性干涉的主观行为，因而在描述对象客体具有〔－有生性〕语义特征的事物时，"改变"应改为"变"。

"改变"对"变成"这一动结短语的误代表现在"改变"直接带宾语的用法上，仅有1例，出现在高级阶段。即：

（168）*我们的队终于进了一个球，把比赛<u>改变</u>一比一。（高级古巴）

上文提到，"改变"直接带宾语的用法中，其宾语是对象客体，而上例中的"一比一"显然是表结果义的宾语，因此应将"改变"改为"变成"。

第二，"改变"对"变化"的误代。主要表现在两方面：一是"改变"在对象客体充当主语、动词后没有后续句法成分的分布中误代"变化"，仅有7例，其中中级2例、高级5例。如：

（169）*山脚的天气经常<u>改变</u>。（中级韩国）
（170）*我感觉快下雨了，抬头向上看，天色都<u>改变</u>了。（高级韩国）

此类用法中，主要是对象客体充任的名词"天气""天色"无法与"改变"搭配，因此应将"改变"改为"变化"，也可改为"变"。

二是"改变"在充当宾语的用法中误代"变化"，仅有1例，出现在高级阶段。即：

（171）*春天来了以后，天气有很大的<u>改变</u>。（高级未详）

60

与例（170）一样，因为"天气"无法搭配"改变"，所以此处应将"改变"改为"变化"。

第三，"改变"对其他动词的误代。这种偏误仅有 1 例，出现在初级阶段。即：

（172）＊我终于理解这些道理，为了他们的关系，我<u>改变</u>错误。（初级坦桑尼亚）

上例中"改变"误代"改正"，"改正"的高频搭配名词是"错误"。

3. "变化"的误代偏误

"变化"的误代偏误同样也是"变化"最典型的偏误类型，共有 16 例，其中初级 2 例、中级 8 例、高级 6 例。"变化"的误代偏误表现在三个方面：一是"变化"对"变"的误代；二是"变化"对"改变"的误代；三是"变化"对其他动词的误代。其中前两种都属于"变化"对"变"组词其他成员的误代，分别有 3 例、11 例，最后一种有 2 例。

第一，"变化"对"变"的误代。这可再细分为"变化"对"变"的误代以及"变化"对"变"和情态补语标记"得"组合而成的"变得"的误代。前者有 1 例，后者有 2 例，都出现在中级阶段。即：

（173）＊我和朋友聊会儿天，我的心情<u>变化</u>好了。（中级越南）
（174）＊这个晚上突然<u>变化</u>很有意思。（中级以色列）
（175）＊全球的环境会<u>变化</u>越来越好。（中级韩国）

上文提到，"变化"不具有带结果补语的用法，因而例（173）中结果补语"好"的前面要用"变"替代"变化"。例（174）（175）中的"很有意思""越来越好"作为情态补语，前面要出现带情态补语能力较强的单音节词"变"及助词"得"，所以应将"变化"改成"变得"。

第二，"变化"对"改变"的误代。这可再细分为两小类：一是"变化"误代"改变"，使之能够直接带宾语；二是在对象客体充当宾语、动词后没有后续句法成分的用例中，"变化"对"改变"的误代。前者有 7 例，后者有 4 例。

我们先来看第一种。此类出现在中级、高级，分别有 4 例、3 例。如：

（176）＊父母的态度是放下架子，孩子们的态度要是对父母感谢的心，一直不要<u>变化</u>这样的生活。（中级韩国）

（177）＊我有一位老师，她变化了我的人生。（高级韩国）

上述 2 例中，"这样的生活""我的人生"都是对象客体作宾语。上文提到，"变化"不具有直接带宾语的能力，而能直接带对象客体宾语的只有"改变"。因此，这 2 例中的"变化"应改为"改变"。

再来看第二种。在对象客体充当宾语、动词后没有后续句法成分的用例中，"变化"对"改变"的误代在初级阶段出现 2 例，高级阶段出现 2 例。如：

（178）＊留学生的新的生活一定要变化了。（初级韩国）
（179）＊随着社会的发展，考试的方法一定得变化。（高级韩国）

上述 2 例中，谓语动词前出现能愿动词"要""得"作状语，其后的动词语义上须满足［＋自主性］的语义特征，因此应将"变化"改为"改变"。

第三，"变化"对其他动词的误代。有 2 例，中级、高级阶段各有 1 例。即：

（180）＊吃饭的时候他说："我今天说假话了但是你今天以后把这些毛病都变化的话，今天我说的不是假话明白吗？"（中级韩国）
（181）＊快到冬天，也快有强风，才变化的植物，马上要死了。（高级未详）

例（180）中学生想用"变化"表达由坏向好的方向发展，但"变化"无法搭配"毛病"，此处它可替换成"改正"。例（181）中的"变化"应该意味着"萌芽生长"，可将它改成"生长"。

2.2.3.3 冗余偏误

1."变"的冗余偏误

"变"的冗余偏误从语言形式上表现为"成"的冗余、"得"的冗余及宾语冗余。此类偏误共有 15 例，其中初级 6 例、中级 3 例、高级 6 例。

第一，"成"的冗余。表现在两个方面：一是动结短语"变成"后面出现的是形容词补语，共有 6 例，其中初级 3 例、高级 3 例。如：

（182）＊我想把身体变成瘦。（初级坦桑尼亚）

（183）＊你所有的衣服就变<u>成</u>湿了，在 3 点钟到 5 点钟的时间之内，还是热，不过在这个时间要是你忍受的话，你就可以出去。（高级委内瑞拉）

上述 2 例中，形容词"瘦""湿"都是"变"的结果补语，而非其宾语，所以应将"成"去掉，改为"变瘦""变湿"。

二是动结短语"变成"后面出现表示事态出现变化的助词"了"，共有 6 例，其中初级 3 例、中级 3 例。如：

（184）＊我不了解他，外国的气氛使他变<u>成</u>了。（初级尼泊尔）

（185）＊她还不知道我的想法变<u>成</u>了，我会好好学习的。（中级韩国）

上述 2 例中，学生都要强调"他""我的想法"出现了变化，与之前不同，但既使用表完成义的结果补语"成"，同时还使用表示事态出现变化的助词"了"。我们知道，"变成"动结短语结合后，后面需要带宾语，表示达到某一新的目标或结果。而仅使用"了"就能完全表示出现了变化，与之前不同的意思。因此，应将这 2 例中的"成"去掉。

第二，"得"的冗余。它表现为"变"结果补语的前面出现"得"，此类也可看作"变"带情态补语对其带结果补语用法的误代，在语言形式上表现为"得"的冗余。共有 2 例，都出现在高级阶段。如：

（186）＊三个人谈得很开心，时间过得闪电一样，窗外已经都变<u>得</u>黑了。（高级韩国）

我们知道，情态补语的结构都较为复杂，虽然也有光杆形容词充任情态补语的情况，但一般都是双音节词。而结果补语一般为单音节的光杆形容词。因此上例中应去掉情态补语标记"得"。

第三，宾语冗余。仅有 1 例，出现在高级阶段。即：

（187）＊我的车掉头的时候，正好红绿灯变<u>灯</u>了。（高级日本）

上例中，"变"的对象客体"红绿灯"已经在其前面出现了，因此应将后面的"灯"去掉。

2. "变化"的冗余偏误

"变化"的冗余偏误表现在两个方面：一是"得"的冗余；二是"变

化"一词的冗余。前者有 2 例,后者有 1 例。

第一,"得"的冗余,此类都出现在初级阶段。如:

(188) ＊我觉得如果汽车再增加几番的话,交通会变化得很多,这样一来会让环境很污染,交通会增加危险。(初级老挝)

上例中,"很多"是作"变化"的结果补语,所以应将情态补语标记"得"去掉。

第二,"变化"一词的冗余,即不需要使用"变化"而使用了的情况,仅有的 1 例出现在高级阶段。即:

(189) 我不知道签证资料需要变更变化的。(高级韩国)

上例中,学生在"变更"之后又加上"变化"以强调变更的动作行为,但只有"变更"能与前面的对象客体"签证资料"搭配,因此,"变化"一词是冗余的,需要去掉。

2.2.3.4 错序偏误

1. "变"的错序偏误

"变"的错序偏误主要表现在两方面:一是"变"与结果补语或情态补语错序;二是"变"与情态补语中的修饰成分错序。前者有 4 例,后者有 3 例。

第一,"变"与结果补语或情态补语错序。此类偏误初级、中级各 2 例。如:

(190) ＊我好变以后回国。(初级韩国)
(191) ＊每次都感觉很幸福变得。(初级韩国)
(192) ＊去了公司以后,他穿衣服很时髦,干干净净的,性格也活泼变了。(中级韩国)

例(190)(192)分别是初级、中级"变"与结果补语的错序,应分别改为"变好""变活泼"。例(191)是"变"与情态补语的错序,我们仅在初级阶段语料中发现 1 例,应改为"变得很幸福"。

第二,"变"与情态补语中的修饰成分错序。这 3 例偏误在初级阶段出现 1 例,中级阶段出现 2 例。如:

（193）＊我的脸色越来越变得苍白。（初级韩国）

（194）＊于是努力向西施学，相貌越来越变得漂亮，但是还是没有西施漂亮。（中级韩国）

上文提到，"越来越……"只能修饰形容词，它们结合形成的偏正短语充任情态补语。因此上述 2 例应分别改为"变得越来越苍白""变得越来越漂亮"。

2."改变"的错序偏误

"改变"的错序偏误都表现为"改变"与宾语的错序，共有 2 例，初级、高级各有 1 例。即：

（195）＊他的性格很有意思，常常他的想法改变。（初级韩国）

（196）＊不能得到爱情的人呢感到很自卑，逐渐对生活的态度改变。（高级老挝）

例（195）应改为"改变他的想法"，例（196）应改为"改变对生活的态度"。

3."变化"的错序偏误

"变化"仅在初级阶段出现 1 例错序偏误，即：

（197）＊如果你自己觉得不幸福的话，你得变化有点儿吧。（初级韩国）

上例中，"变化"与副词"有点儿"错序，应改为"有点儿变化"。

2.2.4　教学建议

根据中介语作文语料库中的习得情况，"变"组词总体上存在超量使用的情况，主要在于"改变""变化"超出常量。然而，即便如此，"变"组还存在应该使用而未使用的句法分布，如"变"缺少带数量补语、带趋向补语这两种用法；"改变"缺少带结果补语、充当定语这两种用法；"变化"缺少带数量补语这种用法。"变"组词习得的平均正确率为 69.8%，可见其习得情况并不理想。对"变"来说，遗漏是最主要的偏误类型，其次是误代，冗余和错序的数量都较少。对"改变""变化"来说，误代都是其最主要的偏误类型，其中"改变"的偏误用例集中在误代上，错序只见偶例，遗漏、冗余更是没有出现；"变化"偏误中的遗漏数量也较多，冗余、错序数量极少。可见，对"变"组词来说，遗漏和误代是重要的偏误类型。在遗漏偏误用例中，"变"和"变化"在语言形式上都表现为"了""成""得"的遗漏。此外，"变化"还多出与其相搭配的谓语动词的遗漏，而"改变"只表现为带情态补语时"得"的遗漏。在误代偏误用例中，"变"主要表现为其自身用法之间的双向误代，而它误代"改变""变化"的数量相对较少。"改变""变化"的误代偏误都主要表现为对"变"组词其他成员的误代，极个别用例是对其他动词的误代。

对"变"组词的教学，我们认为，首先，要让留学生认识到"变"组词各成员带宾语的能力，特别是直接带宾语用法中宾语语义角色的区分，同时要注意带表结果义宾语时要添加结果补语"成"、时态助词"了"。其次，要注意区分"变"先加补语再带宾语与"变"带情态补语的用法，由于留学生作文中经常出现二者相互误代的情况，因此需要对二者所带的句法成分的词性及语义特点进行强调。最后，要重点讲授"变""改变""变化"的高频搭配对象客体及谓语动词，以防共现的搭配成分的误代。

本章小结

本章探讨的要点归结如下：

（1）"变"组同素同义词不同于传统动词的地方在于其双音节词"变化"充当非谓语句法成分的能力强于其充当谓语成分。"变""改变""变化"不管在作谓语成分还是作非谓语成分时，其用法都存在深度交叉，因而学生对"变"组成员之间的混淆情况较为严重。

（2）在"变"组词充当谓语功能的用例中，它们的句法分布可归纳为三大类，即：带宾语；带补语；对象客体充当主语、动词后没有后续句法成分。其中，第一大类——带宾语包括直接带宾语以及先加补语再带宾语两小类。"变""改变"都同时具有这两种带宾语的用法，但存在较大差异。"变"直接带宾语的大部分用例，其语言形式有严格的限定性，且宾语的语义类别表目标或结果，它只有在少数直接带宾语的用例中，宾语是表对象客体的，且与前项名词性成分一同表示对象客体，此时一般带"了"；而"改变"直接带宾语的用例，语言形式上并没有严格的限定性，且宾语表示对象客体。在实际语言运用中，此时"变"倾向于直接搭配双音节宾语；而"改变"倾向于直接搭配多音节宾语，这与惯有认知有所抵悟。"变"组词三个成员都具有先加补语再带宾语的用法,但"变"的出现频率最高,其他两词的出现频率较低。这一用法一般出现的补语是结果补语,其中"成"的出现频次最多,三者进入这一句法分布中,前后项的名词性成分语义角色都是一样的,但只有"变"还能把结构形式转换为"变……为……"。第二大类——带补语的用法中,"变"带补语的能力最强,不仅表现为数量最多,还表现为所带补语类型丰富,受限因素少。而"变化""改变"带补语的能力都受限制。在第三大类——对象客体充当主语、动词后没有后续句法成分的用法中,"变化"的出现频次最多。在这一句法分布中,音节搭配方面,"变"的高频状语基本上是单音节词;而"改变""变化"的高频状语则以双音节词居多。高频状语的词性方面,"变"的高频状语是副词;而"改变"前面的能愿动词最多,副词次之,代词最少;"变化"前面的副词和代词都较多,能愿动词最少。状语的语义类别方面,"变"倾向于和包含〔+否定性〕〔-持续性〕〔+程度〕等语义特征的副词搭配;"改变"倾向于和包含〔+否定性〕〔+持续性〕〔+程度〕〔+方式〕等语义特征的副词搭配;"变化"倾向于和包含〔+持续性〕〔+方式〕〔+否定性〕〔+频率〕等语义特征的副词搭配。

(3)在"变"组词充当非谓语功能的用例中,"变"虽然有作主语、宾语的用例,但有严格的限制条件。动性较强的"改变"和动性最弱的"变化"都能作主语、宾语或定语。其中"改变""变化"作宾语时,与其搭配的高频谓语动词有"有""发生"。需指出的是,"变化"作宾语时在宾语位置上自由,而当谓语动词是"有"时,"改变"前面出现名词化标记"所"之后,才可以作其宾语,若不加"所","改变"一般作宾语中心语,其前面还需出现修饰成分。

(4)留学生对"变"组词的习得情况不算理想,对于留学生来说,这组词是有习得难度的。总体上存在超量使用的情况,但也不乏每个词中某些用法的回避使用。对"变"来说,遗漏是最主要的偏误类型,其次是误代,冗余和错序的数量都较少。对"改变""变化"来说,误代都是其最主要的偏误类型,其中"改变"的偏误用例集中在误代上,错序只见偶例,遗漏、冗余更是没有出现;"变化"偏误中的遗漏数量也较多,冗余、错序数量极少。由于"变"组词各个成员的主要用法都存在相互纠葛的事实,学生对它们之间误代的偏误也较典型。对"变"组词的教学,我们认为,首先,要让留学生认识到"变"组词各成员带宾语的能力,"改变"和"变"在直接带宾语及先加补语再带宾语两种用法中基本互补分布,在这两种用法中,要注意区分"变""改变"后面宾语的语义角色、前项名

67

词性成分的语义角色；同时要注意，在带表结果义的宾语时，添加结果补语"成"之后，一般要加带时态助词"了"。其次，注意区分"变"先加补语再带宾语与"变"带情态补语的用法，由于留学生作文中经常出现二者相互误代的情况，因此需要对二者所带句法成分的词性及语义特点进行强调。最后，要重点讲授"变""改变""变化"的高频搭配对象客体及谓语动词，以防共现的搭配成分的误代。

第 3 章

「忘」组同素同义词习得研究

"忘"组同素同义词包括单音节词"忘"和含有相同语素"忘"的双音节词"忘记"。《现代汉语词典》（第7版，2016：1 355）对"忘"的解释为"忘记"；对"忘记"的解释为"①经历的事情不再存留在记忆中；不记得。②应该做的或原来准备做的事情因为疏忽而没有做；没有记住"。由于词典是用双音节词"忘记"来解释"忘"的，因此这二者的基本义都应包含"忘记"释义中的两个方面，即"不记得"和"没有记住"。

此外，以下四本常用工具书对"忘"和"忘记"进行了简单的比较。

吕叔湘主编的《现代汉语八百词》（增订本，1999：549）将"忘""忘记"的差异归纳为三点：①"忘"多用于口语，"忘记"多用于书面；②"忘"后常带"了"，"忘记"后常不带"了"；③"忘"可用于"得"字句，该用法在"忘记"上并不常见。

孟琮等主编的《汉语动词用法词典》（1999：398）将"忘"的用法归纳为八项：①后接名词宾语；②后接动词宾语；③后接小句宾语；④后接动量补语或时量补语；⑤后带介词短语；⑥带动态助词"着""了""过"；⑦带结果补语；⑧带趋向补语。将"忘记"的用法归纳为六项：①后接名词宾语；②后接动词宾语；③后接小句宾语；④后接动量补语或时量补语；⑤带动态助词"着""了""过"；⑥带结果补语。

杨寄洲、贾永芬编著的《1 700对近义词语用法对比》（2005：1 188）指出："忘"和"忘记"都是及物动词，可以带宾语；"忘"常用于口语，"忘记"口语和书面语都可用。

赵新、李英主编的《商务馆学汉语近义词词典》（2012：474）比较"忘""忘记"的用法时指出：二者都表示"没记住"，可以带宾语、补语，经常可以互换。带宾语时，"忘"的后面常常带"了"，"忘记"的后面很少带"了"，"了"一般放在句末。"忘"后面常带补语，如"忘得了""忘不了""忘掉""忘光""忘得干干净净"；"忘记"带补语的情况则很少。宾语为双音节词语时，一般用"忘记"而不用"忘"。

上述工具书虽对"忘"组同素同义词的用法进行了简单的归纳，但没有对尚存在的一些问题予以说明。例如，"忘""忘记"所带宾语的类别及音节数量是否与"了"的隐现有关？宾语的音节数量是否会影响"忘""忘记"带宾语的能力？"忘""忘记"和否定性词语共现时，"了"的出现情况如何？这些问题是二者在实际语言运用中最易产生纠葛的地方，也是留学生习得"忘"组词最难把握之处。因此，本章将先对"忘"组同素同义词的本体规则进行探讨，在此基础上进一步观察留学生中介语作文中的习得情况。

3.1 "忘"组词句法功能的比较

我们基于 400 万字现代汉语语料库检索到"忘"组同素同义词 528 例，其中单音节词"忘"有 403 例①，占"忘"组全部用例数的 76.3%；双音节词"忘记"有 125 例，占比 23.7%。这组词与"变"组词一致的是，单音节动词占有过半优势，不同的是"忘"所占的比重超过"变"；"忘"高频率地出现，抑制了其相应的双音节词"忘记"的使用。上面的工具书中提到，"忘"多出现于口语中，"忘记"没有语体分布的倾向性。而从它们分布的文体来看，我们发现，"忘"主要分布在口语色彩显豁的对话或事件叙述型文体中，而"忘"的否定形式"勿忘""不忘"多见于书面化程度较高的文体或比较正式的场合之中；"忘记"相较于"忘"而言，倾向于出现在描写、议论等书面化程度较高的文体中。

在充当句法功能方面，"忘"组词只能充当谓语，这是它与"变"组词最明显的差异。由于"忘""忘记"全部用例都作谓语，动性特征十分突出，因此"忘"不具有"变"组词中单音节词"变"那样的"原型"特征。

鉴于"忘""忘记"这一句法特征，我们将对其充当谓语时二者的使用差异进行比较。

3.1.1 带宾语的比较

上文提到的工具书中都指出"忘""忘记"能够带宾语，其中《汉语动词用法词典》还指出二者都能带体词性宾语、谓词性宾语及小句宾语这三种不同类型的宾语。我们在 400 万字现代汉语语料库中检索"忘""忘记"带宾语的用例，其中"忘"有 250 例，占其全部用例数的 62.0%；"忘记"有 92 例，占比 73.6%。从二者带宾语用例所占比重来看，"忘记"带宾语的能力略强于"忘"。

在"忘"带宾语的用例中，体词性宾语有 85 例（34.0%），谓词性宾语有 91 例（36.4%），小句宾语有 74 例（29.6%）。在"忘记"带宾语的用例中，体词性宾语有 53 例（57.6%），谓词性宾语有 22 例（23.9%），

---

① 本章考察的是单音节词"忘"，所以依据《现代汉语词典》（第 7 版），排除含构词语素"忘"的用例，如"难忘""淡忘""忘怀""忘年交""忘我""忘情""忘形""忘我""忘乎所以""忘恩负义"等。排除后得到的用例数为 403 例。

小句宾语有 17 例（18.5%）。从各自宾语类型的占比情况来看，"忘"后所带宾语类型的倾向性为：谓词性宾语 > 体词性宾语 > 小句宾语，但谓词性宾语并没有十分明显的比重优势；"忘记"后所带宾语类型的倾向性为：体词性宾语 > 谓词性宾语 > 小句宾语，且体词性宾语占有过半优势。由此可以看出，"忘"带谓词性宾语的能力强于"忘记"，"忘记"带体词性宾语的能力强于"忘"，但二者带小句宾语的能力都较弱。

3.1.1.1　带体词性宾语

先来看二者带体词性宾语的用例。如：

（1）她拉着我的手，又谈了一会儿心，让我<u>忘了时间</u>。
（2）站起来的中国没有<u>忘记历史</u>。

上述 2 例中的"时间""历史"分别是"忘""忘记"的体词性宾语。上文工具书提到，双音节宾语不能搭配"忘"。然而，例（1）中的"时间"显然能作"忘"的宾语。

在"忘""忘记"带体词性宾语的用例中，带单音节体词性宾语的，"忘"有 11 例（12.9%），"忘记"有 5 例（9.4%）；带双音节体词性宾语的，"忘"有 21 例（24.7%），"忘记"有 14 例（26.4%）；带多音节体词性宾语的，"忘"有 53 例（62.4%），"忘记"有 34 例（64.2%）。可见，"忘""忘记"都能与单音节、双音节及多音节宾语组合，宾语的音节数量并不能限制"忘""忘记"带宾语的能力。从宾语音节数量所占比重来看，"忘""忘记"都倾向于搭配多音节宾语，且"忘记"的倾向性更强；它们搭配单音节宾语的比重都最小；二者在搭配双音节宾语的倾向性上都介于多音节宾语与单音节宾语之间。一般认为，单双音节动词搭配宾语，遵循［1+1］［2+2］的韵律模式，但从上面这组数据来看，显然"忘""忘记"并没有遵循这一规律。不同的是，在与单音节宾语、双音节宾语组合时，"忘"更倾向于与单音节宾语组合，而"忘记"则更倾向于与双音节宾语组合。

虽然我们认为"忘"组词带宾语的能力不受宾语音节数量的限制，但我们也发现例（1）中"忘"和双音节宾语"时间"之间还有个"了"，如果没有"了"，"忘"则无法和"时间"搭配。那么，是"了"制约了"忘"带宾语的能力，还是"了"在特定音节数量的宾语前才具有该制约能力呢？为了回答这一问题，我们考察了"忘"带不同音节数量的宾语用例中"了"的出现情况。

先看"忘"带单音节体词性宾语的用例①：

（3）a. 上中学以后他就忘了她，见了面也不理了。

　　　b. 下次有好玩儿的别忘了我啊！

（4）a. 报告管教，忘了词！

　　　b. 对不起，我忘词了。②

　　　c. 被他一打岔，我就忘了词了。

（5）一般过了四十岁就容易忘事。

　　上述都是"忘"带单音节宾语的用例。其中例（3）2 例中是单音节代词宾语，例（4）（5）中是单音节名词宾语。当"忘"搭配单音节代词宾语时，"忘"后面的"了"都出现了。特别是例（3）b 句中，"忘"的前面出现表示禁止劝阻义的"别"，表示"忘"的行为处在未然状态，然而表动作完成义的"了"依然出现。由此可见，单音节代词宾语前的"了"须强制性出现，不管"忘"这一动作是否已发生。当"忘"搭配单音节名词时，既可出现动词后"了"，如例（4）a 句；也可不出现动词后"了"，而出现句末"了"，如例（4）b 句；也可不出现任何"了"，如例（5），但此时"忘"不能以光杆形式带宾语，前面需要状语来修饰。

　　在"忘"带单音节宾语的 11 个用例中，9 例出现动词后"了"，1 例出现句末"了"，1 例没有出现任何"了"。其中出现句末"了"的用例，动词后"了"和句末"了"也可能共现，如例（4）c 句。可见，单音节体词性宾语总体上倾向于带动词后"了"。结合例（3）至例（5），我们发现，"忘"的体词性宾语的下位类别（代词、一般名词）会影响"了"的出现，即代词宾语前强制性出现"了"；一般名词宾语前不强制出现"了"，且动词后"了"、句末"了"的出现相对自由。

　　再看"忘"带双音节体词性宾语的用例：

（6）a. 对不起，我真的有事才忘了你们。

　　　b. 他确实没忘了你们啊！

（7）a. 虽得意却未忘了正事。

---

① 示例来源于自建的 400 万字现代汉语语料库、BCC 语料库及 CCL 语料库。

② "忘词""忘事"没有被收录进《现代汉语词典》（第 7 版），它们是"忘"和名词宾语构成的动宾结构，不能算作词。在 BCC 语料库中，"忘"作语素形成的双音节词"忘情"有 2 649 例，"忘我"有 5 004 例，"忘形"有 927 例。而"忘 + 词"有 557 例，"忘 + 事"有 192 例。从等量语料中搜到的出现频次来看，"忘词""忘事"也不及已成词的出现频次多。

　　b. 我哪能忘了<u>正事</u>啊？

　　c. 今儿光顾喝酒，忘<u>正事</u>了。

　　d. 差点忘了<u>正事</u>了。

（8）在台湾都愿意修族谱、建堂号，目的就是为了不忘<u>根本</u>。

（9）要教育官兵勿忘<u>国耻</u>、奋发图强，决不让历史悲剧重演。

　　上述都是"忘"带双音节宾语的用例。例（6）2例带双音节代词宾语；例（7）各例带双音节名词宾语；例（8）（9）是"忘"的两种否定形式带双音节宾语。当"忘"搭配双音节代词宾语时，动词后"了"全都出现，即使"忘"前面出现表示已然的否定词"没"，动词后"了"依然出现。当"忘"搭配双音节名词宾语时，动词后"了"不是强制性出现，但它不出现时，句末"了"须出现，如例（7）c句；动词后"了"出现时，句末"了"可自由出现，如例（7）a句和d句。当"忘"否定形式为"不忘""勿忘"时，都不能出现"了"，如例（8）（9）。

　　在"忘"带双音节体词性宾语的21个用例中，除了4例"不忘""勿忘"及1例非常规用法①不加动词后"了"之外，其余用例都出现动词后"了"，其中仅出现动词后"了"14例，动词后"了"、句末"了"共现2例。可见，双音节体词性宾语的用例中一般出现动词后"了"，其倾向性强于单音节体词性宾语。与单音节宾语一致的是，宾语的下位类别会影响"了"的出现，即代词宾语前强制性出现"了"，一般名词宾语前不强制出现"了"。此外，我们还发现，不管是单音节代词宾语还是双音节代词宾语，语料中都没有出现动词后"了"和句末"了"共现的用例，即"忘"搭配代词宾语，"了"出现的形式较为单一。不同的是，"忘"搭配一般名词宾语，动词后"了"不出现时，句末"了"一定要出现。此外，"不忘""勿忘"这两种"忘"的否定形式只能和一般名词搭配。

　　最后看"忘"带多音节体词性宾语的用例：

（10）a. 你忘了<u>她的名字</u>。

　　　b. 她忘了<u>自己作为公众人物是镜头聚集焦点的事实</u>。

　　　c. 他们只是忘了，<u>人类"性相近，习相远"的道理</u>。

　　　d. 她觉得赵德真是记吃不记打，这么快就忘了<u>挨打的痛</u>了。

（11）a. 职场如战场，不要忘了<u>自己肩上的担子</u>。

----

① 此例即：课堂中则以电子教案代替了传统的教案，避免了照本宣科和"忘台词"的现象，确易形成照"屏"宣科。加引号之后，在语境中有特指化、术语化倾向，是一种非常规用法。

b. 朱染很安静，安静到只有谷子没忘了他的存在。
（12）a. 时刻<u>不忘</u>自己应尽的义务和责任。
　　 b. <u>勿忘</u>艰苦卓绝的抗战历程，<u>勿忘</u>披肝沥胆的民族英雄。

　　上述都是"忘"带多音节宾语的用例。例（10）各例是肯定句中带多音节体词性宾语的用例；例（11）2 例是否定句中带多音节体词性宾语的用例；例（12）2 例是"忘"的两种否定形式带多音节宾语的用例。在肯定句中，"忘"搭配多音节宾语，动词后"了"须强制性出现，句末"了"可自由出现，如例（10）各例。在否定句中，不管动词"忘"是否已然，动词后"了"也须强制性出现，如例（11）2 例。但在"忘"两种特殊否定形式的句子中，动词后"了"不能出现，如例（12）2 例。

　　在"忘"带多音节宾语的 53 个用例中，仅出现动词后"了"的有 45 例；动词后"了"、句末"了"共现的有 1 例；没有出现任何"了"的有 7 例，且这 7 例全是"不忘""勿忘"。

　　可见，在多音节体词性宾语的用例中，除了"不忘""勿忘"两种形式以外，其他动词"忘"后都须强制性出现"了"。从"忘"带不同音节数量的宾语的情况可以看出，随着宾语音节数量的增加，动词后"了"出现的强制性程度逐渐增加。也就是说，动词后"了"在多音节宾语用例中对"忘"带宾语的能力制约性最强。此外，在代词宾语用例中，动词后"了"对"忘"带宾语能力的制约性也是唯一的。而当宾语是单音节、双音节一般名词宾语时，动词后"了"对"忘"带宾语能力的制约作用就不是决定性的，"忘"前面的状语修饰成分、句末"了"都会变成"忘"带宾语能力的影响因素。

　　那么，与"忘"带宾语存在的制约条件相比，"忘记"带体词性宾语时，动词后"了"是否限制其带宾语的能力呢？

　　先看"忘记"带单音节体词性宾语的用例：

（13）记得又怎么样？忘记<u>你</u>又能怎么样？
（14）不知怎么的，最近老是忘记<u>事</u>。

　　例（13）是带单音节代词宾语的用例；例（14）是带单音节一般名词宾语的用例。不管带的宾语是代词还是一般名词，"忘记"都没有出现动词后"了"。在我们的语料中，"忘记"带单音节体词性宾语的 5 个用例中，都没有出现动词后"了"。可见，"忘记"带单音节体词性宾语时，要么倾向于不带动词后"了"，要么不能出现动词后"了"。随后，我们在

BCC 语料库中进行测试，发现未出现动词后"了"的频次是出现的 6.4 倍①，可见，"忘记"带单音节体词性宾语时，动词后"了"的隐现是自由的，但倾向于不出现。

再看"忘记"带双音节体词性宾语的用例：

（15）历史，就是历史，那些都确实发生过，忘记它们需要一辈子的时间。

（16）她想象自己化成了诗中的白鸟，去追那个忘记时间、忘记道德、忘记身份、忘记所有可能和不可能的爱的境界。

（17）在这里，我只会遗忘。忘记了自己，忘记了身家，忘记了天国，这里的幸福取消了我思索的权利。

上述 3 例中，不管是双音节代词还是双音节一般名词，"忘记"跟它们组合时，既可以出现动词后"了"，也可以不出现，且不影响其带宾语的能力。在"忘记"带双音节体词性宾语的 14 个用例中，动词后"了"出现的有 5 例，不出现的有 9 例。可见，"忘记"倾向于直接带双音节宾语，不出现动词后"了"。这一点与其带单音节宾语的倾向性一致。

最后看"忘记"带多音节体词性宾语的用例：

（18）内心和外表都比实际年龄年轻许多，多数时候也就忘记了实际年龄。

（19）我有多久没有这样亲近过雨了？住进城市水泥森林的楼房，我们已经忘记了雨打芭蕉的声音，忘记雨点敲击屋顶的韵味，更忘记雨檐流瀑的景象，我早已习惯在电视天气预报的节目里"听雨"……

上述 2 例中的多音节宾语，不管是光杆形容词修饰的简单偏正短语还是谓词性短语修饰的复杂偏正短语，动词后"了"的使用都比较自由。在"忘记"带多音节体词性宾语的 34 个用例②中，动词后"了"出现的有 18 例，不出现的有 15 例。可见"忘记"带多音节体词性宾语时，"忘记"后面倾向于出现"了"。

---

① 我们在 BCC 语料库中进行检索，发现"忘记"所带的单音节宾语都是代词宾语，其中"忘记你" 3 717 例，"忘记了你" 281 例；"忘记我" 3 081 例，"忘记了我" 657 例；"忘记他" 1 838 例，"忘记了他" 419 例。

② 其中包括 1 例出现时态助词"过"的用例，出现在否定句中，将在下文论述。

　　可以看出，"忘记"带体词性宾语时，它搭配宾语的下位类别不受"了"的制约，不仅能自由搭配代词、一般名词，而且也能自由搭配不同音节数量的宾语。在与单音节、双音节宾语组合时，"忘记"后面倾向于不出现动词后"了"；在搭配多音节宾语时，其后倾向于出现动词后"了"。但动词后"了"并不能制约其带宾语的能力。

　　以上讨论的是肯定句中的情况，当"忘记"带体词性宾语进入否定句时，是否跟"忘"一样强制性带"了"呢？我们先来看示例：

（20）a. 我一直未忘记你。

　　　 b. 省委、省政府没有忘记农村、没有忘记农民。

　　　 c. 时隔半个世纪，他依然没有忘记他少年时的偶像。

　　　 d. 他们俩从头到尾都没有忘记过对方。

　　　 e. 大家知道，我先生在壮大公司的同时，从未忘记过慈善事业。

　　例（20）各例出现的都是带"没有/未"的否定句。"忘记"的宾语既有单音节的，也有双音节和多音节的，但"忘记"后面都不出现"了"；若出现时态助词，则出现表示动作或状态曾经存在的"过"，且宾语音节数量不影响"过"的出现。

（21）a. 我永远不忘记你。

　　　 b. 只要彼此都不忘记对方，就不会只有悲伤。

　　　 c. 首先要脚踏实地做好当前工作，同时又不忘记党的最终目标。

　　例（21）各例出现的都是带"不"的否定句。跟带"没有/未"的否定句一样的是，"忘记"不管带哪种类型的体词性宾语，其后都不能出现"了"；不同的是，不仅不能带"了"，也不能带"过"。

（22）a. 看他背影就不会忘记他的。

　　　 b. 不会放弃机会，也不会忘记家庭。

　　　 c. 一个人永远不会忘记幼年时代最喜爱的书，就像永远不会忘记母亲的声音一样。

　　例（22）各例都是带副词"不"和能愿动词"会"复合形式的否定句。跟例（21）各例一样的是，这里的"忘记"也能搭配不同音节数量的宾语，其后都不出现"了"，也不出现"过"。

（23）a. 一定不要/别忘记我。

b. 寒风暴雪面前，请不要/别忘记他们。

c. 不要/别忘记这些过去的记忆。

d. 不要/别忘记了初衷。

e. 不要/别忘记了最主要的事情。

例（23）各例都是带"不要/别"的否定句。可以发现，与上面几组不同的是，它出现了带动词后"了"的用例，但语料中仅出现偶例。

通过考察"忘记"带体词性宾语进入不同否定句的情况，我们发现，"忘记"在否定句中一般不带"了"。具体来说，带"没有/未""不""不会"的否定句中，"忘记"后面一定不能出现"了"，但在带"没有/未"的否定句可以出现"过"。虽然带"不要/别"的否定句中可以出现"了"，但出现频率较低。

3.1.1.2　带谓词性宾语

"忘""忘记"都能带谓词性宾语。如：

（24）蒋思青见他满脸的血，一下子六神无主，也忘了要回答，呆愣住了。

（25）淑贞顾不上抹一把鬓发，甚至忘记了该向岳锐和银屏打个招呼，便把匆匆的身影撒到通往崂山的小路上了。

上述2例中，"要回答""该向岳锐和银屏打个招呼"分别是"忘""忘记"的谓词性宾语，二者后面都出现了"了"。那么，在带谓词性宾语的用例中，二者后面"了"的出现是否自由，是否存在制约它们带谓词性宾语的因素？我们先来考察"忘"带谓词性宾语的情况。

先看"忘"带单音节动词宾语的用例：

（26）她摆弄着指上的婚戒异常专注，眼睛都忘了眨。

（27）"证件呢？""忘带了。"

（28）小妹吓得忘了哭了，傻乎乎地看着他。

（29）那张光盘，小马老找我要，我老忘带。

在我们的语料中，"忘"带单音节动词宾语出现13例（14.3%），其中仅出现动词后"了"的有8例，如例（26），是主要的表现形式；仅出现句末"了"的有1例，即例（27）；动词后"了"、句末"了"共现的有 2 例, 如例 (28); 未出现任何"了"的有 2 例, 一个是"忘"的否定形式"不忘"[①], 另一个即例 (29)。

可以看出, 仅出现动词后"了"是"忘"带单音节动词宾语的主要形式。动词后"了"出现时, 句末"了"可以自由隐现; 如果不出现, 则需要添加句末"了"或状语。虽然动词后"了"并非强制性出现的成分, 但它对"忘"带单音节动词宾语的能力的发挥起到很大作用。

再看"忘"带双音节谓词性宾语的用例:

(30) 眼前极致细腻的东方美, 让他忘了<u>呼吸</u>。

(31) 安安圆亮的眼睛一眨都不敢眨, 望着蠢动喧哗的人群, 震惊得忘了<u>打电话</u>。

在我们的语料中, "忘"带双音节动词宾语出现 13 例 (14.3%), 除了"不忘"的 2 例未出现"了"之外, 剩余的 11 个用例都出现了动词后"了", 后面的双音节动词可以是动词光杆形式, 如例 (30); 也可以是动宾短语, 如例 (31)。我们在 BCC 语料库中发现"忘"带双音节谓词性宾语, 出现"忘 + $V_{双}$ + 了"和"忘 + 了 + $V_{双}$ + 了"的偶例。如:

(32) 来得匆忙, 红包忘<u>准备</u>了。

(33) 不好意思, 这位是刘柳, 忘了<u>介绍</u>了。

例 (32) 是"忘"带双音节动词宾语时仅出现句末"了"的用例; 例 (33) 是"忘"带双音节动词宾语时动词后"了"和句末"了"共现的用例。我们在语料库中没有发现未出现任何"了"的用例, 除了"忘"特殊的否定形式"不忘"外, 这将在下文专门讨论。

可见, 动词后"了"的出现依旧是"忘"带双音节动词宾语的主要形式, 较之带单音节动词宾语, 其所占比重更大。而且不再存在不出现"了"的用例, 说明双音节动词性成分作宾语时, "了"已成为"忘"带宾语成立与否的唯一制约因素。

接着看"忘"带多音节谓词性宾语的用例:

(34) 凉到骨髓的声音让宋念瞬间手凉脚凉, 她甚至忘了<u>要怎么呼吸</u>。

(35) 我也忘了<u>要说什么事</u>了。

---

① "忘"的这一否定形式"不忘"将在下文集中讨论。

（36）a. 别忘了来机场送我。

　　　b. 别忘帮我好好修修眉！

　　　c. 21 岁的刘璇始终没忘了感谢她想起来的每个人。

　　　d. 没想到郭志忠在操心居马洪的同时，还没忘帮她几把。

（37）虽然她在工作中仍不免有小差错，飞海口忘带供应品，但她为人谦逊、知错能改。

在我们的语料中，"忘"带多音节谓词性宾语出现 65 例（71.4%）。其中动词后"了"出现的用例有 37 例，如例（34）。动词后"了"、句末"了"共现的有 4 例，如例（35）。未出现任何"了"的有 24 例，其中 23 例出现在含否定词"不""别""没"的句子中："不忘"有 20 例；"别忘"有 1 例，如例（36）b 句；"没忘"有 1 例，如例（36）d 句；还有 1 例是特殊语用需求下的非常规用法，如例（37），此时"忘"带多音节谓词性宾语用来陈述背景信息时，出于说话人强调后面焦点信息的需要，说话人要尽可能压缩负载背景信息的语言形式以突出后面的焦点，从而将无实在语义的虚词去掉，就出现了没有任何"了"存在的非常规用法。

可以看出，在带多音节谓词性宾语的用法中，首先，"忘"依旧倾向于带动词后"了"，与前面讨论的带单双音节谓词性宾语用法一致，"忘＋了＋VP"是主要的结构形式，动词后"了"的出现，是句末"了"能自由隐现的前提。其次，在"忘"带多音节谓词性宾语的用例中，没有发现仅有句末"了"出现的用例，即多音节谓词性宾语一般不存在于"忘＋VP＋了"的结构形式中，这是与带单双音节谓词性宾语的不同之处。最后，"别""没"在"忘"带多音节谓词性宾语的用例中出现时，动词后"了"可以不出现，但动词后"了"出现的情况更多。

上文提到，在"忘"带名词性、谓词性宾语的用例中，出现"忘"的一种否定形式，即否定副词"不"和动词"忘"搭配形成的状中结构"不忘"，有 29 例。如：

（38）一个国家和一个人一样，当他从潦倒的困境中走出来，开始走向富裕和繁荣的时候，能够不忘自己的历史，不忘自己的祖宗，不忘深入自己血脉的文化，委实是值得赞扬的。

（39）a. 梁夏末这种时候通常不惯着她，绝对不会假装服软求饶，非得把她制住不可，完事还不忘问：服没服？

　　　b. 她狼吞虎咽往嘴里送饭，一边不忘夸奖。

c. 她难得的老脸一红，赶紧挣开夏末的怀抱，还不忘瞪夏末一眼。

在我们的语料中，"不忘"带体词性宾语的用例有 6 例，如例（38）；带谓词性宾语的用例有 23 例，如例（39）。"不忘"可以和不同音节数量的名词性、谓词性宾语搭配，不同于"忘"在其他否定句中倾向于带动词后"了"，"不忘"带任何类别的宾语，中间都不能插入"了"。这是"不忘"的特别之处。"不忘"带宾语常出现于议论、描写等书面化程度较高的文体。在前面出现状语的用例中，"不忘"最常搭配的副词是"还"，有 8 例。"还"是反预期标记①，"不忘"带宾语受"还"修饰，表达说话人对某动作行为的同时发生带有意外意味的主观态度。如例（39）c 句，"她"在做"挣开怀抱"的动作时，同时做"瞪眼"的动作，后者是说话人没有意料到的动作行为。

接下来考察"忘记"带谓词性宾语的情况。

"忘记"带谓词性宾语的用例中，跟"忘"一样的是，后面所带的谓词性宾语既有单音节的，也有双音节和多音节的。我们先看它带单音节动词宾语的用例：

（40）玛丽甚至把最应该告诉比尔的话也忘记说了。

（41）钥匙忘记带了。

在我们的语料中，"忘记"带单音节动词宾语仅出现 2 例（9.1%），即上述 2 例。由此，单音节动词不能单独作"忘记"的宾语，须出现"了"，且只能是句末"了"。

再看"忘记"带双音节动词宾语的用例：

（42）我们静下心来回眸往事的时候，我们会发现，我们忘记了享受。

（43）原来杜书记走时，将自己的一双雨鞋忘记带走了。

（44）刚才我忘记观察，要是从外面看，能不能看清楚车内的情况。

在我们的语料中，"忘记"带双音节谓词性宾语有 4 例（18.2%），其中包含出现动词后"了"的 2 例，即例（42）；出现句末"了"的 1 例，

---

① 详见武果（2009）的研究。文章指出，"还"由表示时间持续义的基本意义发展出反预期义，表达说话人期待某事态不再持续时用"还"表示持续的反预期主观态度。

即例（43）；未出现任何"了"的1例，即例（44）。可以看出，"忘记"带双音节谓词性宾语时，语言形式有了不同变化，且动词后"了"倾向于出现。

最后看"忘记"带多音节动词宾语的用例：

（45）她真疏忽，这两天魂不守舍的，居然忘记<u>要给文件加盖骑缝章了</u>。

（46）她心神不宁的，晚上睡觉的时候就忘记了<u>关窗子</u>。

（47）是不是因为彼此太熟悉了，所以经常忘记<u>在人前给对方面子</u>。

在我们的语料中，"忘记"带多音节谓词性宾语有16例（72.7%），其中出现句末"了"的7例，如例（45）；出现动词后"了"的5例，如例（46）；未出现任何"了"的4例，如例（47）。可以看出，"忘记"带多音节谓词性宾语时，倾向于出现句末"了"。而不管是句末"了"还是动词后"了"，都不是制约"忘记"带多音节谓词性宾语的能力的因素，这是它与"忘"带谓词性宾语的不同之处。

从"忘记"带不同音节数量谓词性宾语的语言形式来看，只有宾语是单音节时，其带宾语的能力受限于句末"了"。宾语是双音节和多音节时，则不受限于"了"，使用自由，语言形式可以有多种变化。在都可以使用的条件下，"忘记"带双音节谓词性宾语倾向于出现动词后"了"，而它带多音节谓词性宾语时则倾向于出现句末"了"。

3.1.1.3 带小句宾语

"忘""忘记"都能带小句宾语。在"忘"带小句宾语的74个用例中，出现动词后"了"的有70例，动词后"了"、句末"了"共现的有4例。如：

（48）我忘了，<u>秦绍是个特记仇的小心眼儿的人</u>。

（49）您别忘了，<u>时代变了</u>，得跟上形势。

（50）我已经忘了<u>我是怎么认识她的</u>了。

例（48）（49）是"忘"带小句宾语时，出现动词后"了"的用例。前者在肯定句中，动词后"了"出现之后，它才可以带小句宾语；后者在含"别"的否定句中，同样要出现动词后"了"才能带小句宾语。语料中出现的6例"别"字否定句，都出现了动词后"了"。例（50）是"忘"带小句宾语时，动词后"了"、句末"了"共现的用例，参照前面2例，句末"了"在动词后"了"出现的前提下能自由隐现。

可以看出，"忘"带小句宾语时，动词后"了"须强制性出现，它直接制约"忘"带小句宾语的能力。

在"忘记"带小句宾语的 17 个用例中，出现动词后"了"的有 3 例，出现句末"了"的有 2 例。如：

（51）你一直在和她攀比，但你忘记了<u>是夏琳可爱而不是你可爱</u>。

（52）我忘记<u>1 路车已经改回原来的路线</u>了。

例（51）是"忘记"带小句宾语时，出现动词后"了"的用例。例（52）中，"忘记"带小句宾语时，没有出现动词后"了"，而出现了句末"了"。跟"忘"带小句宾语不同的是，"忘记"带小句宾语时，动词后"了"不是强制性出现的，且"了"还能出现在句末，位置自由。

除此之外，"忘记"带小句宾语的多数用例是不出现任何"了"的，有 12 例。如：

（53）<u>我们不要忘记，每天都要做一些积极的事情</u>。

（54）她在爱人的时候，总会<u>忘记自己付出了多少</u>。

（55）那些亲切的石榴，像见了美女，就<u>忘记人是有脸的</u>，像动物一样，放肆放开手脚，播种绯闻和麻烦。

例（53）在含"不要"的否定句中，动词后"了"、句末"了"都倾向于不出现[①]，这与"忘"在相同句法环境中倾向于出现动词后"了"不同；例（54）"忘记"前面受能愿动词修饰，动词后"了"不出现，这同样与"忘"不同；例（55）是一般的肯定陈述句，是"忘记"带小句宾语的常态，不出现动词后"了"和句末"了"。

可见，二者带小句宾语的差异是比较大的："忘"后面须强制性出现"了"；而"忘记"不受动词后"了"的制约，且不出现"了"的倾向性较强。

3.1.2　带补语的比较

上文工具书中提到"忘"带补语的能力强于"忘记"，主要指其所带

---

① 在 BCC 语料库中对"不要"否定句中"忘记"带小句宾语是否出现动词后"了"进行检索，不出现的频次是出现的 17 倍。

补语类型比较多样。

我们在 400 万字现代汉语语料库中检索"忘""忘记"带补语的用例，其中"忘"共有 56 例，占其全部用例数的 13.9%；"忘记"仅检索到 1 例，占比 0.8%。从二者带补语用例所占比重来看，"忘"带补语的能力确实强于"忘记"。

3.1.2.1 "忘""忘记"带结果补语

在我们的语料中，"忘"带结果补语的用例有 34 例（60.7%），"忘记"带补语仅出现 1 例，这例补语的类型是结果补语。如：

（56）是不是打的时候把所有东西全忘掉？
（57）"我们上礼拜见过的。""我这人记性不好，转头就忘记掉了。"

例（56）中，"忘"的对象客体前置，"忘"后面仅带结果补语"掉"；例（57）中，"忘记"的对象客体在句子中省略，"忘记"后面也仅带结果补语"掉"。

"忘"带结果补语的 34 例中，有 11 例是后面仅出现结果补语，如例（56）。这 11 例中，有 4 例后面出现时态助词"了"，表示已实现"忘"的结果状态。如：

（58）譬如弹钢琴，在母亲面前假装练琴练了八年，其实根本没练，今天也全忘光了。

"忘"还有 23 例分布在先加结果补语后带宾语的句法序列中。如：

（59）当我走近他的时候，我就彻底忘掉了此行的目的。
（60）宝庆一下子高兴起来了，高兴得把一天的忧愁都忘到九霄云外了。
（61）第二天我头晕得厉害，就不小心把袜子忘在了他那里。

在先加结果补语后带宾语的句法序列中，按照宾语的语义角色来分类，有两种：一是对象客体，如例（59）中的"此行的目的"；二是处所方位，如例（60）（61）中的"九霄云外""他那里"。在我们的语料中，"忘"后面出现对象客体宾语的有 15 例，结果补语都是"掉"；"忘"后面出现处所宾语的有 8 例，其中 5 例是由"到"充任结果补语，3 例由"在"充任结果补语，需指出的是，从时态助词"了"出现在它之后可以看出，此时处在动词后面的"在"是动词。

　　在"忘"带结果补语的用例中，能充任结果补语的词语是有限的，出现频率最高的是"掉"，它既可以单独出现在"忘"的后面，如例（56），也可以后面再带上宾语，如例（59）；"到""在"也较频繁地充任其结果补语，但是不能单独出现在"忘"的后面，必须带处所宾语。"光"也能作"忘"的结果补语，但其后不能带受事宾语。如：

　　（62）随着体育课结束，<u>所学的东西</u>也基本<u>忘光</u>。

　　上例中，"忘"的对象客体"所学的东西"不能放在"光"的后面，只能置于动词前。

　　在我们自建的语料库中，"忘记"所带的结果补语由"掉"充任，后面不带宾语。我们在 BCC 语料库中进行检索，共检索到 11 例"忘记 + 掉"，其中 9 例单独出现在"忘记"后，2 例后面还带有宾语。如：

　　（63）在坎贝尔看来，上面那种看法之所以是"危险"的，一方面是它会使人<u>忘记掉物理学理论的目标和它应当实现的功能</u>。

　　上例中，"忘记"虽然能搭配结果补语"掉"再带宾语，但在大型语料库中也仅见偶例；同样句法序列中，"忘"搭配"掉"再带宾语，检索到 197 例。可见，"忘记"受到了"忘"大量使用的抑制。

3.1.2.2　"忘"带可能补语

　　在我们的语料中，"忘"带可能补语的用例有 15 例（26.8%），数量仅次于带结果补语的用法。如：

　　（64）一个男人欠了一个女人的，就会在心里一直记着这个女人，永远也<u>忘不掉</u>。

　　（65）咱们也不知道爸的态度，毕竟跟妈是三十年夫妻，他没有那么快<u>忘得了</u>的。

　　（66）"贵自得""书忌耳传"，这些古训，我们是万万<u>忘不得</u>的。

　　《实用现代汉语语法》（增订本，2001：582）将可能补语分为三类：第一类是由"得/不 + 结果补语/趋向补语"构成的，如例（64）；第二类是由"得/不 + 了"构成的，如例（65）；第三类是由"得/不得"构成的，如例（66）。

在"忘"带可能补语的用例中，可能补语属于第一类型的有 3 例，属于第二类的有 11 例，属于第三类的仅 1 例。"忘"带可能补语，补语不仅能单独出现在"忘"后，如上述 3 例，也有先带补语再带宾语的情况，有 6 例。如：

（67）我至今忘不了与她初次交（见）面的那一刹。

（68）你真忘得了夏末？我不信。

例（67）中，"忘"先加可能补语"不了"，再带宾语"与她初次交（见）面的那一刹"，此类情况共有 5 例。例（68）中，"忘"先加可能补语"得了"，再带宾语"夏末"，此类情况仅此 1 例。

在我们的语料中，未出现"忘记"带可能补语的用例。我们在 BCC 语料库中检索，发现"忘记"虽也可带可能补语，但数量极少，且可充任其可能补语的词语极为有限，我们仅发现"不了"充任其可能补语的用例。如：

（69）梅先生这个戏演得真好，令观众看了印象深刻，忘记不了。

3.1.2.3 "忘"带情态补语

在我们的语料中，"忘"带情态补语的用例有 7 例（12.5%），它所带的情态补语是语料中出现数量最少的补语类型。如：

（70）这时候她早就把好友的指点忘得一干二净，心心念念的唯一一件事就是炫耀自己。

（71）他早就想好了的话，一下子忘了个一干二净。

（72）他记得快，忘得快。

例（70）中，"忘"出现情态补语标记"得"，后面跟的是"一干二净"所充任的情态补语，语义指向动词"忘"。例（71）中，"忘"和情态补语由"个"连接，且"个"的前面出现"了"，这是"个"作情态补语标记所独有的。例（72）中，"快"充当情态补语，语义指向动词"忘"。

"忘"后面出现的情态补语，其语义都指向动词，且表示程度。"一干二净"这个四字短语是充任其情态补语的高频词，在 7 例带情态补语的用例中出现了 6 例。

《现代汉语八百词》（增订本，1999：548）中提到，"忘记"不常带情态补语。我们的语料中未出现"忘记"带情态补语的用例。我们在 BCC 语料库中检索，发现与"忘"检索到的 235 例相比，"忘记"的此类用法 仅 14 例，且"一干二净""干干净净"是充任情态补语的高频词语。如：

（73）很多教师在师范院校虽然学了点教育学、心理学，但早就忘记 得一干二净。

3.1.3　对象客体前置的比较

"忘""忘记"一般将其关涉的对象客体作为宾语放在后面，这从二者 带宾语皆占过半的比重便可看出。同时，它们也有少量用例是将其置于动 词之前的，此时"忘"有 60 例（14.9%），"忘记"有 21 例（16.8%）。 跟"忘记"带宾语的比重超过"忘"一样，这里"忘记"所占比重也略 大于"忘"。可见，"忘记"与其对象客体联系的紧密度相对较高，这同 "忘记"分布于正式语体的倾向性有关，它对动作—对象客体的语义完整 度要求较高。如：

（74）你还知道你爸，五年都没回一趟家，爸爸长什么样子都快忘了。
（75）她就托着我的手，我就摸着她的头发，她当时头发已经没有很 多了，这一幕我到现在还不能够忘记。

例（74）中，"爸爸长什么样子"是"忘"的对象客体，置于小句句 首作主语。例（75）中"这一幕"是"忘记"的对象客体，置于小句句 首作话题。将对象客体置于动词之前，主要是出于话语能够语义连贯、形 式衔接的需求。例（74）中"爸爸"是前小句"五年都没回一趟家"的 主语，为保持话语连贯，对象客体中的"爸爸"放在前面，与上句衔接， 主语同一，从而使得话语自然顺畅。例（75）中，前面小句都在描写一种 场景，"这一幕"是对前面小句的概括性回指，与前面各小句联系最为紧 密，因而将其前置。

在"忘""忘记"所关涉的对象客体前置的用例中，会出现宾语提前 的介词标记，如"把""被""连"。在"忘"的用例中，"把"出现 20 例，"连"出现 40 例。如：

（76）他几乎把孟良的介绍信给忘了。
（77）我连自己叫什么都忘了，他们的名字当然也忘了。

上述 2 例分别是"把"字、"连"字将宾语提前的用例。例（76）中"忘"的前面还出现了助词"给"。《现代汉语词典》（第 7 版，2016：443）对助词"给"的解释为"直接用在表示被动、处置等意思的句子的谓语动词前面，以加强语气"。此例中，"给"出现在"把"字处置句中。

在"忘记"的用例中，"把"出现 6 例，"被""连"各出现 1 例。如：

（78）他肯定把今天的家庭作业给忘记了，甚至忘记回家了。

（79）所谓西方文明其实就是基督教文明，希腊罗马文明几乎完全被忘记了。

（80）我连冰淇淋是什么味儿我都忘了，我再也没吃过冰淇淋了。

上述各例，分别出现"把"字、"被"字、"连"字将对象客体前置的情况。其中，在"把"字句中，"忘记"前面也出现了助词"给"。

我们的语料中未出现"被"分布在"忘"的用例，因此我们在 BCC 语料库中检索，检索到"被"前置"忘"的对象客体 57 例；"被"前置"忘记"的对象客体 105 例，其出现频次接近"忘"的两倍。可见，虽然"被"能将"忘"的对象客体前置，但其与"忘"共现的倾向性不强。此外，需指出的是，"忘""忘记"前面没有出现表否定义的状语时，它们后面须出现"了"。

3.1.4 省略宾语的比较

在我们的语料中，"忘"后面省略宾语的有 37 例（9.2%），"忘记"后面省略宾语的有 11 例（8.8%）。可见，"忘"与对象客体的共现频率相较于"忘记"来说更低，这与上文提到的"忘记"句法环境中对动作—对象客体的语义完整度要求较高有关，也与"忘"倾向于分布在口语或正式度较低的语体中有关。如：

（81）"我和你的那个约定，你还记得吗？""我没忘。"

（82）不巧在门口因换衣后没带出入证被拦，本来就厌烦这个三十年出入次次都得掏的证件，而这次又忘记了。

例（81）中，说话人话语中"我没忘"的对象客体出现在对方言语中，即"那个约定"，交谈双方都围绕着"约定"展开对话，它已经成为交谈双方共知的背景信息，因而说话人出于语言经济性原则在话语中省略了宾语。例（82）中，"忘记"的对象客体"出入证"在上文已出现两次，因此说话人省略后面的宾语不会造成语义不明。

可见，"忘""忘记"后面省略宾语要出现在特定的语境中，即作宾语的对象客体是交谈双方共知的背景信息，或在上文中已出现过。二者省略宾语后，在语言表层形式上都不能以光杆形式独立出现，如例（81）中"忘"前面有"没"作修饰成分，例（82）中"忘记"后面带了"了"。

综合以上对"忘"组同素同义词本体规则的研究，我们发现，首先，"忘"组词都只具有充当谓语的句法功能。其中带宾语是"忘"组词最主要的用法。其次，"忘"组词还可以带补语，但"忘"带补语的能力强于"忘记"，这不仅表现在出现频次上，还表现在所带补语类型上。再次，"忘"组词都可以将对象客体前置，其中带宾语能力略强的"忘记"，对象客体前置的用例所占比重也超过"忘"。最后，"忘"组词在特殊语境中都可以省略宾语，此时"忘"所占比重超过"忘记"。

3.2　"忘"组词习得情况考察

本节我们考察中介语作文语料中留学生对"忘""忘记"这一组同素同义词的习得情况，并根据上面本体规则的比较研究，试对留学生偏误现象进行分析解释，结合学生的习得情况，在本体规则的基础上提出教学建议。

在考察习得情况之前，我们先看一下"忘"组词在大纲和教材中的安排。在《汉语水平词汇与汉字等级大纲》中，"忘"为甲级词，"忘记"为乙级词；在《高等学校外国留学生汉语教学大纲》（长期进修）中，二者都属于初等阶段词汇，其中"忘"为最常用，"忘记"为次常用；在《高等学校外国留学生汉语言专业教学大纲》中，二者都在一年级词汇表中，其中"忘"是一级词汇，"忘记"是二级词汇。可见，在三个通用大纲中，"忘"都被列为最基本、应最先掌握的词汇。

我们在南京师范大学留学生学习汉语的教材中，发现"忘"最先出现在初级阶段听说课本Ⅱ第24课"李老师小时候学了一段时间的钢琴，可是很久不练习，差不多都忘了"中；"忘记"最先出现在初级阶段综合课本Ⅲ第48课"您给我的帮助我是永远都不会忘记的"中。在初级阶段综合课本（Ⅰ、Ⅱ、Ⅲ、Ⅳ）和听说课本（Ⅰ、Ⅱ、Ⅲ、Ⅳ）中，"忘"出现36次，"忘记"出现13次。中级阶段教材《桥梁》（上、下）中，"忘"出现17次，"忘记"出现4次。高级阶段教材《高级汉语教程》

（上、下）中，"忘"出现 27 次，"忘记"出现 15 次。可以看出，"忘"不仅在初级教材中最先出现，而且在三个阶段教材中的出现频次也最多，"忘记"出现顺序晚于"忘"，且频次也少于"忘"。可见，教材中两词出现顺序及频次多少与大纲列出的先后顺序及重要程度相一致。

3.2.1 总体使用情况

在 150 万字的中介语作文语料库中，我们检索到 329 例"忘"组同素同义词，其中"忘"201 例（61.1%），"忘记"128 例（38.9%）。二者使用频次的多少与本族人的相一致，都是"忘"＞"忘记"。现将留学生在各个等级（初级、中级、高级各 50 万字）中对这组词的使用数量统计出来，并与本族人等量语料（从 400 万字中随机抽取 50 万字）中的使用数量进行比较，具体数据见表 3-1。

表 3-1　中介语作文语料库中各等级"忘"组词的使用情况

级别	忘	忘记	总计
初级	68 例	25 例	93 例
中级	60 例	41 例	101 例
高级	73 例	62 例	135 例
本族人	53 例	28 例	81 例

可以看出，"忘"组词整体上随着学时等级的提高，使用量逐级递增，且中级、高级的使用量均超过本族人"忘"组词的使用量。对"忘"来说，使用量从初级到中级阶段不增反降，从中级到高级阶段才开始增加，其平均使用量是本族人的 1.3 倍；对"忘记"来说，使用量与学时等级成正比，其平均使用量是本族人的 1.5 倍。可见，"忘"组词整体上的超量使用直接源于中级、高级的超量使用，其中"忘记"比"忘"超出常量的程度高。

为进一步考察"忘"组词的使用情况，我们将这 329 例"忘"组词的句法分布情况进行统计，具体数据见表 3-2。

表 3 - 2　留学生汉语中介语作文语料库中"忘"组词句法分布情况

句法分布情况	忘	忘记
1. 带体词性宾语	49 例（24.4%）	65 例（50.8%）
2. 带谓词性宾语	22 例（10.9%）	8 例（6.3%）
3. 带小句宾语	4 例（2.0%）	7 例（5.5%）
4. 带结果补语	19 例（9.5%）	0
5. 带可能补语	84 例（41.8%）	0
6. 带情态补语	1 例（0.5%）	0
7. 宾语（对象客体）前置	12 例（6.0%）	24 例（18.8%）
8. 省略宾语	8 例（4.0%）	19 例（14.8%）
9. 分布在定语中、中心语是其对象客体	2 例（1.0%）	5 例（4.0%）

　　以上是中介语中"忘"组词的句法分布情况，对照本族人使用"忘"组词的情况，可以看出：

　　其一，留学生使用"忘"组词的用法类型比基于 400 万字的本族人语料归纳出的用法类型更多样，多出"分布在定语中、中心语是其对象客体"一项。然而，这一句法分布并非不合语法，只是因其非典型而未出现在 400 万字的本族人语料中而已。初级、高级教材中共出现 3 例"忘记"分布在定语中，其后中心语是对象客体的用法。然而，"忘记"在留学生作文中缺少带结果补语的用法，而整个学时阶段教材中都没有出现"忘记"的这一用法。可见学生在习得"忘"组词各项用法时受教材输入的影响较深。

　　其二，留学生使用"忘"组词在用法类型倾向性上与本族人也不尽相同。对于"忘"来说，本族人使用"忘"的用法类型，按出现频率高低排序，即：带谓词性宾语 > 带体词性宾语 > 带小句宾语 > 宾语（对象客体）前置 > 省略宾语 > 带结果补语 > 带可能补语 > 带情态补语，其中前三种带宾语的用法就占到了 62.0%，而留学生"忘"的使用集中分布在带可能补语和带体词性宾语这两种用法上，占比高达 66.2%。初级教材中"忘"输入的使用频率最高的用法是其带结果补语，高级教材中"忘"输入的使用频率最高的用法是其带体词性宾语。可见，留学生对"忘"各用法类型的输出量与教材中的安排联系紧密。对于"忘记"来说，本族人使用"忘记"的用法类型，按出现频率高低排序，即：带体词性宾语 > 带谓词性宾语 > 宾语（对象客体）前置 > 带小句宾语 > 省略宾语 > 带结果补语，其中居于前三位的用法已占比 76.8%，留学生使用"忘记"频率最高的用法和本族人的一致，数量比重居于第二的也是本族人较常用的用法。仅初级、中级教材中"忘记"输入的使用频率最高的用法即带体词性宾语，而宾语前置的用法在整个学时阶段的输入量都较少。可见，跟"忘"相比，留学生使用"忘记"的情况受到教材输入的影响较小。

留学生在使用"忘"组词带体词性宾语的用法时，宾语音节数量的分布情况见表 3-3。

表 3-3　中介语作文语料库中使用"忘"组词带体词性宾语的用法时宾语音节数量情况

宾语类型	忘	忘记
单音节宾语	12 例	12 例
双音节宾语	7 例	10 例
多音节宾语	30 例	43 例

上文提到，本族人使用"忘""忘记"带体词性宾语时，二者都倾向于搭配多音节宾语，且搭配单音节宾语的数量都是最少的。从表 3-3 留学生的使用倾向性来看，他们也都倾向于搭配多音节宾语，但使用单音节宾语的数量不是最少的，这一点与本族人不同。

在 329 例"忘"组词的用例中，正确用例有 279 例，偏误用例有 50 例，即平均正确率为 84.8%，可见留学生习得"忘"组词的整体情况较为理想。各学时等级中"忘""忘记"的正误情况具体见表 3-4。

表 3-4　中介语作文语料库中各等级"忘"组词的正误情况

级别	忘		忘记	
	正	误	正	误
初级	56 例	12 例	21 例	4 例
中级	49 例	11 例	36 例	5 例
高级	59 例	14 例	58 例	4 例
总计	164 例	37 例	115 例	13 例

"忘"组词在初级阶段的正确用例有 77 例，偏误用例有 16 例，初级阶段的正确率为 82.8%，低于平均正确率；中级阶段的正确用例有 85 例，偏误用例有 16 例，其正确率为 84.2%，高于初级阶段的正确率，但依旧

略低于平均正确率；高级阶段正确用例有 117 例，偏误用例有 18 例，其正确率为 86.7%，高于平均正确率。可见，随着学时等级的提高，正确率也不断攀升，从初级阶段 "忘" 组词的正确率就已超过 80% 来看，留学生习得 "忘" 组词的情况较为理想。

具体到 "忘" 组词的每一个成员，"忘" 从初级阶段 82.4% 的正确率到中级的 81.7%，再到高级的 80.8%，一路下滑，虽然都保持在 80% 这一基本习得的水平之上，但随着使用量呈 "U 形" 的变化，偏误逐渐暴露出来。"忘记" 一词随着学时等级的提高，正确率一直增加，从初级的 84.0% 到中级的 87.8% 再到高级的 93.5%，其正确率的走势发展直接影响 "忘" 组词平均正确率的变化趋势。可见，"忘" 相对于 "忘记" 来说，习得难度更大。

3.2.2 正确用例情况考察

接下来我们分别考察 "忘" 和 "忘记" 在各阶段的正确用例情况。

1. 忘

初级阶段是 "忘" 使用正确率最高的时期，达到了 82.4%。在 56 个正确用例中，数量最多的是带可能补语的用法，有 42 例，其中出现的可能补语都是由 "不了" 充任。如：

（83）我是农村长大的，从小到大只有一件事让我<u>忘不了</u>。（初级老挝）

（84）从那天到现在我<u>忘不了那不美好的旅行</u>。（初级塞拉利昂）

例（83）是 "忘" 仅带可能补语的正确用例；例（84）是 "忘" 先加可能补语再带宾语的用例。初级教材中 "忘" 带可能补语的用法出现 2 例，且这 2 例都是后面追加宾语的用例，因而留学生作文中也以 "忘" 先加可能补语再带宾语的句法序列居多。

初级阶段 "忘" 带名词宾语、动词宾语的正确用例分别有 7 例、3 例。如：

（85）我很长时间没有见这位朋友，已经<u>忘了她</u>。（初级尼泊尔）

（86）我拿了一些，去交钱的时候，我只知道我<u>忘了带钱包</u>。（初级韩国）

上述 2 例分别是 "忘" 带体词性宾语、谓词性宾语的正确用例。初级教材中"忘"带体词性宾语的用法出现 5 例,带谓词性宾语的用法出现 7 例。其中带体词性宾语的用例中,出现的单音节宾语仅有 1 例,为一般名词,且不出现动词后"了",而剩下的 4 例都是多音节体词性宾语,都出现了动词后"了"。学生能正确使用单音节代词宾语,并能带上动词后"了",如例(85),可见是从多音节宾语用例中"了"的使用规则类推而来。教材中带谓词性宾语的用例中,多次出现"忘"后面带"了"再带多音节动词宾语的用例,因而学生能够仿照这一结构与多音节谓词性宾语搭配。

初级阶段"忘"的正确用例还分布在带小句宾语,宾语(对象客体)前置,省略宾语,以及分布在定语中、中心语是其对象客体这四种类型中,都仅有 1 例。即:

(87) 别忘了自己是很幸福的人。(初级韩国)

(88) 到了考大学的那一天我很紧张,起初考试的时候我什么都忘了。(初级老挝)

(89) 上课以后我可以学习二十个词,一会儿我就忘了。(初级未详)

(90) 在中国坐火车十四个小时对我来说是永远不忘的事情。(初级韩国)

例(87)是"忘"带小句宾语的正确用例。初级教材中带小句宾语的用例出现 6 例,其中"别/不要"和"忘"共现的用例有 2 例,都是"忘"后面带"了",再带宾语。例(88)是宾语(对象客体)前置的正确用例。初级教材中此类用法出现 4 例,但其中没有出现表任指的"什么"作对象客体前置的用例,可见学生输出的用例不完全受教材输入的影响。例(89)是省略宾语的正确用例,"忘"后面省略了"二十个词",它已出现在前面的小句中。初级教材中首先出现"忘"的用例就是省略宾语的用法,共出现 2 例。例(90)中,副词"永远""不"修饰"忘"形成的状中短语作定语,修饰对象客体"事情",而教材中没有出现"忘"分布在定语中的用法。此例中"永远不忘"这一状中短语频频出现,趋向于固化,学生将它作为整体记忆,用作定语。

中级阶段"忘"的使用量及正确用例数都是最少的。这一阶段正确用例的用法比上一阶段少一种。用例数最多的依然是带可能补语,有 20 例,出现的可能补语不再只有"不了"充任,还有"不掉""不得"。如:

(91) 我还忘不了他的话和他。(中级日本)

（92）想到这我不知不觉地笑了，可能我一辈子也<u>忘不掉</u>。（中级越南）

（93）在我心里留下了什么痕迹，我不太清楚，只知道我至今是<u>忘不得</u>的。（中级圭亚那）

例（91）中可能补语是由"不了"充任，后面再带宾语；例（92）中可能补语由"不"和结果补语"掉"充任；例（93）中可能补语由"不得"充任。中级教材中没有出现"忘"带可能补语的用例，但学生作文中此类用法的正确用例数依然是最多的，且充任补语的词语不再单一。

中级阶段正确用例中只出现两种类别的宾语：一是体词性宾语，有 7 例；二是谓词性宾语，有 6 例。没有出现带小句宾语的正确用例。如：

（94）外公去世时我才十几岁，我就怕过了一会儿我会<u>忘了外公的逝世日期</u>。（中级加拿大）

（95）我在乱七八糟的房间里想找什么，不过<u>忘了要找什么</u>。（中级日本）

上述 2 例分别是中级阶段"忘"带体词性宾语、谓词性宾语的正确用例。中级教材中这两种用法分别出现 2 例、3 例，数量都较少。但学生使用这两种用法的正确用例数在此阶段较多，看来带这两种宾语的用法也基本不再受教材输入的影响。

中级阶段正确用例中，有 7 例分布在宾语（对象客体）前置的用法中，有 5 例分布在省略宾语上。如：

（96）那个两个孩子的名字我<u>忘了</u>，好像一个孩子姓季还有另一个孩子姓陈。（中级韩国）

（97）他继续搬下去，甚至连吃饭也<u>忘了</u>。（中级韩国）

（98）你怎么<u>忘了</u>呢？我认错人了吗？（中级老挝）

前 2 例是宾语（对象客体）前置的正确用例，后一例是省略宾语的正确用例。中级教材宾语（对象客体）前置的用法出现 1 例，比初级教材中的少，但学生作文中出现的正确用例却有所增加，形式上有无标记提前宾语，如例（96），也有出现提前宾语标记的，如例（97）。例（98）中，说话人根据对话语境，省略的宾语应是说话人自己。中级教材中省略宾语的用法的出现频次最多，学生受到教材输入的影响，中级阶段作文中此类用法比初级阶段多。

中级阶段"忘"的正确用例还分布在带结果补语的用法上，有 4 例，而在初级阶段没有正确用例出现。如：

（99）我读书的时候都明白了，但是几天以后都<u>忘掉</u>了。（中级韩国）

（100）我不能<u>忘掉</u>过去。（中级巴基斯坦）

上述 2 例都是"忘"带结果补语的正确用例，且作文中此类用法的正确用例都是由"掉"充任结果补语。教材中带结果补语的用法出现 2 例，但都是"忘 + 在 + 处所宾语"的用例，可见留学生使用"忘"带"掉"作结果补语是在自然环境中习得的。

高级阶段"忘"的使用量、正确用例数是最多的，而且正确用例分布的用法类型也是最多的，有 9 种。数量最多的依然是带可能补语，有 22 例。如：

（101）那件事让我永远<u>忘不了</u>。（高级韩国）

（102）已经过了三年，到现在我还<u>忘不了</u>开封的包子。（高级韩国）

上述 2 例都是带可能补语的正确用例。高级阶段作文中出现的可能补语都是由"不了"充任。这一时期教材的输入也都是"不了"作可能补语的用法，又回到了初级阶段作文中出现的单一可能补语的状态，中级阶段作文中偶现的"不掉""不得"不再出现。可见，学生倾向于把"忘不了"这一动补组合作为整体记忆，在缺乏其他可能补语输入的情况下，"忘不了"作为整体抑制"忘"与"不掉""不得"的结合。

高级阶段"忘"的正确用例还较多分布在带体词性宾语、带谓词性宾语及带结果补语的用法上，分别有 11 例、9 例、9 例。如：

（103）他看了考试卷以后，<u>忘了</u>学过的部分。（高级波兰）

（104）那一天我走得太匆忙，<u>忘了</u>带手机。（高级日本）

（105）我急急忙忙下车，还<u>不忘</u>带着微笑跟那位司机说声感谢。（高级越南）

（106）原以为过了一段时间后，把猫的事会<u>忘到</u>九霄云外了。（高级南斯拉夫）

例（103）是"忘"带体词性宾语的正确用例。高级教材中带体词性宾语的用例出现频次最多，且"忘"后面都出现"了"。学生作文中此类用法的正确用例，也表现为"忘＋了＋体词性宾语"的线性序列。例（104）（105）是"忘"带谓词性宾语的正确用例。高级教材中此类用法出现 5 例，且后面都出现动词后"了"，但没出现句末"了"的用例。学生作文中此类用法的正确用例一般也是"忘＋了＋谓词性宾语"，如例（104）；偶有"不"修饰"忘"形成的特殊否定形式"不忘＋谓词性宾语"，如例（105），这一形式在教材中并未出现，但在本族人语言实际中却比较常见，多和表反预期义的副词"还"搭配。可见学生使用"忘"带谓词性宾语的用法受外在自然语言环境的影响，跳出了教材输入的范围。例（106）是"忘"带结果补语的正确用例。高级教材中此类用法出现 4 例，充任结果补语的词不仅包括"掉""光"，还有"到"，它搭配处所宾语"九霄云外"，如例（106）。此例初级、中级作文中没有出现，而出现在有了教材输入的高级阶段，且与教材原句一致，其模仿照搬的痕迹比较明显。

高级阶段还有少量"忘"的正确用例分布在宾语（对象客体）前置、省略宾语这两种用法上，分别有 3 例、2 例。如：

（107）不知不觉就来到了山顶，呼吸着清新空气，不开心的事都忘了。（高级韩国）

（108）学习汉语是一个艰苦的过程，不容易获得，但容易忘了，我们要把学习的苦当作一个过程。（高级韩国）

例（107）是"忘"宾语（对象客体）前置的正确用例，"忘"的对象客体"不开心的事"前置到动词"忘"前面。高级教材中此类用法出现 5 例，是教材中出现频次较多的用法，学生作文中此类用法的正确用例以例（107）这样的无宾语提前标记的居多。例（108）是省略宾语的正确用例。"忘"省略的宾语是"汉语"，它在句首动词性短语中出现，故这里省去。高级教材中此类用法出现 2 例，都是上文中出现"忘"的对象客体，随后在"忘"的后面省略对象客体充任的宾语，仅保留"了"。学生作文中此类正确用例都表现为"忘＋了"。

高级阶段"忘"的正确用例还有带小句宾语，带情态补语，分布在定语中、中心语是其对象客体这三种用法，都仅有 1 例。即：

（109）爸爸的遗产中你们需要的都拿走吧，可是你们别忘了今天爸爸刚去世，怎么可能儿女们之间就吵架吗？（高级韩国）

（110）无论考出来的分数有多高，这种记忆是不长久的，往往都在考试后一两天之内忘得一干二净。（高级俄罗斯）

（111）我心里最珍贵，最重要，我永远不忘的一天是我到了南京的第二天。（高级罗马尼亚）

例（109）是"忘"带小句宾语的用例。高级教材中此类用法也仅出现1例，为"副词＋忘＋了＋小句宾语"，同此例中带小句宾语的形式是一致的。例（110）是"忘"带情态补语的正确用例。高级教材中未出现此类用法，而在初级教材中出现2例，其中1例是由"干干净净"作情态补语，它和"一干二净"是包含相同语素的近义四字短语，而且"一干二净"是本族人语言实际中最常作"忘"的情态补语的词语，可见，学生受自然语言环境的直接影响，输出了教材中没有的用例。例（111）是"忘"分布在定语中、中心语是其对象客体的正确用例。高级教材中同样没有出现此类用法，学生输出的分布在定语中的"永远不忘"同初级时偶现的1例一致，再次说明学生将它作为整体记忆，作中心语的修饰成分。

2. 忘记

初级阶段"忘记"的使用量、正确用例数都最少，在21个正确用例中，数量最多的是带体词性宾语的用法，有12例。如：

（112）对于我来说阿理给我很大的印象，我很难忘记他。（初级坦桑尼亚）

（113）只要没有忘记那个，我们就交好朋友吧！（初级日本）

（114）尽管我快要离开南师大了，但是我永远都不会忘记在这里度过的一段时间。（初级老挝）

以上都是"忘记"带体词性宾语的正确用例。学生作文中此类用例所带的宾语为双音节词的最少，如例（113）；单音节词的较少，如例（112）；多音节词的最多，如例（114）。这些用例中，"忘记"后面都没有带"了"。初级教材中"忘记"带体词性宾语的有5例，是出现频率最高的，受教材输入的影响，这一阶段学生作文中此类"忘记"用法的正确用例数也最多。

初级阶段"忘记"除了带体词性宾语外，其他四类用法的正确用例都较少。其中宾语（对象客体）前置、省略宾语这两种用法都各有3例。如：

（115）这次旅行我真的不能<u>忘记</u>。（初级韩国）

（116）尽管我并又没去那个地方，但是我不会<u>忘记</u>。（初级尼泊尔）

上述 2 例分别是宾语（对象客体）前置、省略宾语的正确用例。例（115）中"忘记"的宾语"这次旅行"前置到句首。初级教材中"忘记"宾语（对象客体）前置的用法出现 3 例，其中 2 例都是如该例一样将宾语提前至句首，且不出现形式标记。例（116）中"忘记"省略的宾语是"那个地方"，它出现在前面的小句中。初级教材中此类用法出现 1 例，前小句中出现宾语所指的对象客体，"忘记"处在后小句的句尾，前面有能愿动词修饰。可见，初级阶段学生使用"忘记"宾语（对象客体）前置、省略宾语这两种用法受教材输入影响较大。

分布在定语中、中心语是其对象客体，带谓词性宾语这两种用法分别出现 2 例、1 例。如：

（117）我有一件永远不会<u>忘记的事儿</u>。（初级韩国）

（118）我看着他年迈的无腿的身休（体）困难地向前爬行着，惊异地<u>忘记了感谢</u>。（初级德国）

例（117）是"忘记"分布在定语中、中心语是其对象客体的正确用例。"忘记"前面受"不会"修饰，后面中心语"事儿"是"忘记"的对象客体。初级教材中此类用法出现 1 例，"忘记"受副词修饰形成的状中短语作定语，后面名词性成分是其中心语。例（118）是"忘记"带谓词性宾语的正确用例。该用法教材中出现 3 例，但没有 1 例是"忘记"后面带动词后"了"的。上文提到，"忘记"带双音节谓词性宾语倾向于出现动词后"了"，可见此例中学生使用"忘记 + 了 + 谓词性宾语"的线性序列是受自然语言环境的影响。

中级到高级阶段"忘记"的正确率提高了 5.7%，正确率提升得最快。对于留学生来说，这两个阶段是他们习得"忘记"一词的关键期。中级、高级阶段不仅正确用例数不断增加，而且正确用例分布的用法类型也比初级时多。中级、高级阶段正确用例数最多的都是带体词性宾语，分别有 27 例、18 例。如：

（119）我永远<u>不会忘记第一次收到工资的这时候的感动</u>。（中级日本）

（120）高兴时我们就<u>忘记一切</u>，那，碰到困难时应该意识到自我。（高级罗马尼亚）

上述 2 例分别是中级、高级阶段"忘记"带体词性宾语的正确用例。中级、高级教材中此类用法分别出现 2 例、3 例，出现频次都较少，但"忘记"带体词性宾语却一直是正确用例最多的用法，可见"忘记"带体词性宾语这一用法的习得难度较低。

中级、高级阶段宾语（对象客体）前置、省略宾语这两种用法的正确用例数都分别居第二、三位，仅次于带体词性宾语的用法，前者在中级、高级阶段分别有 7 例、11 例；后者在中级、高级阶段分别有 6 例、10例。如：

（121）小时候妈妈说："要诚实。"后来这句话我很难忘记。（中级吉尔吉斯斯坦）

（122）你的笑容我永远不会忘记。（高级韩国）

（123）我以前看过很多电影，但我都忘记了。（中级蒙古）

（124）过去的历史就过去了，该忘记了。（高级巴基斯坦）

例（121）（122）分别是中级、高级阶段宾语（对象客体）前置的正确用例。中级教材中此类用法出现 1 例，高级教材中没有出现。而这类用法在中级、高级阶段多为正确用例，且没有出现提前宾语的形式标记，它与带体词性宾语的用法只有语序上的差别，对留学生来说，它的习得难度同样较低。例（123）（124）分别是中级、高级教材中省略宾语的正确用例。中级教材中此类用法出现 4 例，高级教材中出现 1 例，跟教材中宾语（对象客体）前置的出现频次相比，这类用法的出现频次较多，但学生输出的正确用例却较少，可见省略宾语这一用法的习得难度高于宾语（对象客体）前置。

中级、高级阶段，除了带体词性宾语、宾语（对象客体）前置、省略宾语这三种用法之外，还有三种用法，即带谓词性宾语，带小句宾语，分布在定语中、中心语是其对象客体。而这后三种用法在这两个学时阶段中出现的正确用例数都较少，尤其在中级阶段，仅见偶例。我们先看中级阶段这三种用法的用例：

（125）新年的时孩子们不会忘记跪拜他们自己的父母。（中级斯里兰卡）

（126）看着她我会忘记她其实是有病的，因为虽然她很矮，却充满力量。（中级日本）

（127）我希望对我的学生，是一位很难忘记的老师。（中级韩国）

上面分别是"忘记"带谓词性宾语，带小句宾语，分布在定语中、中心语是其对象客体的正确用例，中级阶段分别出现2例、1例、2例。而中级教材中只出现带小句宾语的用例，且只有1例。可见，学生对"忘记"带谓词性宾语，分布在定语中、中心语是其对象客体这两种用法的学习已不完全受教材输入的影响。

再看高级阶段中这三种用法的正确用例：

（128）谁有着父母的时候都应该记得我们是从哪儿而来的，是如何长大，而不能忘记孝顺我们亲爱的父母。（高级越南）

（129）本来我忘记了我的身体也很痛，这时候才突然想起来。（高级古巴）

（130）这个城市对我来说，已经穿过很多年不能忘记的历史。（高级越南）

上面分别是"忘记"带谓词性宾语，带小句宾语，分布在定语中、中心语是其对象客体的正确用例，高级阶段分别出现3例、6例、1例。而高级教材中分别有4例、5例、2例。虽然中级阶段带谓词性宾语，分布在定语中、中心语是其对象客体这两种用法已不完全受教材输入的影响，但教材中输入频次增多，也会增加学生的正确输出。

3.2.3 偏误用例情况考察

"忘"组词整体的偏误类型，按出现频次的多少排序，即：遗漏＞误代＞冗余＞错序。具体数据见表3-5。

表3-5 中介语作文语料库中"忘"组词的偏误类型及数量分布情况

词汇	级别	误代	遗漏	冗余	错序
忘	初级（共12例）	7例	5例	0	0
	中级（共11例）	4例	7例	0	0
	高级（共14例）	7例	6例	0	1例
忘记	初级（共4例）	1例	1例	2例	0
	中级（共5例）	1例	4例	0	0
	高级（共4例）	0	3例	1例	0

由表3-5可以看出，误代、遗漏是"忘"偏误数量最多的两种偏误

类型，均占比 48.6%；除此之外，还有 1 例错序。"忘记"偏误数量最多的是遗漏，占比 61.5%，冗余和误代偏误数量都较少，是非典型偏误。

接下来我们按照"忘"组词整体偏误类型的排序，分别探讨"忘""忘记"的偏误情况。

3.2.3.1 遗漏偏误

1. "忘"的遗漏偏误

遗漏偏误是"忘"典型的偏误类型之一，共有 18 例，其中初级 5 例、中级 7 例、高级 6 例。"忘"的遗漏偏误表现单一，都表现为"忘"后面"了"的遗漏。虽然表现单一，但这些遗漏偏误分布在五种用法中。先看带体词性宾语中遗漏"了"的偏误。

在"忘"带体词性宾语的用法中，遗漏"了"的偏误数量最多，有 10 例，其中初级 3 例、中级 3 例、高级 4 例。可见，它一直贯穿整个学时阶段，且并没有随着学时等级的提高而减少。如：

（131）*现在自己生活得很愉快，有老师帮助我，有朋友关心我，让我开心，忘∧难过的地方，不常想念家了。（初级老挝）

（132）*如果越来越多的美籍外国人忘∧他们自己的家庭历史，我们会变成没有历史的人。（中级美国）

（133）*我们歇歇走走，一路美丽的风景使我们忘∧自己的疲劳。（高级日本）

上述 3 例中"忘"的后面都必须加上动词后"了"。上文本体研究部分提到，"忘"带多音节体词性宾语时，不管其形式长度或是否出现语音停顿，"忘"后面的"了"须强制性出现。而例（131）中的"难过的地方"、例（132）中"他们自己的家庭历史"、例（133）中"自己的疲劳"都是多音节宾语，因此应当添加动词后"了"。我们之所以不将此类偏误判断为"忘"误代"忘记"，是因为上文提到，"忘记"带多音节体词性宾语时，"忘记"后面倾向于加"了"，即替换成"忘记"后，也还须加动词后"了"。

在"忘"带谓词性宾语的用法中，遗漏"了"的偏误有 2 例，都出现在中级阶段。即：

（134）*你来时，别忘∧多穿点衣服了，要不然你一定会感冒。（中级日本）

（135）*有一天我才知道忘∧付煤气费。（中级韩国）

上述 2 例中"忘"的后面都必须加上动词后"了"。上文本体研究部分提到,"忘"带多音节谓词性宾语时,不管陈述的事态是否已然,动词后"了"都须强制性添加。而句末"了"只有在动词"了"出现的情况下隐现自由,上述 2 例中的"多穿点衣服""付煤气费"都是多音节宾语,其中例(134)虽然句末出现"了",但它不起决定性作用,且只有在"忘"后面出现"了"之后才能隐现自由,因此都应当添加动词后"了"。

在"忘"带小句宾语的用法中,遗漏"了"的偏误有 2 例,都出现在初级阶段。即:

(136) ＊我忘∧,她们的名字是 Jna 和 Beca。(初级印尼)

(137) ＊别忘∧,如果你好好地幸福生活下去。(初级韩国)

上述 2 例中"忘"的后面都必须加上动词后"了"。上文本体研究部分提到,"忘"带小句宾语时,动词后"了"须强制性出现,它直接制约"忘"带小句宾语的能力。上述 2 例中,逗号后面都是"忘"的小句宾语,同样,不管是否有逗号停顿,"了"都要加在"忘"的后面。

在"忘"带结果补语的用法中,遗漏"了"的偏误有 3 例,其中中级 1 例、高级 2 例。即:

(138) ＊不用说照顾小狗了,他自己连饭都忘掉∧,一直上网,他像一个上网虫似的。(中级韩国)

(139) ＊他把结婚的日子都忘掉∧,所以他的老婆很生气。(高级俄罗斯)

(140) ＊那个美景让我忘掉∧坐车的恐怖,我心情就好了。(高级韩国)

上述 3 例中"忘"的后面都应加上动词后"了"。上文提到,"忘"带结果补语时,当语境中的事态具有已然性时,须在结果补语后面添加"了",表示已实现"忘"的结果状态。例(138)中的"一直上网"说明没有吃饭是已然的;例(139)中"老婆很生气"的原因是他已然忘掉了结婚的日子;例(140)中"我心情好了"说明前小句中的美景发挥作用的已然性。因此上述用例中都应加"了"。

在"忘"宾语(对象客体)前置的用法中,遗漏"了"的偏误有 1 例,出现在中级阶段。即:

（141）＊这件事儿他忘∧。（中级韩国）

上例中"忘"的后面须加"了"。上文提到，在宾语（对象客体）前置的用例中，"忘""忘记"前面没有出现表否定义的状语时，它们后面都须出现"了"。此例"忘"是以光杆形式出现，前面只有主语，没有表否定义的状语，因此须加"了"。

2. "忘记"的遗漏偏误

遗漏偏误是"忘记"最典型的偏误，共有 8 例，其中初级 1 例、中级 4 例、高级 3 例。"忘记"的遗漏偏误也同样表现单一，即"忘记"后面"了"的遗漏。但它分布的用法类型没有"忘"的多，仅有两种。先看带体词性宾语中遗漏"了"的偏误。

在"忘记"带体词性宾语的用法中，遗漏"了"的偏误数量是最多的，有 6 例，其中初级 1 例、中级 2 例、高级 3 例。可见，它与"忘"相同的是，一直贯穿整个学时阶段，并没有随着学时等级的提高而减少，不同的是，偏误量一直随学时等级的提高而递增。如：

（142）＊你不要问我，我忘记∧那个地方的名字。（初级印尼）

（143）＊他完全忘记∧他不满意的环境和情况。（中级法国）

（144）＊我看到刚才初降的早雪，就完全忘记∧冬天的短处，白茫茫的一层雪遮盖了房顶，树木，电线。（高级俄罗斯）

上述 3 例中"忘记"的后面都应该加上动词后"了"。上文提到，"忘记"带多音节体词性宾语时，一般要带动词后"了"。而例（142）中的"那个地方的名字"、例（143）中的"他不满意的环境和情况"、例（144）中的"冬天的短处"都是多音节宾语，因此应当添加动词后"了"。

"忘记"后面"了"的遗漏还分布在宾语（对象客体）前置的用法上，有 2 例，都出现在中级阶段。即：

（145）＊上课的时间我忘记∧。（中级韩国）

（146）＊这几天的难过都忘记∧，跟朋友们又在一起。（中级越南）

上述 2 例中"忘记"的后面须加"了"。在宾语（对象客体）前置的用例中，不仅"忘"的前面在没有出现表否定义的状语时须加"了"，"忘记"也是如此。这 2 例中，"忘记"的前面或仅出现主语"我"，或出现表范围义的副词"都"，但都没有出现表否定义的状语，因此"忘记"后面须加"了"。

3.2.3.2　误代偏误

1. "忘"的误代偏误

误代是"忘"的又一大典型偏误，共有 18 例，其中初级 7 例、中级 4 例、高级 7 例。"忘"的误代偏误从语言形式上可分为两大类：第一大类是"忘"对"忘记"的误代；第二大类是"忘"自身用法之间的误代或其连带成分的误代。先看第一大类。

"忘"对"忘记"的误代是"忘"的误代偏误的主要类型，数量最多，共有 13 例，其中初级、中级阶段的全部误代偏误用例都是这一类型；在高级阶段此类误代出现 3 例。需指出的是，"忘"对"忘记"的误代都分布在带体词性宾语的用法上。如：

（147）＊我是不会忘她的。（初级韩国）

（148）＊我这一辈子一定不能忘她。（中级越南）

（149）＊总的来说，不管我在哪我肯定不会忘南京。（高级塔吉克斯坦）

上述 3 例中"忘"应改为"忘记"。上文本体研究部分提到，"忘"带代词宾语须强制性出现动词后"了"，带双音节名词宾语一般倾向于出现动词后"了"；而"忘记"带单双音节体词性宾语一般不出现动词后"了"。然而上述各例处于较正式的语境中，尤其是例（147）中出现省略关系动词"是"的"是……的"强调句，在这样的语体环境中，"忘记"比"忘"更适合出现，因而我们判定上述各例不是动词后"了"的遗漏，而是"忘"对"忘记"的误代。

再看第二大类，"忘"自身用法之间的误代或其连带成分的误代。从语言形式上看，它表现为三小类：一是"忘"带情态补语的用法对其带结果补语用法的误代；二是"忘"带可能补语对其否定形式"不忘"的误代；三是"忘"后面时态助词"过"对"了"的误代。第一小类有 2 例。即：

（150）＊把学过的东西忘得九霄云外了！（高级日本）

（151）＊弟弟早把难过的经历忘得千里之外了。（高级韩国）

上述 2 例中情态补语标记"得"都应改为充任结果补语的趋向动词

"到"。上文提到，"忘"带结果补语再带宾语的序列中，除了"掉"后面带受事宾语之外，还有"到"带处所宾语，而"九霄云外"是处所宾语，常与"到"相搭配。"千里之外"也是表处所的词，前面应搭配"到"。学生之所以会将这两个处所宾语看作情态补语，是因为充任情态补语的词中包含四字短语，因而学生就从形式上混淆了"忘"带情态补语与结果补语这两种用法。

第二小类有1例。即：

（152）＊我也写好了今天的课程表，而且忘不了写上了几个目标。（高级越南）

上例应将"忘不了"改为"不忘"。"忘不了"表示"不可能忘"，后面搭配的是体词性宾语；而根据上例语境，其要表达的是"没有忘记"，上文提到，"忘"的否定形式"不忘"后面直接搭配宾语，宾语可以是名词性的，也可以是动词性的。因此我们判定此例是"忘"带可能补语对"忘"否定形式的误代。

第三小类有1例。即：

（153）＊我好像忘过时间似的。（高级日本）

上例中"过"应改为"了"。上文提过，"忘"搭配表示动作完成的时态助词只能是"了"，而"忘记"在否定句中可以带"过"。但此例不是否定句，无法将"忘"替换成"忘记"，那么只能将"过"改为"了"。

2. "忘记"的误代偏误

"忘记"的误代偏误不是典型偏误，仅有2例，都表现为"忘记"对"忘"的误代，初级、中级各有1例。即：

（154）＊以后一到了博物馆，古代的建筑物等等，有意思的地方就忘记了累。（初级日本）

（155）＊早上走得太匆忙，手机忘记了带。（中级韩国）

上述2例中"忘记"应改为"忘"。上文提到，"忘记"带单音节动词宾语时不能出现动词后"了"，而"忘"带单音节谓词性宾语须出现动词后"了"，这2例是学生将"忘"带单音节动词宾语的用法类推泛化到"忘记"上，从而发生了误代。由于"忘记＋$V_单$＋了"的用法极少，因而我们一般不将其看作动词宾语与"了"的错序。

3.2.3.3 冗余偏误

仅"忘记"出现这一类型的偏误,其中初级 2 例、高级 1 例。即:

(156) *虽然最近我的朋友忙,但是常常打电话,所以我没忘记了他。(初级韩国)

(157) *我永远不忘记了你。(初级泰国)

(158) *深夜山里的冷风永远不能忘记了。(高级韩国)

上述各例虽然都是冗余偏误,但偏误来源不同。例(156)(157)是带"没""不"的否定句,上文提到,"忘"进入"没有/未""不"的否定句中作谓语,"忘记"后面都不出现"了",因此这 2 例都应将"了"去掉。例(158)是宾语(对象客体)前置的用例,上文提到,当"忘记"前面出现表否定义的状语时,"忘记"后面不能出现"了",因此也要将"了"去掉。

3.2.3.4 错序偏误

仅"忘"出现了错序,有 1 例,出现在高级阶段。即:

(159) *怎么还剩下一块蛋糕?妈妈吃忘了吧!(高级韩国)

此例是"忘"带动词后"了"与单音节动词宾语的错序,应改为"忘了吃"。

3.2.4 教学建议

根据留学生作文语料中的习得情况,"忘"组词整体上存在超量使用的情况,"忘""忘记"二者都超量使用,其中"忘记"比"忘"超出常量的程度更高。留学生使用"忘"组词的用法类型比基于 400 万字的本族人语料归纳出的用法类型要丰富,多出"分布在定语中、中心语是其对象客体"一项。然而,这一句法分布并非不合语法,只是因其非典型而未出现在 400 万字的本族人语料中而已。"忘"组词的习得情况较为理想,偏误用例较少。对"忘"来说,误代和遗漏都是典型偏误;而"忘记"的典型偏误是遗漏,误代较少。除此之外,"忘"的错序偏误仅见偶例,"忘记"有少量偏误属于冗余。二者的遗漏都表现为"了"的遗漏,但此类偏误"忘"分布的用法类型比"忘记"的多。误代主要表现为"忘"与"忘记"之间的误代,其中"忘"误代"忘记"居多。此外,误代还表现为"忘"自身用法之间的误代或其连带成分的误代。

对"忘"组词的教学,我们认为,首先,要重点讲解"忘"组词带各类宾语用法与动词后"了"的互动关系，尤其是动词后"了"强制性出现的情况，要特别关注。其次，要注意区别带相同类型宾语时"忘""忘记"的差异及使用倾向。再次，要注意宾语（对象客体）前置用法中"忘""忘记"动词后"了"出现与否的限制条件。最后，要辨别"忘"内部不同用法之间句法语义特征的差异。

本章小结

本章探讨的要点归结如下：

（1）"忘"组词主要具有充当谓语的句法功能。首先，带宾语的用法是"忘"组词最重要的句法分布。其次，"忘"组词还可以带补语，但"忘"带补语的能力强于"忘记"，这不仅表现在出现频次上，还表现在所带补语类型上。再次，"忘"组词都可以将宾语（对象客体）前置，其中带宾语能力略强的"忘记"，其宾语（对象客体）前置的用例比重也超过"忘"。最后，"忘"组词在特殊语境中都可以省略宾语，"忘"所占比重超过"忘记"。

（2）"忘"组词带各类宾语时，动词后"了"对其带宾语能力或起决定性作用或起重要作用，动词后"了"与不同类别宾语、不同音节数量的宾语的互动关系较为复杂。具体说来，对"忘"来讲，"忘"带代词宾语时，动词后"了"须强制性出现；带一般体词性宾语时，随着宾语音节数量的增多，动词后"了"的出现频率也逐渐提高，当其宾语音节数量较少时，动词后"了"并不制约"忘"带体词性宾语的能力，此时"忘"前面的状语修饰成分、句末"了"都会变成"忘"带宾语能力的影响因素。当"忘"带谓词性宾语时，动词后"了"的出现是其主要表现形式；带单双音节谓词性宾语时，句末"了"可单独出现；带多音节谓词性宾语时，句末"了"不能单独出现。当"忘"带小句宾语时，动词后"了"须强制性出现。对"忘记"来说，在搭配体词性宾语方面，当宾语是单双音节词时，"忘记"倾向于不出现动词后"了"；当宾语是多音节词时，倾向于出现动词后"了"。在搭配谓词性宾语方面，只有宾语是单音节时，"忘记"带宾语的能力受限于句末"了"；带双音节、多音节宾语时，其语言形式有多种变化，使用自由，且不受限于"了"。"忘记"带双音节谓词性宾语时倾向于出现动词后"了"，而带多音节谓词性宾语时则倾向于出现句末"了"。在搭配小句宾语时，"忘记"不受动词后"了"的制约，且不出现"了"的倾向性较强。具体见表3-6。

表 3-6   "忘"组词带不同类别宾语、不同音节数量宾语与"了"的互动关系

宾语类型			忘	忘记
带体词性宾语	单音节	代词	忘 + 了 + $O_{单代}$	忘记 + (了) + $O_{单代}$
		名词	忘 + (了) + $O_{单名}$ + (了)	忘记 + (了) + $O_{单名}$
	双音节	代词	忘 + 了 + $O_{双代}$	忘记 + (了) + $O_{双代}$
		名词	忘 + 了 + $O_{双名}$ + (了) 忘 + $O_{双名}$ + 了	忘记 + (了) + $O_{双名}$
	多音节		忘 + 了$_{(,)}$ + $O_{多名}$ + (了)	忘记 + 了 + $O_{多名}$
带谓词性宾语	单音节		忘 + 了 + $V_{单}$ + (了) 忘 + $V_{单}$ + 了 Adv + 忘 + $V_{单}$	忘记 + $V_{单}$ + 了
	双音节		忘 + 了 + $V_{双}$ + (了) 忘 + $V_{双}$ + 了	忘记 + 了 + $V_{双}$ 忘记 + $V_{双}$ + 了 忘记 + $V_{双}$
	多音节		忘 + 了 + $V_{多}$ + (了)	忘记 + $V_{多}$ + 了 忘记 + 了 + $V_{多}$ 忘记 + $V_{多}$
带小句宾语			忘 + 了$_{(,)}$ + $O_{小句}$ + (了)	忘记 + $O_{小句}$

（3）"忘"组词的习得情况较为理想，偏误较少。对"忘"来说，误代和遗漏都是其典型偏误；而"忘记"的典型偏误是遗漏，误代较少。除此之外，"忘"的错序偏误仅见偶例，"忘记"有少量偏误属于冗余。二者的遗漏都表现为"了"的遗漏，但此类偏误"忘"分布的用法类型比"忘记"的多。误代主要表现为"忘"与"忘记"之间的误代，其中"忘"误代"忘记"居多。此外，误代还表现为"忘"自身用法之间的误代或其连带成分的误代。对"忘"组词的教学，我们认为，最重要的是讲解"忘"组词带各类宾语用法与动词后"了"的互动关系，尤其是动词后"了"强制性出现的情况，要特别关注。同时注意区别带相同类型宾语时"忘""忘记"的差异及使用倾向。此外，还要注意宾语（对象客体）前置用法中"忘""忘记"动词后"了"出现与否的限制条件，辨别"忘"内部不同用法之间句法语义特征的差异。

第 4 章

「知」组同素同义词习得研究

单音节词"知"和双音节词"知道"都不能受"很"修饰①，根据学界对心理动词的界定，"知"和"知道"（合称"知"组同素同义词）是一组含有共同语素的行为心理动词②。

《现代汉语词典》（第7版，2016：1677，1678）对动词"知"的解释为"知道"；对"知道"的解释为"对于事实或道理有认识；懂得"。《现代汉语八百词》（增订本，1999：676）对"知道"的语义进行细分，"第一，对于事实有了解。第二，掌握问题的答案。第三，懂得该做什么事"。孟琮等主编的《汉语动词用法词典》（1999：465）根据"知道"的语义，列出八项一般功能：①后接名词宾语；②后接动词宾语；③后接形容词宾语；④后接小句宾语；⑤后接动量补语或时量补语；⑥带动态助词"着""了""过"；⑦有重叠形式；⑧可带结果补语。对于"知道"一词的时体情况及重叠形式的使用条件，卢福波编著的《对外汉语常用词语对比例释》（2000：670，673）指出："知道"一般不表示经历和进行的意义，后面一般不接"过"，前面一般不接"正在"；"知道"一般不能重叠使用，个别情况下使用是有条件的；表示被动意义时可以重叠用。刘月华等著的《实用现代汉语语法》（增订本，2001：160）指出：不能用补语，通常也不用动态助词，但表示由不知道到知道这一改变时，可以用"了"。可以看出，上述工具书中对"知道"一词句法功能的归纳相互抵牾，特别是其时体及带补语功能方面；此外，上述工具书并没有探讨单音节词"知"的句法功能及分布特征。

针对这类词的习得研究，目前只有展飞（2013）对"知道"类动词进行专项偏误分析。该研究涉及双音节词"知道"，指出初、中、高三个等级"知道"的错误率都较低，相对容易习得，留学生使用"知道"的所有偏误中，与其他"知道"类动词的语义混淆占有优势。研究还具体指出初级、中级阶段较多发生"知道"误代"学会""会"等动词的偏误，但高级阶段没再出现。然而，这一研究并未考察中介语中"知道"整体的分布情况、正确用例及偏误用例类型，仅对属于"知道"语义类别中的高频词语之间的误代情况进行粗略描述，其中也未涉及单音节词"知"。

鉴于此，本章首先对"知""知道"的本体规则进行探讨，然后考察留学生对这组词的习得情况。

---

① 多数学者认为"知道"不受"很"修饰，如范晓、杜高印、陈光磊（1987：59），袁义林（1988）等；只有个别学者认为"知道"受"很"修饰，如丰竞（2003）。我们在BCC语料库中进行测试，仅极少数例子出现"很"修饰"知道"，其所占比重可忽略不计。

② 丰竞（2003）将心理动词分为活动心理动词和状态心理动词，其中不能受"很"修饰的称为活动心理动词。这只是称谓不同，其本质所指一致。

4.1 "知"组词句法功能的比较

我们基于400万字现代汉语语料库检索到"知"组同素同义词2 423例,其中单音节词"知"有407例①,占"知"组全部用例数的16.8%;双音节词"知道"有2 016例,占比83.2%。二者之所以在数量比重方面有较大差异,是因为"知"的文言色彩鲜明,这使得它在现代汉语平面中的使用受到限制。学界普遍认为单音节动词一般具有显豁的口语色彩,而"知"却是例外。"知"鲜明的语体色彩,首先可从其出现在四字结构中得到印证。在"知"407个用例中,有55例分布在频繁使用但尚未成词的四字结构中,而这些四字结构中的"知"不能替换为"知道",如"不得而知""不为人知""广为人知""推想而知""人尽皆知""如所周知""为人不知""无人不知""一望而(便)知""一无所知"等。其次,"知"前后相邻的语言成分也表现出强烈的文言色彩,"知"后面会与"其""之""吾"等代词宾语共现,前面会共现"乃""方""皆""尚"等副词状语。"知"只有具备与它们同样的语体色彩,才能在如此的微语境中兼容。与具有文言色彩、高度书面化的"知"相比,"知道"一词并不具有鲜明的语体分布倾向性。

"知""知道"在句中充当谓语成分是二者最主要的句法功能。"知"有404例(99.3%),"知道"全部用例(2 016例)都作谓语成分,即它们的动性特征都相当鲜明。"知"在类固定短语中或搭配固定的谓语动词时,可以充当宾语、主语成分,此类例子数量极少,仅3例(0.7%),且出现在书面化程度较高的文体中,是双音节词"知道"无法替换的。② 而"知道"还能单独作定语,此时"知"无法替换,这将在4.1.2中加以论述。

我们先来探讨"知""知道"在相同句法特征条件下的使用差异,接着再看"知道"所独有的用法。

---

① 本章考察的是单词"知",所以排除构词语素"知"的用例,依据的标准是《现代汉语词典》(第7版),凡是已经收录的单词,一概排除。诸如"得知""明知""知晓""通知""推知""不知不觉""可想而知""众所周知""一问三不知"等。这些成词用例排除后得到的用例数为407例。

② "知"出现在类固定短语有1例,即"知行分离",此时"知"指代"知道的事物",它与"行"并列充当主语;"知"还可以作谓语动词"有"的宾语,有2例,如:"倘若古人九泉之下有知,真要痛心疾首了。"

4.1.1 "知""知道"相同用法中的差异

在实际语言运用中，按使用频率高低排序，我们将分别探讨"知""知道"带宾语成分，宾语（对象客体）前置，被"所"名词化，分布在复杂定语中、中心语是其对象客体这四种用法，并比较它们在相同用法中的使用差异。

4.1.1.1 带宾语成分的比较

《现代汉语八百词》（增订本）、《汉语动词用法词典》等主要工具书都指出"知道"可带体词性宾语、谓词性宾语和小句宾语。我们通过对语料的考察，发现"知"也可带上述三类宾语。我们在400万字现代汉语语料库中检索"知""知道"肯定形式和否定形式带宾语的用例，发现"知"后跟体词性宾语有96例（28.2%），后跟谓词性宾语有151例（44.3%），后跟小句宾语有94例（27.5%）。"知道"后跟体词性宾语有191例（12.8%），后跟谓词性宾语有258例（17.2%），后跟小句宾语有1 049例（70.0%）。从各自所带宾语类型的占比情况来看，"知"后所带宾语类型的倾向性为：谓词性宾语＞体词性宾语＞小句宾语，且谓词性宾语占明显优势。"知道"后所带宾语类型的倾向性为：小句宾语＞谓词性宾语＞体词性宾语，且小句宾语的比例远远高于谓词性和体词性宾语。可见，"知"和"知道"后面所带的宾语类型，在谓词性及小句宾语上存在对立分布。

虽然"知""知道"都可以带三种类型的宾语，且存在使用上的倾向性，但并非任何情况下二者都可以自由替换。请看"知""知道"带体词性宾语、谓词性宾语和小句宾语的例子。① 如：

（1）a. 早知今日
　　 b. 不知其所以然
（2）a. 知道此中情由
　　 b. 不知道其严重后果
（3）a. 自知不会轻易取胜
　　 b. 不知美煞了多少年轻人

---

① 上文提到，"知道"不具有鲜明的语体倾向性，而"知"在现代汉语平面中依然具有显豁的语体色彩，因而我们探讨二者替换时，为排除语体因素干扰，"知道"所选例句都摘自书面化程度较高的语体。本节考察的语料范围不仅包括自建的400万字现代汉语语料库，还有BCC、CCL语料库。

（4）a. 愈能正视历史，愈<u>知道</u>由何而来

　　　b. <u>不知道</u>如何从困境中提取信息

（5）a. 可<u>知</u>其诗集编年并不完全可靠

　　　b. <u>不知</u>他们究竟指的哪一方

（6）a. <u>知道</u>他在苦路上所获甚多

　　　b. <u>不知道</u>"亲情"到底能否永恒

例（1）（2）分别是"知""知道"带体词性宾语的用例；例（3）（4）是带谓词性宾语的用例；例（5）（6）是带小句宾语的用例。其中各例 a 句都是二者肯定形式的用例，b 句都是否定形式的用例。

我们将这些用例中的"知""知道"互换，得到以下变换式：

（1）a′. 早<u>知道</u>今日

　　　b′. <u>不知道</u>其所以然

（2）a′. <u>知</u>此中情由

　　　b′. <u>不知</u>其严重后果

（3）a′. 自<u>知道</u>不会轻易取胜

　　　b′. <u>不知道</u>羡煞了多少年轻人

（4）a′. 愈能正视历史，愈<u>知</u>由何而来

　　　b′. <u>不知</u>如何从困境中提取信息

（5）a′. 可<u>知道</u>其诗集编年并不完全可靠

　　　b′. <u>不知道</u>他们究竟指的哪一方

（6）a′. <u>知</u>他在苦路上所获甚多

　　　b′. <u>不知</u>"亲情"到底能否永恒

变换后的这些用例，例（2）a′句、例（3）a′句、例（6）a′句不合语法；而例（1）a′句、例（4）a′句、例（5）a′句以及例（1）b′句至例（6）b′句都合语法。

我们发现，变换后合语法的各例 b′句都是"知""知道"否定形式的用例，且后面的宾语包括体词性、谓词性、小句三种类型。那么，是否当其否定形式带宾语时，二者可进行自由替换？我们将语料中全部"不知道"带宾语的 383 例、"不知"带宾语的 270 例进行替换，忽略语体因素，仅从句法角度看，替换后句子依然成立。可见，当二者都是否定形式时，其在句法上能够自由互换。但须指出的是，"知""知道"的否定形式存在使用倾向性，这一点将在后文加以论述。

可以看出，上面变换后不合语法的用例都分布在"知""知道"的肯定形式中。可见，当二者都是肯定形式时，"知道"不能全部自由替换成"知"，"知"也不能全部自由替换为"知道"。即二者在肯定形式中，存在制约替换的因素。

1. "知""知道"能够互换的条件及制约因素

替换后不合语法的用例，既有体词性宾语的用例，如例（2）a′句；也有谓词性宾语的用例，如例（3）a′句；还有小句宾语的用例，如例（6）a′句；因此可以推断宾语类型不是限制因素。那么，宾语的音节数量对此是否有影响呢？从肯定形式的原式和变换式合乎语法的用例中可以看到，"知""知道"肯定形式的宾语可以是双音节的，如例（1）a句、例（1）a′句；可以是多音节的，如例（4）a句、例（5）a句、例（4）a′句、例（5）a′句；也可以是单音节的，如：

（7）a. 知恩   *知路   知错   知难
    b. *知道恩   知道路   知道错   知道难

虽然二者都可以带单音节宾语，但显然都是有限制性的，"知恩"虽然尚未固化成词，但这一动宾短语频频共现，逐渐趋于固化，"知"已具有成为其构词语素的趋势，因而无法被其他词替代；"知道路"是口语化色彩显豁的动宾短语，"知"和"路"不能结合在于二者的语体色彩不适容。可见，宾语音节数量的多少也不是制约二者替换的因素。

那么，排除"知""知道"肯定形式后项宾语的类型和音节数量这两方面之后，便剩下前项成分需要考虑了。前项成分包括零形式、主语、修饰成分、主语和修饰成分的叠加形式。那么"知""知道"肯定形式的前面是否都能出现这些前项成分？前项成分的哪些条件限制二者互相替换呢？

第一，前项成分为零形式，即"知""知道"前面没有任何语言成分。在语料中，没有检索到"知"有这样的独立用例①，而"知道"则有前面成分为零形式的用例。如：

（8）学会运用法律武器保护自己的权利，知道"法律面前人人平等"。
（9）在二十世纪九十年代初，知道"上网"的人寥寥无几。

---

① 语料中出现的"知"前面为零形式的用例，在句法环境中须依存于相邻对举或排比的结构或小句，并不是独立的。

上述 2 例中"知道"显然无法被"知"替换。看来，当"知道"前项成分为零形式时，"知"无法替换"知道"，即"知"前面没有任何语言成分时，所在句子不合语法，这也是例（2）a 句、例（6）a 句中"知道"换成"知"后，例（2）a′句、例（6）a′句不能成立的原因。可见，必须出现实在的前项成分，才能实现"知"肯定形式带宾语的自足性，而这不只是"知"能否替代"知道"的问题。

我们知道，"知""知道"二者的替换须以"知"合乎语法为前提。因此，下面的讨论都是基于前项成分为非零形式而展开的。

第二，语料中都存在"知""知道"仅出现单音节主语的用例。先看"知"主语是单音节的例子：

(10) a. 对仪器的使用，应手把手地传授给学生，……使其<u>知</u>其所以然，便于学生掌握。

   b. 明确责任追究的内容，使之<u>知</u>其责任，……

   c. 对古人押韵情况，只要心<u>知</u>其意就行了。

   d. 自<u>知</u>身在险境，但仍然乐在其中。

   e. 谁<u>知</u>一个偶然的选择，竟完全打乱了我的退休生活。

例（10）各句中的"其""之""心""自""谁"是现代汉语平面中"知"的高频单音节主语。再看"知道"的主语是单音节的用例：

(11) a. 对基层医务人员进行安全注射方面的知识培训，使其<u>知道</u>不安全注射的危害。

   b. 如果是居功自傲者，则应设法挫其锐气，使之<u>知道</u>"天外有天""人外有人"。

   c. ……内在的自觉，从而使人<u>知道</u>"克己复礼为仁"对于人的可贵。

   d. 谁<u>知道</u>到头来骑虎难下，如今只好硬撑着。

   e. 加强对自身知识产权的保护，同时，也要使其<u>知道</u>，侵犯知识产权专用权，……

例（11）各例中的"其""之""人""谁"是书面化程度较高的语体中与"知道"共现的高频单音节主语。

当"知""知道"前面都仅出现单音节主语时，将例（10）各句和例（11）各句中的"知""知道"互换，我们发现：在"知"替换"知道"

的过程中，例（11）a句能够被替换；而同样在"使"字句，同样是单音节"其"作主语的例（11）e句则无法被"知"替换。原因就在于例（11）a句中动词与后面的宾语没有逗号隔开，而例（11）e句中则出现了逗号，逗号隔开后，就要求前面主句中的谓语动词能够单说。这样看来，"知道"能够以光杆形式作谓语，而"知"却不自由，在现代汉语中不能以光杆形式作谓语。除了例（11）e句无法替换成"知"外，例（11）其他各例中的"知道"都能被"知"替代，句子依然成立。

在"知道"替换"知"的过程中，例（10）c句、例（10）d句中"心""自"作主语时，"知道"无法替换"知"，须将"心""自"也同时替换成相应的双音节词时，如"心里""自己"，此时"知道"才能与之搭配。

可见，当且仅当前项成分是单音节主语时，一定程度上具备了二者替换的条件。需指出的是，能跟"知"搭配的主语在语体色彩上一般也要带有显黯的书面语色彩，或是固定的单音节词"心""谁"，数量上是有限的。若"知道"前面仅出现的单音节主语是口语化较高的人称代词，"知"则无法替换"知道"。

第三，前项成分是主语，但音节数量是双音节、多音节时，语料中没有发现"知"的用例，而有"知道"的用例。如：

(12) a. 整篇译文读起来诘（佶）屈聱牙，不知所云，如何谈得上忠实原文呢？诸位知道，原文必定读起来琅琅（朗朗）上口。

　　 b. 希腊和罗马世界知道"有些"是自由的；日耳曼世界知道"全体"是自由的。

例（12）2例中的"知道"显然无法被"知"替换。可见，虽然出现前项成分，但主语是非单音节的，"知"就无法与之搭配。也就是说，当前项成分仅有主语时，"知"只能跟单音节主语搭配，且与宾语之间没有逗号隔开，只有如此，"知"才能替换"知道"。此时，主语音节数量是二者能否替换的制约因素。

第四，当前项成分仅出现单音节状语时，语料中都存在这样的用例。先看"知"前项成分仅是单音节状语的用例：

(13) a. 由于我们是家庭企业，深知"创业不易，守业更不易"的道理，因此在质量上要求很严。

　　 b. 朱先生对王先生，早知其献身语言科学的抱负。

c. 只觉得虚张声势，这次全球化大潮到来，才<u>知</u>此言着实不虚。

例（13）各句中的前项状语"深""早""才"在现代汉语平面中常与"知"相搭配。再看"知道"前项成分是单音节状语的用例：

(14) a. 先前的人，都知道"为儿孙作马牛"，固然是错误的，……
　　 b. 他不过出城一天就发生这种事，早<u>知道</u>他该时时刻刻守在她身边，……
　　 c. 后来到北大数学系旁听，才<u>知道</u>"微积分"只是大学数学基础课的一小部分。

例（14）各例中的前项状语"都""早""才"常与"知道"相搭配。

当"知""知道"前面都仅出现单音节状语时，将例（13）各句和例(14) 各句中的"知""知道"互换，我们发现，在"知"替换"知道"的过程中，除了例（14）a 句中状语"都"和"知"搭配的可接受度较低之外，例（14）其他各例中的句子依然成立。在"知道"替换"知"的过程中，除了例（13）a 句中状语"深"和"知道"搭配不合语法之外，例（13）其他各例中的句子依然成立。需指出的是，"都"因为口语化色彩较浓，若换成"皆"，则能够自由与"知"搭配；"深"和"知"因二者频频共现，已逐渐趋于固化，此中的"知"也逐渐趋于变成其中的构词语素，所以"知"无法被"知道"替换，若将"深"换成其对应的双音节词"深深"，则能够与"知道"搭配。

当且仅当前项成分是单音节状语时，一定程度上具备了二者替换的条件。结合前面讨论的当且仅当前项成分是单音节主语时，也满足二者替换的客观条件。可见，前项成分是单音节词（不管是单音节主语还是状语），是"知"在现代汉语平面中得以自足的前提条件，它保证了"知""知道"能够替换的可能性。我们认为，这是由于单音节的前项成分与"知"形成了［1+1］的音节组合关系，而这正是现代汉语双音化最基本、最稳固的韵律音节模式。因此"知"肯定形式前面强制性具备一个须填充的音节空位。

第五，前项成分是状语，但音节数量是双音节、多音节时，语料中出现极少数"知"的用例，而"知道"的用例数量远多于"知"。先看"知"前项成分仅出现状语，且状语是双音节、多音节的用例：

(15) a. 龙王曾与步惊云交锋过，早已<u>知</u>其份（分）量。

  b. 这从远古时代塞族、匈奴和大宛习俗的有关记载中方可略<u>知</u>一二。

  例（15）a 句中形式上是双音节状语"早已"，是两个单音节副词的叠加形式；例（15）b 句中多音节状语"方可略"，是三个单音节副词的叠加形式。语料中"知"的前项成分仅为状语时，一般以单音节状语居多，极少出现非单音节状语的情况。这 2 例是我们在大量语料中找到的仅出现非单音节状语前项成分的用例。

  再看"知道"的用例：

（16）a. 2 日，早已<u>知道</u>上述情况的王爱民，……擅自签订了多达两千多万元的合同。

  b. 为适应地球公转的差数，已经<u>知道</u>设置闰月。

  c. 虽然早就已<u>知道</u>雌激素在啮齿类动物诱发乳腺癌和其它（他）肿瘤……

  d. 他见惯了世态炎凉，人情冷暖，早早就<u>知道</u>这个世界里没有童话。

  e. 虽然早已经<u>知道</u>安利（中国）在 2002 年的销售位于中国保健食品行业百强企业之首的消息，但是中国保健食品协会颁发证书的仪式还不想错过。

  例（16）a 句中双音节状语"早已"，是两个单音节副词的叠加形式；例（16）b 句中双音节状语"已经"，是一个固化的双音节副词；例（16）c 句中多音节状语"早就已"，是三个单音节副词的叠加形式；例（16）d 句中的"早早就"，是趋于固化的双音节副词"早早"与单音节副词"就"的叠加形式；例（16）e 句中的"早已经"，是单音节副词"早"与固化双音节副词"已经"的叠加形式。这 5 例中的多音节状语的音节组合关系都不相同，其中前 2 例是双音节状语的两种类型，后 3 例是多音节状语的三种类型。

  "知"在语料库中检索到的用例与"知道"相比有数量差距，而且状语音节组合模式的类型也不如"知道"丰富。这会对"知"替代"知道"产生直接影响。先就双音节状语来说，"知"只有两个单音节副词叠加这一类型（如"早"+"已"），而"知道"还多出一个固化双音节副词的类型（如"已经"）。从音节组合的松紧方面来看，这两个双音节状语类型，前者代表音节关系松散的双音节状语，后者则代表音节关系紧密的双音节状语。前者能和"知"搭配，是因为"早+已"音节关系松散，它修饰"知"时，状语的第二个音节"已"倾向于被单音节谓语"知"吸附，形成 [1+（1+1）] 的音节组合模式，此时"知"恰处在稳固的 [1+1] 韵律模式中。而"知"之所以缺少后一种类型，是因为"已经"音节关系紧密，若它修饰"知"，"知"则无法从牢固的 [1+1] 音节组合关系中剥离出后一个音节，从而形成了 [（1+1）+1] 的音节组合模式，而此时没有音节与"知"配对构成稳固的韵律模式。因而，例（16）b 句中的"知道"无法被"知"替代。再者，就多音节状语来说，"知"只有多个单音节副词叠加的形式（如"方"+"可"+"略"）；而"知道"还多出两种，即一个双音节副词和一个单音节副词的叠加形式（如"早早"+"就"），以及一个单音节副词和一个双音节副词的叠加形式（如"早"+"已经"）。从音节组合的松紧方面来看，这三类分别代表松紧均衡的多音节状语、前紧后松的多音节状语、前松后紧的多音节状语。"知"之所以能和音节组合关系松紧均衡的状语搭配，是因为它们搭配后的音节组合模式是 [1+1+1+1]，"知"便于将最后一个单音节状语吸附过来，这二者重新组合成稳固的（1+1）韵律模式，因此例（16）c 句中的"知道"能够被"知"替换。原则上讲，"知"也能够和前紧后松的多音节状语搭配，"知"会吸附独个的最后一个单音节状语，最终配对成稳固的韵律模式。然而，语料中没有出现这样的用例，即便符合韵律搭配的规则，也还受制于语体等其他因素。因此，例（16）d 句中的"知道"虽然可以替换成"知"，但最后一个单音节副词"就"的语体色彩不鲜明，"知"跟它搭配的接受度较低。例（16）e 句中，"知道"无法被"知"替换，是因为前松后紧的多音节状语无法和"知"搭配，其原理同音节关系紧密的双音节状语无法跟"知"搭配是一致的。与"知"替换"知道"有诸多限制相比，"知道"对"知"的用例都能自由替换，例（15）两句中的"知"都可替换成"知道"。

可见，当且仅当前项成分是非单音节状语时，"知"能否替换"知道"关键要看前项状语中最后的位置上是否有一个易被吸附的单音节成分，这同前面讨论的"知"肯定形式前面强制性具备一个须填充的音节空位是一致的。

第六，当前项成分既出现主语也出现状语时，不管是"知"还是"知道"，此类用例在语料中的数量都是最多的。仅出现其中一种的情况都较少。那么，当主语、状语二者共现时，是否都对二者的替换起制约作用？先看"知"的用例。

不同音节数量的主语和单音节状语共现：

（17）a. 他早知今日是华英雄及无敌决斗之时，故早已安排观战。

　　　 b. 小弟略知一二，想来不会有问题。

　　　 c. 这时拖拉机手才知大事不好。

　　从例（17）a~c 三句来看，不管主语是单音节的、双音节的还是多音节的，和单音节状语共现后，句子都能合乎语法。上面我们讨论前项成分仅是主语时，仅单音节主语能搭配"知"，且是带有鲜明书面语色彩的单音节主语，而此处的单音节主语可以是没有语体色彩倾向的普通人称代词，已不再有语体特征上的强制性限制。此外，当前项成分仅是主语时，非单音节主语不能和"知"搭配，但此处都可以搭配。这是因为单音节状语的存在隔开了主语和"知"的直接联系，主语和"知"的距离变远了，对主语的语体色彩及音节数量不再有所要求。可见，当主语和单音节状语共现时，单音节状语是决定"知"肯定形式带宾语是否合乎语法的唯一因素。

　　不同音节数量的主语和双音节状语共现：

（17）d. 对于荷兰木鞋，我早已知其大名。

　　　 e. 南斗星死簿上已注定该遭杀于人曹之手，我等早已知之。

　　　 f. 理光公司早已知其内情，没有介入 AF 单反相机的研制工作。

　　从例（17）d~f 三句来看，不管主语是单音节的、双音节的还是多音节的，和音节组合关系松散的双音节状语共现后，句子都能合乎语法。可见，能够确保句子合乎语法的关键因素不在主语，而在双音节状语，且状语的音节组合关系是两个单音节叠加的松散关系，这同前项成分仅是双音节状语同"知"搭配的音节组合关系一致。可见，当主语和双音节状语同现时，双音节状语的音节组合关系是决定"知"肯定形式带宾语是否合乎语法的唯一因素。

　　不同音节数量的主语和多音节状语共现：

（17）g. 他早已深知这艘蓝色国土守护神的历史。

　　　 h. 这伙人嘴唇薄薄的，不爱说话，他们也只略知其名而已。

　　　 i. 吃过许多苦头的她已经深知"威武立即屈"和"识时务者为俊杰"的道理。

　　从例（17）g~i 三句来看，不管主语是单音节的、双音节的还是多音节的，和松紧均衡、前紧后松的音节组合关系的多音节状语共现后，句子都能合乎语法。这同前两组一致的是，主语的音节数量及语体特征对"知"作句子谓语的限制作用取消，而状语的音节组合关系成为唯一的限制因素。例（17）g 句和 h 句中的状语"早已深""也只略"是音节关系松紧均衡的多音节状语；例（17）i 句中的"已经深"是前紧后松的多音节状语，它们中最后一个松散的音节可以被"知"吸附，配对构成稳固的 [1+1] 韵律模式。可见，此处多音节状语跟"知"的搭配，同前项成分仅是多音节状语同"知"搭配的音节组合关系一致。

从上述三组主语和状语同现的"知"的用例来看，主语不再对"知"作谓语起限制作用，状语的音节组合关系决定"知"作谓语是否合乎语法。不管是单音节、双音节还是多音节状语，只要"知"前面的一个音节空位能有一个单音节词来填充，配对 [1+1] 的韵律模式，句子就能合乎语法。我们将例（17）各句中的"知"用"知道"替换，发现除了例（17）g 句和 i 句不能替换成"知道"外，其他都可以替换。而不能替换的这 2 例，是由于状语中最后一个副词"深"不能和"知道"搭配，前面对此已有探讨，此处不再赘述。

可见，制约"知道"替代"知"的关键因素在于相邻搭配的状语成分，若它与"知"的固化倾向显豁，"知道"不能替代；反之，"知道"则能够替代。

再看"知道"的用例。

不同音节数量的主语和单音节状语共现：

(18) a. 我不喜猜想，<u>我</u>却知道鲁迅先生的爱护青年与好管闲事是值得钦佩的事。

　　b. <u>他们</u>早知道将要发生的事情，并已为此做好准备。

　　c. <u>曾国藩和李鸿章的洋务运动</u>只知道"坚甲利兵"和"声光化电"的重要。

例（18）a～c 三句分别是单音节、双音节、多音节主语共现单音节状语的"知道"用例。前项成分仅是主语时，除了"自""心"这两个特定单音节词语不能作主语外，其主语的音节数量自由；前项成分仅是单音节状语时，除了"深"等倾向于和"知"固化的单音节词不能作状语外，其状语的语体色彩也没有限制。当不同音节数量主语和单音节状语共现时，"自""心"依然不能作主语，"深"同样不能作状语，此时制约"知道"的不是主语音节数量，亦不是单音节状语，而是上述这些特定的词语。显然，这与"知"合乎语法的限制因素有极大不同。

不同音节数量的主语和双音节状语共现：

(18) d. 他明明知道"造反"是违背儒家"犯上作乱"之道而要"杀头"的。

　　e. 信中说猜到了我去上海的原因，因为她们早已知道妈妈去世的消息。

　　f. 科学家早已知道一些基因与前列腺癌有关。

　　例（18）d～f 三句分别是单音节、双音节、多音节主语共现双音节状语的"知道"用例。前面论述过"知道"的前项成分仅是双音节状语时，"知道"能够搭配两种音节组合关系的双音节状语：一是松散型，二是紧密型。当"知道"前项成分是不同音节数量的主语和双音节状语时，"知道"还是都能搭配音节组合关系松散型的状语（如"早"＋"已"）和紧密型的状语（如"明明"），且主语可以是除了"自""心"之外的不同音节数量的词语。可见，"知道"的制约因素不是来自状语的音节组合关系，而是主语位置上特定的词语。

　　不同音节数量主语和多音节状语共现：

(18) g. 我都清醒知道我可以一个人站起来，可是我还是奢望有一个人站在我身边。

　　h. 企业早已经知道，使它们专有的、封闭式呼叫中心适应于今天的动态环境。

　　i. 孩子们都跑去看热闹了。夏天智早早就知道这晚上演的是什么戏。

　　j. 就连许多事，常年跟在他身边的沙文雄，也都只知道事情的经过。

　　从例（18）g～j 各句来看，主语依然包括单音节、双音节和多音节的词语，其中单音节主语须排除特定词语。在多音节状语方面，同前项成分仅是多音节状语的情况一致，分布的状语类型既有松紧均衡型（"也"＋"都"＋"只"）、前松后紧型（"都"＋"清醒"，"早"＋"已经"），也有前紧后松型（"早早"＋"就"）。可见，"知道"作谓语前面共现主语和多音节状语时，状语的音节组合关系依然不是制约因素，这同"知道"前面共现主语和双音节状语时是一致的；而主语的音节数量虽也不是制约因素，但特定词语作主语会制约"知道"作谓语的合法性。

我们将例（18）各句中的"知道"用"知"替换，发现例（18）g 句和 h 句中"知道"无法被替换，例（18）i 句替换"知"后可接受度较低，例（18）j 句能够替换成"知"。前面讨论过，前项成分共现主语和多音节状语时，"知"作谓语的限制因素只是状语的音节组合关系，它无法跟前松后紧型的多音节状语搭配，因此例（18）g 句和 h 句中的"知道"无法被"知"替换。原则上此时"知"可以跟松紧均衡型及前紧后松型的多音节状语搭配，但例（18）i 句中出现"就"和"知"相邻搭配，"就"的书面化程度不高，导致替换后语体色彩不相协调。例（18）j 句中的多音节状语属于松紧均衡型，且最后和"知"相邻的"只"，在语料中也频频修饰"知"，因而此例中"知道"可以完全被"知"替代。

综上，在现代汉语平面中，"知"肯定形式带宾语合乎语法的条件取决于实在（即非零形式）的前项成分。前项成分的类型不同，其合法性的制约条件也不同。当前项成分仅出现主语时，"知"只能搭配带有书面语色彩的单音节主语；当前项成分仅出现状语时，"知"能搭配单音节状语，双音节中音节组合关系松散型状语，多音节中音节关系松紧均衡型、前紧后松型状语；当前项成分同时出现主语和状语时，主语的音节数量和语体特征不再是制约因素，状语的音节组合关系成为唯一的制约因素，承袭前项成分仅出现状语时的音节组合模式。

跟"知"不同的是，"知道"在现代汉语平面中使用较为自由，限制条件较少。它的前面可以出现零形式的前项成分，也可以出现实在的前项成分，并没有强制性。当前项成分仅出现主语或状语，抑或两种成分共现时，主语的音节数量和状语的音节组合关系都不具有限制性，但"知道"的主语在任何情况下都不能出现"心""自"这样特定的词语；状语在任何情况下都不能出现类似"深"这样的倾向于和"知"固化的副词。

"知"基本上都能被"知道"替代，除了主语、状语是上述的特定词语。"知道"的例子须出现实在的前项成分，且前项成分的状语音节组合关系要符合上述"知"的限制条件，在此情况下"知道"才能被"知"替代。

2. "知""知道"肯定形式搭配宾语的比较研究

在 400 万字现代汉语语料库中，"知"肯定形式带宾语的用例有 71 例，占其所有带宾语用例数的 20.8%；"知道"肯定形式带宾语的用例有 1 115 例，占其所有带宾语用例数的 74.4%。在这些用例中，"知""知道"带体词性宾语分别有 23 例、153 例，带谓词性宾语分别有 25 例、147 例，带小句宾语分别有 23 例、815 例。由此可见，"知"肯定形式带的宾语依然是动词性的居多，"知道"肯定形式带的宾语依然是小句的居多；与整体倾向性略有差异的是，"知道"后宾语类型的倾向性略有不同，即带体词性宾语的倾向性略强于带谓词性宾语，这主要在于"知道"的体词性宾语集中分布在其肯定式中，占比高达80.1%。如：

（19）一看杂志的封面，便知其时代。

（20）早知有这种时候，请个书法老师学上几年也值当啊！

（21）我深知我的老婆在你的光彩下只会黯然失色，你长生不老，她却注定要死。

（22）看来你知道自己犯的错误，这就省得我费嘴了。

（23）因为没法不镇定，心里知道可能很快会有更重的任务去完成。

（24）我只知道，无论成功或失败，活着都是非常美好的。

例（19）（22）是"知""知道"肯定形式带体词性宾语的用例；例（20）（23）是"知""知道"肯定形式带谓词性宾语的用例；例（21）（24）是带小句宾语的用例。

一般认为，单音节动词多搭配单音节宾语，双音节动词多搭配双音节宾语。然而，"知"带体词性宾语的用例中，单音节宾语仅有 5 例（21.7%）；"知道"带体词性宾语的用例中，双音节宾语仅有 35 例（22.9%）。可见，"知""知道"所搭配的音节数量跟我们惯常的认识有所抵牾。二者所带的体词性宾语中，多音节宾语皆占过半优势。总体上，对"知"来说，单音节宾语的数量是最少的；对"知道"来说，双音节宾语的数量也较少，且"知道"仅在口语语体语料中出现了单音节宾语。

"知"搭配单音节宾语的全部用例都处在特殊的结构或语境中，它们和紧邻的语言成分倾向于组成四字、多字的固定短语；或它们与相同的动宾组合对举排比。此时"知"都不能替换成"知道"。请看例句：

（25）一些人的法治意识和法治观念还比较淡薄，不懂法、知法违法现象仍未消除。

（26）要按照"项目化落实"思路，……督促各成员单位对照"党建责任清单"知责明责、守土尽责，形成抓党建的工作合力。

（27）它传递出通达的文化积淀，承载着气宇轩昂的精神世界……真可谓"知父莫若女"，确当的评述，阐明郭老书法艺术的高深造诣及其人文价值。

（28）在学校教育方面，将儒家经典纳入语文教材，教孩子知恩、感恩、报恩，同时要学习做人做事的规矩，懂得如何与兄弟、亲友、同学相处的道理。

上述 4 例都是"知"肯定形式带单音节体词性宾语的例子，且"知"不能替换成"知道"。"知"和单音节体词性宾语的搭配一般不单说，具体表现在：一是它们和其他的"$V_单$ + $N_单$"组合成并列的四字结构，如例（25）（26）；二是它们处在一个趋于固定的熟语中，如例（27）；三是它们与相邻的相同动宾组合连用，如例（28）。

"知道"肯定形式带单音节宾语的有 7 例，占比 4.6%，远低于"知"肯定形式带单音节宾语的比重。二者相较之下，"知"倾向于带单音节宾语。而"知道"带单音节宾语的用例都出现在口语语体中，且宾语一般是人称代词。此时"知道"在口语中也无法替换成"知"。如：

（29）这些人都知道我，因为每天都要打交道。

（30）实际上我当然早就知道他了。

"知""知道"肯定形式都有带双音节体词性宾语的用例，前者有 7 例（30.4%），后者有 35 例（22.9%）。从二者带双音节体词性宾语的比重来看，"知"比"知道"更倾向于带这一类型的宾语。"知"带双音节体词性宾语的用例中，一般情况下"知"前面会出现一个单音节词，这个单音节词或为副词状语修饰"知"，或为动词跟"知"并列，或为连词衔接"知"的动宾短语。即"知"带双音节体词性宾语时，前面有一个音节的空位须填充，以单音节状语居多，从而组合成四个音节的韵律结构，这也印证了"知"使用时的局限性。"知道"带双音节宾语时，"知道"前面没有这样一个强制性须填充的位置，可以出现，也可以不出现。我们先看"知"带双音节宾语的用例：

（31）大多数国人对此书懵懂不知的时候，称得上既深知西方，更精通汉学的第一名人辜鸿铭，这本书当然难逃他的法眼，遂即表示"极大愤慨"。

（32）人们皆知生死，所以要顺应生命的规律，好好地生活。

（33）在理学阁臣和辞章高官之间的冲突的大背景下考察，不难探知一二。

（34）藏富于民的扬州不夸家产说风景，瘦西湖因瘦而美，借"西湖"而知其名，添一个"瘦"字而藏精巧、精美、精妙，让天下人去猜去向往！

例（31）（32）"知"的前面是状语，修饰"知"这一动作的程度、范围；例（33）"知"的前面是动词，与"知"并列，一起支配双音节宾语；例（34）"知"的前面是连词，衔接"知"的动宾短语。

再看"知道"带双音节宾语的用例：

（35）于是，知道底细的人暗暗传说，一个伟大的世界纪录即将诞生。

（36）明知道原因，岳峰面对对方的质疑颇觉无奈。

例（35）中"知道"前面没有出现任何词，此例中的"知道"也就无法替换成"知"；而例（36）中"知道"前面出现单音节状语，此时它可以替换成"知"。

需指出的是，单音节词"知"带双音节宾语的用例不全是前面出现须填充单音节空位的情况，当处在相同结构的排比句中，可以是"知"单独支配双音节宾语，这种情况较特殊，是为修辞目的临时改变"知"的用法，因而用例极少，语料中仅有1例。即：

（37）人们对着它，想人生，思荣辱，知使命，游历一次，便是一次修身养性。

"知""知道"后面带多音节宾语的用例都是最多的，前者有11例（47.8%），后者有111例（72.5%）。虽然二者都能带多音节宾语，但其中"知道"直接搭配这类型宾语的能力强于"知"。我们发现，"知"的宾语是三音节时，它恰好与三音节宾语形成四个音节的较稳定的韵律结构，此时"知"前面出现的词音节数量较为自由，不一定是单音节的；在三音节宾语中，频频出现人称代词"其"。而"知道"带三音节宾语的用例中，前面不是必然出现语言成分，且音节数量也较为自由，宾语中常出现指示代词"这"，因而带三音节宾语时，"知""知道"可互换的情况较少。当"知"的宾语是四音节或超四个音节时，"知"前面都须出现一个单音节状语。而"知道"带多音节宾语一如其带双音节宾语那样，前面的语言成分不是必然出现的，且出现的都是状语，音节数单双皆可。我们先看"知"带多音节体词性宾语的用例：

（38）多视角辨析，真正知其所长、识其所短。

（39）一个人要在哲学方面自知其无知，前提是他已经有了寻求世界和人生之根底的热望。

（40）鲁迅深知此中之理，说嵇康、阮籍表面上毁坏礼教，实则倒是太相信礼教。

　　(41) 丑角也许比英雄更<u>知人生的辛酸</u>。

　　例(38)(39)是"知"带三音节宾语的用例,"知"前面既能出现双音节的状语"真正",也能出现单音节的主语"自"。例(40)(41)分别是"知"带四音节和超四个音节宾语的用例,"知"前面出现的都是单音节状语,修饰"知"这一动作的程度。

　　再看"知道"带多音节体词性宾语的用例:

　　(42) 我们有些人<u>知道这一点</u>,但当我们读着托洛斯基的著作,或本身就是托洛斯基分子时,我们除了这么做又能怎样呢?

　　(43) 伊犁的老百姓都<u>知道这个煤矿</u>,它是伊犁河谷的一个财富。

　　(44) 老师似乎是通过殷海光的书评<u>知道《一九八四》</u>的故事与价值的。

　　例(42)是"知道"带三音节宾语的用例,前面没有出现状语成分,因而"知道"无法替换成"知";例(43)是带四音节宾语的用例,前面出现单音节状语,此时"知道"可以替换成"知",然而前面的状语"都"不如书面化程度较高的"皆"更适合修饰"知";例(44)是"知道"带超四个音节宾语的用例,此例"知道"前面也没有出现单音节的语言成分,因而"知道"无法替换"知"。

　　"知""知道"所带体词性宾语中,二者出现的代词有较明显的差别。带显豁文言色彩的人称代词"其""之""吾",以及指示代词"此"出现在"知"的宾语中,如例(19)(34)(40);而出现在"知道"宾语中的代词没有明显的语体色彩,一般是现代汉语中常用的代词,如例(42)(43)中的指示代词"这"。

　　接下来看"知""知道"肯定形式带谓词性宾语、小句宾语的用例。

　　"知"带谓词性宾语有25例,"知道"有147例。"知"的谓词性宾语包括光杆动词、光杆形容词、主谓短语、动宾短语、状中短语等,且音节数量包括单音节、双音节和多音节,然而不管其宾语类型及音节数量如何,一般情况下"知"前面须出现单音节词,依然是状语居多,还有小部分单音节主语"自""谁"。"知道"的谓词性宾语除了上述那几种谓词性成分,还包括动补短语、连动短语等结构复杂、长度较长的谓词性成分。此外,"知道"前面是否强制性出现主语、状语及其特定的音节数量,都较为自由。如:

（45）彭彪子自知理亏，偷偷躲到一边去了。

（46）谁知他没来，我们也不清楚情况。

（47）秋玲见淑贞讲出这种话，知道隐瞒抵赖没用，心里越发害怕。

（48）深知不是容易事，但也还想努力。

（49）宝庆一看他那副样子，就知道有事。

（50）自由如同空气，失去才知最可贵。

（51）愈能正视历史，愈知道由何而来。

（52）看到这娘俩穿着一身洗得发白的旧衣，就知道穷得筹不出这笔运费。

（53）我知道要找一块山石狰狞的地方下手，否则叫厚雪一垫，很可能功亏一篑。

例（45）（46）（47）是"知""知道"带主谓短语的用例；例（48）（49）是二者带动宾短语的用例；例（50）（51）是二者带状中短语的用例；例（52）（53）分别是"知道"带动补短语、连动短语的用例。虽然在语料中未搜索到"知"带动补、连动短语作宾语的用例，但例（52）（53）中"知道"前面分别存在单音节的状语和主语，"知道"替换成"知"，句子依然成立。

"知""知道"的谓词性宾语都还包括光杆形式的动词和形容词，"知"带这类宾语时，一般分布在特殊的熟语或多个相同结构的排比句中，此时"知"前面可以不出现要填充的单音节词，这类用例数量极少，仅有3例（12.0%）。如：

（54）明底线、知敬畏，切实引以为戒。

（55）2014年，是全面深化改革第一年。万事开头难，知难就不难。

而"知道"带光杆形式的谓词性宾语却没有分布在这种特殊的结构或语境中，出现的文体并不是正式度、典雅度较高的书面语，这类用例数量也极少，仅有6例（4.1%）。如：

（56）只知道死的人也是可怜虫，真正深刻的灵魂决不会沉溺于悲观。

（57）"文革"时我也知道危险，我跟玉琳讲，我自己可能是浑身泥巴，完了，但是值得，我得支持这些青年。

"知"带小句宾语的23个用例中，出现逗号隔开的有12例

（52.2%），未出现逗号隔开的有 11 例（47.8%）。若"知"与后面的小句宾语没有语音停顿，"知"前面既可出现单音节主语，也可出现状语；而当"知"与后面的宾语小句中间有语音停顿时，"知"前面必须出现状语。上文对此曾有过论述，这牵涉到现代汉语中"知"不能以光杆形式单独充当谓语的使用原则。然而，不管"知"与宾语小句的中间是否有语音停顿，都不影响"知"前面存在一个须填充的单音节词，这点与上文带体词性宾语、谓词性宾语是一致的。下面举例为证，不再赘述。如：

（58）也许是方才祖远那几句话起了作用，也许是自知一切过火的行为都没有丝毫价值可言。

（59）我深知，离真正的放下，还远着呢。

在"知道"815 个带小句宾语的用例中，出现逗号隔开的有 230 例（28.2%），未出现逗号隔开的有 585 例（71.8%）。可见，"知道"后面倾向于不出现逗号，且不管"知道"与宾语小句隔开与否，"知道"的主语及状语使用上都非常自由，不像"知"具有限制性。如：

（60）我明知道自己的挑剔和敏感实在有悖常理，无奈改不掉，只好不改。不但不改，还要把它合理化，于自卑中求另一种自信。

（61）我们知道，贸易保护主义对美国是不利的，我们需要和中国等国家一起建立一个让经济发展和繁荣的框架。

"知"带小句宾语有条件限制，因而并非所有"知道"带小句宾语的句子都可以替换成"知"，例（60）中"知道"前面既有单音节主语又有单音节状语，可以替换成"知"；而例（61）中没有出现单音节状语，由于缺乏这个强制性条件，此时"知道"无法替换"知"。

在出现语音停顿的用例中，语气助词可附着在"知道"后，这是单音节词"知"带小句宾语所没有的用法。在可附着的语气助词中，表肯定语气的"的"最为常见，明示小句信息是焦点信息，这有 12 例（5.2%）；表事态出现变化的"了"较为常见，表示说话人从"不知道"到"知道"这一心理过程的变化，有 5 例（2.2%）。如：

（62）你知道的，这是我致命的弱点。

（63）我算是知道了，你才是最没同情心的那个人，枉你的读者拿你当知心人了。

需指出的是，在"知道"与小句宾语的中间出现逗号的用例中，只有个别的状语修饰词使用倾向性较强，其中以副词"才"最典型，在逗号出现的用例中有26例，在没有逗号的用例中有17例。如：

（64）后来才知道，她的后脑勺上打了一个大包，很久都不能平躺着睡觉。

（65）后来才知道他是真心诚意帮助咱们搞生产，人也很和善，不像杀过中国人的日本鬼子，工人们就宽容了他。

"知道"与小句宾语中间出现语音停顿，意在强调后面的小句宾语是焦点信息，故而通过逗号标记它。例（64）说话人强调"她的后脑勺上打了一个大包"，所以"很久都不能平躺着睡觉"；例（65）说话人的信息焦点不在"知道"后面紧跟的小句宾语，而是后续的小句"人也很和善"。

"知""知道"的后面不管带哪种类型的宾语，二者前面都常出现某些词作状语。在71例"知"带宾语的肯定句中，"知"前面出现状语的有44例（62.0%）。在1 115例"知道"带宾语的肯定句中，前面出现状语的有421例（37.8%）。由于单音节状语的出现是大多数"知"肯定句成立的重要条件，因而"知"前出现状语的比例远高于"知道"。在修饰"知"的高频状语中，出现频次超过2例的有"深"（13例）、"早"（6例）、"才"（5例）、"可"（5例）、"只"（4例）、"皆"（3例）。其中频次最多的"深"，无法修饰双音节词"知道"，即"深"修饰"知"的用例都无法替换成"知道"。而修饰"知道"的高频状语主要有"就"（77例）、"都"（60例）、"才"（50例）、"也"（47例）、"要"（29例）、"只"（25例）、"会"（14例）、"已经"（13例）、"还"（10例）、"明明"（10例）、"早"和"就"的复合形式（6例）。"知道"前的高频状语不仅有单音节的，还有双音节的。此外，"知道"前的高频状语中还有能愿动词，这也与"知"有所不同。

3. "知""知道"否定形式搭配宾语的比较研究

本节开头举的一组用例中，"知"和"知道"可以彼此互换而不影响句子的合法性。我们发现，这3例中，"知""知道"都与"不"共现，即在否定句中"知""知道"能够自由替换。二者的否定形式只能由"不"否定。

在自建的400万字现代汉语语料库中，"不知"带宾语的用例数为270例，占"知"带宾语所有用例数的79.2%，远多于其带宾语的肯定形式；"不知道"带宾语的用例数为383例，占"知道"带宾语所有用例数的

25.6%，远少于其带宾语的肯定形式。从二者的数量比例来看，"知"组词的否定形式更倾向于选择"知"，这也是现代汉语平面中，"知"这一具有文言色彩、高度书面化的词语"生存"的主要形式。在"不知""不知道"带宾语的用例中，体词性宾语分别有 73 例、38 例，谓词性宾语分别有 126 例、111 例，小句宾语分别有 71 例、234 例。可见，二者否定形式所带宾语的类型同其肯定形式一样，都能带以上三种类型的宾语。但是，"不知"带名词性、谓词性宾语的用例多于"不知道"所带的同类型宾语。当宾语是小句形式时，"知"无论是肯定形式还是否定形式，其用例数都少于"知道"，即"知"带宾语的语言形式，任何情况下都倾向于结构简单、长度较短的形式。

"不知""不知道"所带宾语与二者肯定形式最显著的差异在于，不管后面跟的是哪一类型的宾语，宾语中都常常出现疑问代词。其中 270 个"不知"用例中，宾语中包含疑问代词的有 198 例，占比 73.3%；在 383 个"不知道"用例中，宾语中包含疑问代词的有 167 例，占比 43.6%。"不知""不知道"后面的宾语中出现的高频疑问代词见表 4 - 1。

表 4 - 1　宾语中的高频疑问代词表

序号	不知	不知道
1	多少	什么
2	什么	怎么
3	哪	如何
4	何	怎样
5	怎么	为什么
6	如何	谁
7	为何/为什么	哪
8	多	多
9	孰/谁	
10	怎样	

"不知"所带宾语中的疑问代词不管是数量还是类型都更为丰富，其后出现的高频疑问代词中还包括本身具有显豁文言色彩的代词。如：

（66）李鸿章当年出国，<u>不知</u>马桶<u>何</u>物，以为是炖锅，也因为没见过。

（67）目睹了种子进入大地的全部过程，却<u>不知</u>它们<u>如何</u>在大地里苏醒，渐渐长大。

（68）无数不知为何而死的怨魂，只能悲愤懊丧地深潜地底。

（69）猛然见到这许多熟人，不知孰喜孰悲。

语料中"不知道"所带宾语中虽然也出现了"如何"，但用例较少；"不知道"所带宾语中出现的疑问代词一般是现代汉语层面中不具有显著语体色彩的词语。而"不知"宾语中之所以频频出现诸如"何""如何""为何""孰"等疑问代词，与"知"本身带有的文体色彩有关。

"不知""不知道"表达"不了解、没掌握某个事实或做事方法"，因而其后所带宾语中会出现表不确定义的信息，表现在语言形式上，前面论述的疑问代词是其负载这一语义信息的重要手段。除此之外，还表现为其他一些标记形式，但用例数都较疑问代词要少。具体来说：第一，二者所带的选择问小句形式负载这一表不确定义的信息，此类宾语"不知"有14例，"不知道"有7例。二者宾语中都出现典型的选择问关联词"还是"，其中"不知"出现13例，"不知道"出现7例。如：

（70）不知由于天气突然变冷还是别的什么原因，一夜辗转过来，岳鹏程头晕力乏。

（71）她不知道该笑还是该哭，真是又想笑，又想哭。

此外，"不知"选择问宾语小句中，还有1例表现为"是A是－A"的句法格式。即：

（72）传说这是一件上古神器，不知是真是假。

第二，二者所带的正反问小句形式也能负载这一表不确定义的信息。此类宾语"不知"有5例，"不知道"有13例。正反问小句形式表现多样，在"不知"所带的正反问小句宾语用例中，其中凝固成词或特定结构"是否/是不是"3例、"有没有VO"1例、"VP＋（了）＋没有"1例。如：

（73）不知这传说是否确切，只是西部军区没有培养军医的学校，医生的来源坐吃山空。

（74）不知是不是命运后来跟那位技术员开了个大玩笑，他能够把西瓜种得甜上加甜，却把自己的生活弄得一塌糊涂。

（75）<u>不知有没有</u>换来史官们的半行墨迹。史官们把卷帙一片片翻过，于是，这块土地也有了一层层的沈（沉）埋。

（76）但我<u>不知</u>在清扫了视觉污染的同时，考虑到读者阅读的心理过程<u>了没有</u>。

在"不知道"所带的正反问小句宾语用例中，"是否/是不是"6 例、"V 不 V"6 例、"VP +（了）+没有"1 例。如：

（77）<u>不知道</u>在中国走了一圈后，他的观点<u>是否</u>有所改变。

（78）宝庆<u>不知道</u>她现在跟小刘<u>是不是</u>也有一手，不过那当然不是为了赚钱。

（79）我<u>不知道</u>在不断开发庐山的过程<u>中会不会</u>有一天能开通到达三迭泉的汽车路或吊山索道。

（80）<u>不知道</u>你夏伯伯熬过<u>来没有</u>。他那个性，他那条残腿，真是一别生死两茫茫。

跟"知"肯定形式不同的是，"不知"前面出现状语的概率较低。对于"知"肯定形式带宾语来说，前面出现单音节状语成分是其句子成立的重要手段，而"不知"带宾语这一否定形式，因"知"前面本就存在单音节否定词，已然占据这个强制性的句法位置，所以"不知"带宾语的使用就相对自由，这也是"不知"和"不知道"此种情况下能够自由互换的原因。此时"不知"前面是否出现状语及状语音节数量的多少，就没有强制性的限定。在"不知"带宾语的 270 个用例中，前面出现状语的有 49 例，仅占 18.1%，远低于其肯定形式中状语的出现比例。然而，"知道"的否定形式跟肯定形式的相同之处在于，它们是否受状语修饰及状语音节数量的多少一直都是自由的，否定形式中出现状语的数量比例同肯定形式中的相差无几。在"不知道"带宾语的 383 个用例中，前面出现状语的有 116 例，占比 30.3%。

"不知""不知道"前面出现的状语也都是以副词为主，出现在"不知"前面的 49 例状语中，有 46 例副词，3 例能愿动词；出现在"不知道"前面的 116 例状语中，有 112 例副词，4 例能愿动词。从出现的状语音节数量来看，"不知"有单音节状语 40 例，双音节状语 9 例；"不知道"有单音节状语和双音节状语各 58 例。二者前面的状语出现频次最多的都是副词"也"，二者各出现 6 例。基本义表示"同样"的副词"也"，其中一个重要的引申义是"表示强调"，《现代汉语八百词》（增订本，1999：

596）对此指出，"也"表示"甚至"，加强语气，前面隐含"连"字，多用于否定句。我们发现，"不知""不知道"和"也"共现的用例，"也"在句中基本表示这一引申义。如：

（81）大勇一早就走了，早饭也不知在哪儿吃的。

（82）既然老鹰打着了，天到这会儿，饭也不知道回来吃！

"不知"前面倾向于出现表强调义的状语，如上述"也"；此外，还有同样表示强调语气的副词"真"，其出现频次仅次于"也"，有5例。"不知"前面的状语出现频次超过2的还集中在表示转折义的副词上，反映作者对某事实不知晓的反预期态度。此类多次出现在"不知"前面的副词包括"却"4例、"还"3例。如：

（83）真不知是哪位大侠的"杰作"。这令我较为气愤，把杂志扔到了一边。

（84）目睹了种子进入大地的全部过程，却不知它们如何在大地里苏醒，渐渐长大。

（85）大会主管部门知道了，还不知要惹出什么麻烦来呢！

"不知"前面的高频状语集中在表强调和表转折两类语义范畴中，而"不知道"前面出现的高频状语除了表强调义，还表示极值的范围程度，即或极大值，如"都""完全"；或极小值，如"只是""丝毫"。请看例句：

（86）我的几个同学都不知道你的姓名，大家谈起历史系的高材生，都仅知吴春晗，而不提起你的姓名。

（87）他完全不知道中国上古史，但描绘的西方上古历史与中国上古史惊人的相似。

（88）没有辣椒当然不能算是四川榨菜了，只是不知道叫它什么名好，姑且称之。

（89）实际上我们丝毫不知道什么，因为真理隐藏在深渊中。

4.1.1.2 宾语（对象客体）前置的比较

"知""知道"一般将动作的对象客体作为宾语放在后面，但二者也存在少量将其放置在前面的用例，此时"知"有19例（4.7%），"知道"有

132 例（6.5%）。如：

（90）<u>崔莺莺差红娘去召唤张生的恋爱故事</u>，尽人皆知。

（91）我就会简单的，<u>复杂的</u>一概不知。

（92）<u>这事</u>他迟早会知道。

（93）<u>白津津干的事</u>我不相信你一点都不知道。

例（90）（91）分别是"知"肯定形式和否定形式将对象客体前置的用例；例（92）（93）分别是"知道"肯定形式和否定形式将对象客体前置的用例。对于"知""知道"来说，肯定形式和否定形式都能实现这种前置动作对象客体的变换形式。然而，能否将前置的对象客体移位到宾语位置，是分情况而定的。

先来说"知"此类用例能否移位的情况。

当前置的对象客体在语言形式上结构复杂、长度较长或以逗号隔开形成一个独立整体时，倾向于将它移位到后面来，句子不至于"头重脚轻"。这不仅有"知"肯定形式的用例，如例（90）；还有其否定形式的用例，如：

（94）<u>这个故事</u>，无人不知。

不能移位的情况较为复杂，一是当前置的对象客体在语言形式上是代词，特别是表任指的疑问代词"什么"、第一人称代词"自"前置时，一定不能移位；其他类型的代词前置时可以移位，但倾向于不移位。如：

（95）<u>什么</u>都不知，我还是不说话了。

（96）自信总应该以<u>自</u>知为基础吧？

（97）我知道的就这些，<u>别</u>的一概不知。

（98）<u>其他的</u>我一概不知，刚才我是信口胡说的。

二是当前置的对象客体是双音节词，且与"知"或"不知"构成一个四音节韵律单位时，不能移位。如：

（99）幸福如饮水，<u>冷暖</u>自知。

（100）当天喝了很多酒，然后我就<u>人事</u>不知了。

137

此类不能移位的用例中，如上例中的"冷暖自知""人事不知"一样，形成了趋于固化的四音节词。

不能移位的还有一种类型，当语言形式表现为"不×知"，此时前置的对象客体也不能移到后面来。如：

（101）国事至此，<u>民族存亡</u>不可知。
（102）她总是傻傻憨憨的，<u>不经意间的美</u>却不自知。

除了这三种不能移位的情况外，其他类型的代词都介于上述倾向于移位和可以移位之间，如例（97）（98）中的"别的""其他的"。

我们再来看"知道"此类用例能否移位的情况。

"知道"作谓语将对象客体前置比"知"要灵活，它不能移位的情况比"知"少，仅出现在疑问代词"什么"等作对象客体前置以及话题标记与对象客体共现并前置的用例中。前者也在"知"的用例中出现，表任指的"什么"常出现在"都""也"前面。如：

（103）我也见不到他，也没有他的音信，<u>什么</u>都不知道。

后者由于话题标记的限定，只能放在句子前端。如：

（104）<u>至于公共汽车对此满不满意</u>，我们就不知道了。
（105）<u>有关夫妻生活的故事</u>，我是知道的。

"知道"用例中除了这两种无法移位的情况，其他前置的对象客体都能移到后面的宾语位置上来。需指出的是，当前置的对象客体是单音节指示代词时，虽然能够后移，但倾向于置于句首，话题化程度较高。如：

（106）<u>这</u>我知道，您老就放心吧。

4.1.1.3 被"所"名词化的比较

"知""知道"都能在前面加上助词"所"，由陈述性成分变为指称性成分，此类"知"有 32 例（7.9%），"知道"有 3 例（0.1%），相较之下，"知"倾向于和"所"共现，这是由于"所"自身带有书面语色彩，在语体色彩上正好与"知"相协调。如：

（107）如你所知，虚拟的世界经不起感情的任何波动。

（108）我所知道的不外乎这些，还请先生赐教。

在"知"和"所"共现的用例中，"所知"不加"的"代替名词占有优势，有 30 例（93.8%），如例（107）。此时"所知"前面多出现双音节修饰语或"所×知"前多出现单音节修饰语，从而构成一个四音节韵律组合，它带有浓厚的书面语色彩，在现代汉语平面中，这些四字组合趋于固化，除了上例中的"如你所知"，语料中还出现"就我所知""据我所知""人所共知""如所周知""为人所知""为众所知"等。

此外，"知"和"所"共现的用例中，还有 2 例后面出现"的"，加上"的"之后修饰后面的名词。如：

（109）茅盾并不完全认同艾芜所理解的周作人所知的"惭愧"，但茅盾所理解的周作人的"知惭愧"显然也不是它的本义。

而在"知道"和"所"共现的 3 个用例中，都出现"的"。它可以修饰后面的名词。如：

（110）这就是我所知道的全部事实，现在都告诉你了。

虽然名词化标记"所"提升了"知道"的书面化程度，但它和"所"共现的句法环境与"知"的有较大差异，并不讲究韵律搭配，也没有与连用成分固化成词的显豁趋势。

4.1.1.4　分布在定语中、中心语是其对象客体的比较

"知""知道"都是具有高度及物性的动词，除了表现在直接带宾语占绝对优势之外，还表现在二者出现在定语中，其对象客体转换为被修饰的中心语，这是它们句法特征的共性之一，在语料中出现的用例都极少，"知"有 12 例（3.0%），"知道"也有 12 例（0.6%）。如：

（111）我认为我们该做的事是把一切已知的事都想明白。

（112）你叫我了解痛苦和后悔，都是我应该知道的坏事。

上述 2 例中，"知""知道"都处在定语中，后面被修饰的名词"事""坏事"在意念上是它们关涉的对象客体，并且作中心语。整个名词性定中结构中，"知""知道"作复杂定语中的降级谓语动词。

上文提到"知"在现代汉语平面中并不能单独使用，因而"知"也无法以光杆形式作定语，必然要在复杂定语中受其他成分修饰，如例（111）中的副词"已"修饰"知"；或"知"处在一个趋于固化的结构中，其自身倾向于作这个结构中的词内语素。如：

（113）作为最<u>广为人知</u>的产前基因检测项目，唐氏筛查只需要孕妇5毫升血。

与"知"此类用法不同的是，"知道"不仅能够与其他成分结合后共同处在一个复杂定语中，如例（112）中的定语里面出现"应该"修饰"知道"；而且"知道"可以光杆形式出现在定语中，甚至其自身也可充当定语。如：

（114）把自己<u>知道</u>的情况，都反映给了他。
（115）是个小"海龟"，<u>知道</u>的故事不多。

例（114）中动作主体与以光杆形式出现的"知道"组成的主谓结构，充当定语；例（115）中只有"知道"以光杆形式充当定语。

此类用法中，"知""知道"后面的中心语都是表抽象义的名词成分，二者意念上的对象客体常出现"事（情）""情况""东西""问题"等。

以上论述了"知""知道"充当谓语句法功能所共同具有的句法特征。按出现频率高低，分别为：直接带宾语；关涉的对象客体前置；能够被助词"所"名词化；出现在修饰其对象客体为中心语的定语中。"知""知道"这四类句法特征共性中，直接带宾语都占优势比重，但因"知"在现代汉语平面中使用的受限性，二者虽都能带三类不同性质的宾语，但使用条件有所差异，这导致二者不能自由替换。这四类用法都高度关联了动词"知""知道"与其对象客体，特别是"知"对所关涉的对象客体更为依赖。"知"在现代汉语平面中仅存在这四类用法，而它们也是"知道"所具有的。然而，"知道"在现代汉语中还有其自身所独有的句法特征。下面我们来进行探讨。

4.1.2 "知道"独有的用法

上文提到，在日常语言实际中，"知道"一词还有四类用法，按出现频率高低排序，分别为：一是后面省略宾语，独立使用；二是分布在是非问、正反问中；三是直接带补语；四是被助词"的"名词化。

4.1.2.1　**后面省略宾语，独立使用**

这一点是"知道"与"知"最显著的差异，"知道"所在的句法环境中，其与对象客体共现的频率相较于"知"来说要低，"知道"在口语或正式度较低的语体中能够脱离其对象客体单独存在，有 288 例（14.3%），是"知道"继直接带宾语用法之后的第二大用法。如：

（116）"明天一定要早点来。""我<u>知道</u>，请放心吧。"

（117）"什么东西？先透露一点儿。""马上你就<u>知道</u>了，我保证，你看了会开心的。"

在会话语境中，"知道"所关涉的对象客体或出现在上文中，或为交谈双方共知的背景信息，说话人出于语言经济性原则，在言语中省略了"知道"的对象客体。在具体的语言表现形式上，既可以是"知道"的光杆形式，如例（116）；也可以是后面附带语气助词，如例（117）。

此类用法中即使出现的是"知道"的光杆形式，表现的也是说话人已经"知道"某一信息之后的结果状态，因而语言表层形式中就会出现表示心理状态变化或结果的显性标记，以"了"居多，有 77 例（26.7%）。除此之外，后附的语气助词还有"的""啊"等。如：

（118）"他心情似乎不大好。""我<u>知道</u>的，因为他家出了点事。"

（119）"我喜欢你。""我<u>知道</u>啊，所以你打算怎么追我？"

上述 2 例中的"的""啊"都旨在强调"知道"这一心理认知的结果，去掉它们并不改变原句语义，但失去了强调意味。

"知道"这一心理动词常在现代汉语中出现，远超过动作动词"帮"组成员在等量语料中的出现频次，其中这一用法就为"知道"的使用贡献了大量频次。高频率使用会在一定程度上磨蚀词语实在的语义，相应地增加其话语语用功能，即"知道"省略宾语的用例中，还呈现出一种新的语用功能，"知道"渐渐模糊了其自身具有的心理认知语义，而倾向于表达说话人同意、遵行对方观点或行为的一种正向回应的言语行为。

"知道"后面省略宾语的这一用法由于需要依托语境的上文信息或背景信息，因而在对话中它一般不出现在问话人话语中，而是分布在答话人话语中，如上述各例显示的分布位置。话语环境及分布位置趋于固定，在高频使用的作用下，在原先内部心理认知义的基础上催化出外部的言语行为义，而这一用法与"知道"的词汇义协调一致，表现出赞同对方言语或遵行对方命令请求的功能。如：

（120）"你以后在外面可要当心啊！""<u>知道了</u>，妈，以后不会再有这种事了。"

（121）"我最不喜欢别人忤逆我。""<u>我知道</u>，你是女王嘛！"

我们将这2例中的"知道了""我知道"替换成"好"，《现代汉语八百词》（增订本，1999：257）将单用的"好"列出，其可以表示同意。我们发现，替换后，原句的语用功能也未变：

（120′）……"<u>好</u>，妈，以后不会再有这种事了。"

（121′）……"<u>好</u>，你是女王嘛！"

可见，例（120）中的"知道了"有懂得、认识到对方言语意思的一面，更表达出说话人遵行对方请求的一面。例（121）中的"我知道"不仅包含说话人对事实的心理认知，还包含其赞同对方的言语行为。

4.1.2.2　分布在是非问、正反问中

"知道"能够进入是非问、正反问这两种疑问句格式中，也是现代汉语中单音节词"知"无法做到的。此类有75例（3.7%），其中进入是非问格式中的有44例、正反问格式中的有31例。

我们先看前者。所谓"知道"进入是非问格式，指的是"知道"后附疑问语气词"吗"而形成的"知道吗"，由于它基本分布在口语对话中，前面有时就会加上第二人称主语"你/您"。"知道"是非问在句子中有三种位序：句首、句中、句尾。其相邻成分是"知道"所关涉的对象客体。请看示例：

（122）<u>你知道吗</u>？有的时候听杨晓芸向我抱怨她跟向南的事儿，我有多羡慕。

（123）没有安在天那么泰然自若。<u>你知道吗</u>？我是着急呀！

（124）要让人做起事情来心里快乐，只有让人家快乐才是爱人家，<u>知道吗</u>？

"（你）知道吗"这一是非问形式在语言实际中并不是说话人的真性询问，它不期待对方作出是或否的回答，这与一般是非问句有所不同。目前学界对此已有研究，陶红印（2003）指出"知道"在谈话中呈现出许多逐步走向固定化的结构类型，它在是非问格式中心理感知的语义开始减弱、

虚化,"吗"的疑问性也开始减弱,它一方面排斥宾语,另一方面跟主语和否定密切相关。刘丽艳(2006)认为,"你知道吗"一是通过把听话人的注意力和兴趣点集中在他要讲述的内容信息上进行互动,二是把说话人认为对听话人来说可及性较低的背景信息提供给听话人,使之成为听说双方的共有信息来完成互动功能。胡建锋(2015)对"知道吗"语义后指(注:"知道吗"位于句首位置)的一类进行语用功能研究,该文认为"知道吗"具有前景化功能,可以将其指向的信息标示为前景信息,即其后相邻的语言成分是凸显的焦点信息。

由以上研究可见,"知道吗"在口语会话中已经固定化为一个话语标记,对话双方不管是话语发出者还是接收者,对它的处理与一般是非问句不同,说话人(话语发出者)借此吸引听话者的注意力,听话人(话语接收者)由此注意到焦点新信息。这针对的是居于句首位置的"知道吗"具有的话语功能。那么,句子中其他位置上的"知道吗"是否也如此?我们将例(122)至例(124)中"(你)知道吗"的位序进行调整,即:

(122′)a. 有的时候听杨晓芸向我抱怨她跟向南的事儿,<u>你知道吗</u>?
我有多羡慕。
　　　b. 有的时候听杨晓芸向我抱怨她跟向南的事儿,我有多羡慕。
<u>你知道吗</u>?
(123′)a. <u>你知道吗</u>?没有安在天那么泰然自若。我是着急呀!
　　　b. 没有安在天那么泰然自若。我是着急呀!<u>你知道吗</u>?
(124′)a. <u>知道吗</u>?要让人做起事情来心里快乐,只有让人家快乐才
是爱人家。
　　　b. 要让人做起事情来心里快乐,<u>知道吗</u>?只有让人家快乐才
是爱人家。

例(122′)a 句和 b 句分别将原句中的"你知道吗"变换到句中、句尾位置;例(123′)a 句和 b 句分别将原句中的"你知道吗"变换到句首、句尾位置;例(124′)a 句和 b 句分别将原句中的"你知道吗"变换到句首、句中位置。从这三组变换后的句子来看,不管"知道吗"位于句子中什么位置,说话人说出"(你)知道吗"就都意味着吸引听话人将注意力集中到他的言语中。然而,"(你)知道吗"在句子中的位序不同,其凸显焦点的辖域就会不同,句首和句中位置的"(你)知道吗",语义重心虽然都是后指,但句中位置的焦点辖域不及句首位置;而句尾位置的"(你)知道吗",焦点信息是它前面所有句子的内容。因而,说话人是根据焦点

信息的位置来安排"（你）知道吗"在句子中的位序，其位序并不是随意的。

我们再看另一种疑问句的特殊格式。所谓"知道"进入正反问格式，指的是"知道"组成肯定和否定叠合的形式进行询问，其基本格式表现为"知道不知道"，变体格式表现为"知不知道""知道不"①。"知道"正反问句中的对象客体多数作宾语，少数情况也会前置。如：

（125）知不知道你这样做相当于把他逼上了绝路？

（126）吃完了我们就回家，知道不？

一般正反问句要求答者从肯定性和否定项中挑选一项进行回答，其疑问点就是肯定和否定的叠合（张斌，2010：503）。"知道"正反问格式自然具有一般正反问的这一基本特征。如：

（127）"知不知道国家不允许搞土炼油？""知道，但钱投进去要收回来。"

（128）"你知道不知道答案失窃的事？""知道，刚刚你才说过。"

上述 2 例中，"知道"正反问句都是真性询问，说话人对疑问点并没有肯定或否定的倾向性，听话人都在说话人提供的两个选项中挑选了一项作出回答。

说话人将"知道"放入正反问格式中，此时"知道"所关涉的对象客体以消极负向居多，这从例（125）（127）（128）中的宾语成分就可以看出。语料中所有的正反问用例中，"知道"所关涉的对象客体是消极负向义的有 26 例（83.9%）。正是由于说话人带有鲜明的主观色彩，"知道"正反问句有时会具有特殊的语用功能，即从消极负向义中衍生出斥责批评的言语功能。此时"知道"正反问句的疑问悬空，说话人倾向于认为对方选择否定项，因而并不期待对方作出选择性应答。这就是说，说话人认为对方应该知道某事，但实际上对方并不知道，从而使得说话人对此斥责批评。如：

---

① 变式是基本格式的删略形式，早先学界对正反问句的删略形式的规范性进行过讨论，详见范继淹（1982）、罗华炎（2000）的研究。目前学界普遍接受这些删略变式在汉语普通话中的规范性，张斌（2010：503）还指出删略变式的出现频率比完整式高得多。在我们的语料中，删略变式的出现频次多于完整式。

（129）软的不行，他们就来硬的，往张健家里打恐吓电话："<u>知道</u>不<u>知道</u>你的一条腿值多少钱？我要花 1 万元钱买你的腿！"

（130）老王一听，一下子站起来，指着我厉声说："你<u>知道</u>不<u>知道</u>顽抗到底是死路一条？如果你就是这句企图蒙混过关的话，现在你就给我再回到革命群众那里去接受批斗，什么时候肯老实交待了，再到我这里来！"

例（129）上文出现"来硬的"，例（130）上文出现"厉声"，它们都在铺垫说话人恶意对待听话人的言语行为。由于疑问悬空，说话人意念中已有明确的答案，因而此时"知道"所关涉的对象客体在说话人看来是背景信息，但说话人意识到对方对此背景信息的可及性低，故而"知道"正反问句之后，会有后续的言语成分补充解释背景信息，如例（129）；或补充说明后果，如例（130）。从它们还有后续的补充信息来看，也可证明此类"知道"正反问句不再具有疑问点，而它存在的价值转换到其语用功能上去。

4.1.2.3　直接带补语

"知道"直接带补语的用法仅有 5 例（0.2%），可见这是"知道"的非典型用法，且单音节词"知"没有这一用法。

"知道"可带的补语类型有情态补语和动量补语两类。前者既可以是简单的单音节词，也可以是复杂的多音节短语。"知道"共现的情态补语多涉及时间早晚、数量多少等程度信息。如：

（131）<u>知道</u>得晚，处理得晚，你们应该骂我才对。

（132）我<u>知道</u>得还实在太少，无数的未知包围着我们。

例（131）中的情态补语是关涉时间程度的单音节形容词，例（132）中的情态补语是关涉数量程度的多音节状中短语。

动量补语出现的都是"一下"，构成的"知道一下"表示说话人具有"知道"某事的意愿和打算，是未然性的。前面常与心理动词、能愿动词连用；后面常会出现"知道"所关涉的对象客体。此类用法基本都出现在口语会话中。如：

（133）我倒想<u>知道</u>一下，其余六位藏在哪里？

（134）我还是应该<u>知道</u>一下那里发生了什么。

4.1.2.4　被助词"的"名词化

上文提到，"知""知道"都能被"所"名词化，这一般在书面语中出现。而在口语中，"知道"还能被"的"名词化，"知"却不能与"的"结合。此类用例"知道"有 3 例（0.1%）。如：

（135）不用你拷问，我把<u>知道的</u>全招了。

（136）我现在<u>知道的</u>只是我打嗝有股药皂味。

"知道的"转指"知道"的事物或事件，"的"可以和另一个名词化标记"所"共现，但由于口语语体及语言使用经济原则的作用，我们在口语会话中实现"知道"名词化，选择"的"，而书面语中选择"所"。即这二者在不同语体中对立分布。

在日常语言实际中，"知""知道"的肯定形式（"知""知道"）和否定形式（"不知""不知道"）都频频出现，无论是哪种形式，它们都具有一些相同的句法特征，具体表现为：一是后面都能直接带宾语，其中"知"有 341 例，在其充当谓语成分的所有用例中占比 84.4%；"知道"有 1 498 例，占比 74.3%。二是二者所关涉的对象客体都能前置，"知"有 19 例（4.7%），"知道"有 132 例（6.5%）。三是它们都能与名词化标记"所"共现，即"所"都能出现在它们前面，"知"有 32 例（7.9%），"知道"有 3 例（0.1%）。四是二者都能在复杂定语中出现，且后面的中心语是其对象客体，"知"有 12 例（3.0%），"知道"有 12 例（0.6%）。

"知道"一词除了上述四个句法特征外，按照出现频率高低排序，其特征还表现为：一是在口语或正式度较低的语体中可省略对象客体，有 288 例（14.3%）；二是可分布在多种疑问句的结构类型，如是非问、正反问中，有 75 例（3.7%）；三是后面可带补语，有 5 例（0.2%）；四是它后面仅仅加助词"的"就能实现名词化转指，有 3 例（0.1%）。上述这四点是单音节"知"所不具有的用法。

4.2　"知"组词习得情况考察

本节我们考察留学生作文中留学生对"知""知道"这一组同素同义词的习得情况，并根据上面本体规则的比较研究，试对留学生偏误现象进行分析解释，从而结合留学生的习得情况，在本体规则的基础上提出教学建议。

在考察习得情况之前，我们先看一下"知"组词在大纲和教材中的安排情况。在《汉语水平词汇与汉字等级大纲》中，"知道"被列为甲级词，"知"被列为丙级词；在《高等学校外国留学生汉语教学大纲》（长期进修）中，只有"知道"被列为初等阶段最常用的词；在《高等学校外国留学生汉语言专业教学大纲》中，"知道"是一年级一级词汇。除了《词汇与汉字等级大纲》，其他两个大纲均未收录单音节词"知"，而"知道"在三个通用大纲中都被列为最常用、最先掌握的词。

在南京师范大学留学生学习汉语的教材中，只有"知道"作为学习的生词，其首次出现在初级阶段听说课本Ⅰ第十二课"你知道张老师家的电话号码吗？"和综合课本Ⅰ第十七课"你知道3路车站在哪儿吗？"中；"知"虽然没有作为学习的生词，但它以否定形式"不知"首次出现在综合课本Ⅱ第三十五课"不知合不合你们的口味"中。在初级阶段综合课本（Ⅰ、Ⅱ、Ⅲ、Ⅳ）和听说课本（Ⅰ、Ⅱ、Ⅲ、Ⅳ）中，"知道"出现47次，"知"出现36次，其中包括"知"出现在四字结构6次，否定形式"不知"26次。中级阶段教材《桥梁》（上、下）中，"知道"出现42例，"知"出现25例。高级阶段教材《高级汉语教程》（上、下）中，"知道"出现128例，"知"出现63例。总的来说，大纲和教材都体现出"知"使用的受限性，而教材反映出的"知"的否定形式是现代汉语中常用的形式，这与上节本体研究中的发现相一致。

4.2.1 总体使用情况

在150万字的中介语作文语料库中，我们检索到997例"知"组同素同义词，其中"知"105例（10.5%），"知道"892例（89.5%）。二者出现频次的多少与本族人的相一致，都是"知道" > "知"。现将留学生在各个等级（初级、中级、高级各50万字）中对这组词的使用数量统计出来，并与本族人等量语料（从400万字中随机抽取50万字）中的使用数量进行比较，具体数据见表4-2。

表4-2 中介语作文语料库中各等级"知"组词的使用情况

级别	知	知道	总计
初级	12 例	248 例	260 例
中级	29 例	264 例	293 例
高级	64 例	380 例	444 例
本族人	98 例	205 例	303 例

由 4 - 2 表可知，初级、中级、高级三个阶段"知"组词的使用总量逐级递增，其中初级、中级的使用总量均略低于本族人，而高级阶段的使用总量却高出本族人的46.5%，留学生"知"组词的平均使用量是本族人使用量的1.1倍，这主要在于留学生对双音节词"知道"的使用泛化。对双音节词"知道"来说，其在三个等级语料中的使用量一直多于本族人的，且逐级递增，到高级时数量骤增，高出中级使用量的43.9%；而单音节词"知"虽然也是逐级递增，但每一阶段的使用量都不及本族人的，本族人"知"的使用量是初级使用量的8.2倍，中级的3.4倍，高级的1.5倍，即留学生对"知"的使用存在较明显的回避倾向。

为进一步考察"知"组词的使用情况，我们将这997个用例的句法分布情况进行统计，具体数据见表4 - 3。

表4 - 3 中介语作文语料库中"知"组词的句法分布情况

句法分布类型	知	知道
1. 带体词性宾语	14 例（13.3%）	173 例（19.4%）
2. 带谓词性宾语	8 例（7.6%）	163 例（18.3%）
3. 带小句宾语	10 例（9.5%）	426 例（47.8%）
4. 宾语（对象客体）前置	0	73 例（8.2%）
5. 省略宾语	1 例（1.0%）	28 例（3.1%）
6. 分布在定语中、中心语是其对象客体	0	19 例（2.1%）
7. 直接带补语	0	8 例（0.9%）
8. 被"所"名词化	3 例（2.9%）	2 例（0.2%）
9. 形成四字结构	69 例（65.7%）	0

根据表4 - 3列出的中介语中"知"组词的句法分布情况，对照本族人的分布情况，我们发现：

第一，留学生使用"知"组词的用法类型比本族人的少。其中留学生对"知"的使用少了宾语（对象客体）前置的用法，但同时多出一项本族人不会使用的省略宾语这种不合语法的情况；"知道"少了进入疑问句特殊格式以及被"的"名词化这两种用法。而"知道"这两种缺失的用法，在中级、高级阶段教材中都出现多例。

第二，留学生使用"知"组词在用法类型倾向性上与本族人也不尽相同。就"知"来说，现代汉语平面中，"知"主要分布在其否定形式带宾语以及已然固化的或趋于固化的词语中①；留学生使用"知"主要集中在已然固化的四字结构中，虽然带各种宾语的用例总数居于第二，但占比较低。对"知道"来说，本族人使用它最多的是其肯定形式带小句宾语，这也正是留学生使用"知道"最典型的用法；而本族人较常使用的"知道"省略宾语（对象客体）的用法，留学生却较少使用。从教材输入来看，"知""知道"的用法输入基本和本族人日常语言实际中的一致，即初级、中级阶段"知"输入较多的是其否定形式带谓词性宾语、小句宾语及体词性宾语，高级阶段除了上述这些用法，还频繁输入疑问代词"谁"和"知"趋于固化的主谓短语，教材中对固化的四字短语的输入并不是最高频的；"知道"在初级、中级、高级各阶段的教材输入中，其肯定形式带小句宾语最常见。可见，跟"知"相比，留学生使用"知道"的情况受到教材输入的影响较大。

留学生在使用"知"组词带体词性宾语的用法时，宾语音节数量的分布情况如下，见表 4 - 4。

表 4 - 4　中介语作文语料库中"知"组词带体词性宾语用法时宾语音节数量分布情况

宾语类型	知	知道
单音节宾语	0	4 例
双音节宾语	6 例	17 例
多音节宾语	8 例	152 例

上文提到，本族人使用"知""知道"带体词性宾语的用法时，都倾向于搭配多音节宾语，"知""知道"搭配单音节宾语的数量都最少。可见，留学生在"知""知道"动宾搭配用法中表现出来的韵律模式倾向性与本族人一致。

在 997 例"知"组词的用例中，正确用例有 829 例，偏误用例有 168 例，平均正确率为 83.1%，即总体上留学生对"知"组词的习得情况较为理想。各学时等级中"知""知道"的正误情况具体见表 4 - 5。

---

① 本章第一节主要进行单音节词"知"和双音节词"知道"的比较研究，由于在已然固化的词语中，"知"是词内语素，并不是独立的词，所以本体研究部分的研究对象不包括这些由"知"组成的固化词语。而在习得研究部分，为了全面考察留学生的习得情况，加之中介语料库中"知"的出现频次较少，所以将所有出现"知"字的用例都囊括进来。虽然本体研究部分未收入单独成词的用例，但在初步整理语料时，这部分用例数量虽多，但占比没有超过 50%。

表4-5　中介语作文语料库中各等级"知"组词的正误情况

级别	知		知道	
	正	误	正	误
初级	5 例	7 例	186 例	62 例
中级	27 例	2 例	230 例	34 例
高级	58 例	6 例	323 例	57 例
总计	90 例	15 例	739 例	153 例

"知"组词在初级阶段的正确用例有191例，偏误用例有69例，初级阶段的正确率为73.5%，低于平均正确率；中级阶段的正确用例有257例，偏误用例有36例，其正确率为87.7%，已高于平均正确率；高级阶段的正确用例有381例，偏误用例有63例，其正确率为85.8%，虽也高于平均正确率，但略低于中级阶段的正确率。可见，从初级到中级这一阶段，"知"组词的正确率与学时等级成正比，且上升幅度最大，是"知"组词习得的关键期。随着向高级阶段发展，使用量增加的同时，原来回避的问题也逐渐暴露出来，导致偏误量增加，所以高级阶段的正确率有所回落。

具体来说，"知""知道"的正确率趋势都是在初级到中级阶段骤升，中级到高级阶段缓降。其中初级到中级阶段平均正确率走势骤升，主要原因在于其单音节成员"知"的正确率陡升了51.4%，而"知道"在此阶段仅提升了12.1%。中级到高级阶段，"知"的正确率下降了2.5%，"知道"下降了2.1%。可见，留学生对于"知"的掌握是不够稳定的，"知道"的总体习得情况比"知"要好。

4.2.2　正确用例情况考察

接下来我们先考察单音节的"知"在各阶段的正确用例，再看"知道"的正确用例情况。

1. 知

初级阶段，"知"的使用量最少，其中正确用例数也最少，且数量少于偏误用例。在仅有的5个正确用例中，其中2例分布在带体词性宾语的用法上，还有2例分布在带谓词性宾语和带小句宾语这两种类型上。如：

（137）现在下雨呢，不知为什么，现在我很想念妈妈，可能天气影响了我。（初级蒙古）

（138）玩然后知<u>不足</u>，从今以后很努力学习，老师帮我。（初级韩国）

（139）我们很害怕不知该怎么办，只好继续走。（初级未详）

（140）<u>不知哪个人从口袋掏出手机</u>，报警了。（初级韩国）

例（137）（138）是"知"带体词性宾语的正确用例，其中初级教材中就出现"不知为什么"这一动宾搭配；"玩然后知不足"显然是学生对"学然后知不足"这一熟语的改造，而初级教材中它并没有出现，可见是学生在自然环境中习得的，并能灵活运用。例（139）是"知"否定形式带谓词性宾语的正确用例，初级教材中"不知怎么办"整体出现 3 次，学生对此能不囿于原有搭配，在其中插入能愿动词"该"。如果说例（137）是学生对"语块"作了整体的模仿，那么此例并不是原封不动地从教材中借用，而是学生有意识地对其进行"创造"，当然也有能愿动词"该"与"怎么办"频频共现的影响。例（140）是"知"否定形式带小句宾语的正确用例。与结构简单的体词性宾语、谓词性宾语相比，小句宾语的长度与结构形式都较复杂，学生习得这类宾语的难度大于其他类型的宾语，且初级教材里出现的"不知"带小句宾语的用例中，没有疑问代词"哪"，可见排除了学生直接搬用模仿教材的影响，但只偶见一例，不能说明初级阶段学生已掌握其带宾语的用法。从这 4 个正确用例中有 3 例都是"知"的否定形式来看，此阶段学生对"知"否定形式的熟悉度超过其肯定形式，这与教材及自然环境中"知"否定形式较常使用不无关系。

还有 1 例是已然固化的四字短语"不知不觉"的正确用例。即：

（141）我<u>不知不觉</u>地哭了起来，这个电影真的很感人。（初级日本）

中级阶段，"知"的正确用例数大幅增长，已超过偏误用例数。此阶段的正确用例有 27 例，其中数量最多的是已然固化的四字短语，有 15 例（55.6%），且都是"不知不觉"，中级教材中对这个词语的输入量仅有 8 例，不及学生的输出量。我们认为，特定语言项目的练习可能会导致这一情况的发生。请看示例：

（142）<u>不知不觉</u>我的眼泪流下来了。（中级柬埔寨）

（143）他<u>不知不觉</u>跟我们生活已经有 3 个月了。（中级韩国）

中级阶段的正确用例中也出现了初级时正确用例分布的三种用法，依旧是体词性宾语的正确用例数最多，有 4 例；小句宾语次之，有 3 例；谓词性宾语最少，有2例。如：

（144）从上星期不知<u>怎么</u>，感觉心里很空。（中级韩国）

（145）他们只知<u>他们应该跟着他们学</u>，就觉得很漂亮，而不知道有别人的好处应学，有的不应学。（中级越南）

（146）全家人不知<u>发生了什么事</u>，那时候我爸才平静地跟他说："小宝，你误会我了，那件失德的事不是我干的。"（中级越南）

例（144）是"知"带体词性宾语的正确用例，中级阶段出现的带体词性宾语的正确用例都是"知"的否定形式，"不知"带疑问词"怎么"作宾语，在中级教材中出现4例，学生除了继续使用"不知为什么"表示"不知道原因"外，也开始使用其他疑问代词表示。例（145）是"知"肯定形式带小句宾语的正确用例，中级阶段带小句宾语的正确用例中出现了"知"的肯定形式带谓词性宾语的正确用例，虽然只有这1例，但打破了从初级阶段以来只有否定形式带小句宾语的局面。例（146）是"知"带谓词性宾语的正确用例，且中级阶段出现的带谓词性宾语的正确用例也都是"知"的否定形式，此阶段产出的带谓词性宾语的正确用例是这三种类型宾语正确用例中数量最少的一类，而中级教材中出现频次最多的却是谓词性宾语的用法，可见学生对此的习得情况并不理想。

中级阶段的正确用例中出现一种新的用法，即"知"前面出现名词化标记"所"，有3例，其中2例是趋于固化的四字结构——"据我所知"，它在日常语言实际中频繁出现。然而，中级教材中并未出现这一用法，但学生却能正确运用。如：

（147）<u>据我所知</u>，迪士尼的电影都是既好看也幽默的。（中级日本）

（148）读者希望他所知的事情会帮助他理解自己的情况，尤其是帮助他克服遇到的困难。（中级法国）

高级阶段，"知"的使用量比中级阶段增加了120.7%，其正确用例数也比上一阶段增加了114.8%。这一阶段不仅正确用例数的增长率不及使用量的增长率，导致高级阶段的正确率有所下降，而且正确用例的类型数量也没有上一阶段的多。这一阶段正确用例共有58个，数量最多的依然是已经固化的四字短语，有45例（77.6%），可以看出，高级阶段四字短语的正确用例占比已经超过了中级阶段。此外，此时出现的四字短语不再只是"不知不觉"，还有"不知所措""众所周知"等。高级教材中"不知不觉"出现 9 例,"不知所措"出现 3 例,没有"众所周知"的用例。然而这一阶段学生的作文中却频繁出现这些固定的四字短语,远多于教材输入的频次,甚至还出现了教材中未收录的四字短语。如:

(149) 可是<u>不知不觉</u>中"苦"和"乐"的偏差明显了。(高级日本)

(150) 看着身旁的这个小丫头,真的有点<u>不知所措</u>。(高级南斯拉夫)

(151) <u>众所周知</u>,韩国的山占我们领土的 70% 以上,尤其是公州特别多。(高级韩国)

高级阶段的正确用例还分布在"知"带三种宾语的用法上。按出现频次多少排序,谓词性宾语数量最多,有 5 例;体词性宾语和小句宾语次之,各有 4 例。如:

(152) 虽她早知<u>没有结果</u>,但禁不住感到了一丝苦味的感觉。(高级罗马尼亚)

(153) 泥土已经染了春的气息,不知何<u>处</u>的春意一阵阵的吹过来。(高级越南)

(154) 小玫明知<u>如果现在走的话,她的爱情之梦就灭丢了</u>。(高级巴基斯坦)

高级阶段"知"带谓词性宾语的正确用例数超过另外两种宾语类型,而且开始出现其肯定形式的用例,如例(152)中副词"早"修饰"知"后才带宾语。高级教材中"知"肯定形式带宾语的用例出现 21 例,超过以往两个阶段。虽然教材中没有出现副词"早"作状语的用例,但学生还是能输出"早知"的正确用例。例(153)是"知"搭配体词性宾语的正确用例,高级教材中出现"知"的否定形式和书面语色彩显豁的疑问代词"何"共现的用例,受此影响,学生输出的作文中不再只有"什么""为什么""怎么",还有"何"。例(154)是"知"肯定形式带小句宾语的正确用例,跟上一阶段相比,"知"肯定形式带小句宾语的数量有所增加,高级教材中出现了"知"带复句宾语的用例,学生受教材输入影响,输出的小句的结构也变复杂了,不仅有单句,还有复句。

2. 知道

接下来考察"知道"在各阶段的正确用例情况。

初级阶段,"知道"的正确率虽低于"知"组词正确率的平均水平,但比"知"要高得多。这一阶段共有 186 个正确用例,且分布广泛。其中带小句宾语的正确用例最多，有82例（44.1%），其后所带的小句类型多样，既有一般单句，又有选择关系、条件关系等类型的复句。如：

（155）我离开了家的时候父母不太担心我，因为他们知道<u>我一定很快习惯中国的生活</u>。（初级德国）

（156）中国太多车了，我交叉路口的时候，我不知道<u>我看左边还是右边</u>。（初级澳大利亚）

（157）我们都知道<u>只有学习好，才有很好的工作，才有许多钱来养自己</u>。（初级泰国）

例（155）是"知道"带一般动词谓语句作宾语的正确用例，例（156）（157）分别是选择关系、条件关系复句作宾语的正确用例。上文提到，教材中出现频次最多的就是"知道"带小句宾语。在初级阶段，教材中出现的小句宾语都是一般单句，并没有出现如例（156）（157）那样的复句。

除了带小句宾语的用法占有优势外，带谓词性宾语和体词性宾语的正确用例数也较多，前者有41例（22.0%），后者有32例（17.2%）。如：

（158）我的梦想充满了失望，不知道<u>做什么</u>。（初级坦桑尼亚）

（159）我觉得为了学汉语就要知道<u>很多汉字</u>。（初级韩国）

与"知"初级阶段正确用例分布相同的是，"知道"的正确用例也大多分布在后面带宾语的用法上，而它与"知"不同的是，宾语类型的正确用例数排序不同：小句宾语 > 谓词性宾语 > 体词性宾语。还须指出的是，此处"知道"既可以是其肯定形式，也可以是其否定形式，且前者多于后者，这也是与"知"带宾语的正确用例表现不同的一点。

初级阶段，"知道"还有少量正确用例分布在宾语（对象客体）前置、省略宾语、带补语及对象客体作中心语这四类用法上，分别有15例（8.1%）、11例（5.9%）、3例（1.6%）、2例（1.1%）。如：

（160）为了什么他工作，我<u>不知道</u>。（初级日本）

（161）老师问这什么意思，我回答我<u>不知道</u>，睡觉不太晚，上了课就困了。（初级老挝）

（162）与别的同学相比，我<u>知道得多</u>。（初级韩国）

（163）我趁放暑假去我<u>也不知道的地方</u>旅行了，当然对父母是秘密

的。(初级日本)

例(160)至例(163)分别是宾语(对象客体)前置、省略宾语、带补语以及对象客体作中心语的正确用例。这四类非典型用法,初级教材中都出现了用例,特别是后两种用法,留学生产出的语料与教材中基本一致,照搬模仿的痕迹比较明显。

中级阶段,"知道"的使用量比上一阶段增加了6.5%,正确用例数增加了23.7%,但正确用例的分布类型却比初级时少,没有带补语的正确用例。这一阶段,"知道"带小句宾语依然是正确用例数最多的分布类型,有113例(49.1%)。如:

(164)在我心里留下了什么痕迹,我不太清楚,只知道使我至今难忘。(中级圭亚那)

(165)到现在我还不知道这件神气(奇)的事情真的发生了还是我作(做)了一个神乎其神的梦。(中级韩国)

(166)这个故事我们可以知道,只要努力、坚持没有什么困难不能度过。(中级越南)

中级教材中"知道"带小句宾语的用例都还是一般的动词谓语单句作宾语,但学生作文中依然不乏选择关系、条件关系的复句宾语。

中级阶段"知道"所带的另外两种宾语类型也依然是正确用例分布较多的用法,与初级时略有不同的是,体词性宾语的正确用例数略多于谓词性宾语,前者有43例,后者有42例。如:

(167)而且我从台湾回来一直想中国大陆还想知道那边的情况。(中级法国)

(168)她觉得我是个好人所以不知道应该怎么办才好,就哭了。(中级日本)

上述2例分别是"知道"带体词性宾语和谓词性宾语的正确用例。对中级教材中"知道"带宾语类型的出现频次进行排序,第一是小句宾语,第二是体词性宾语,第三是谓词性宾语。学生在"知道"带宾语的输出频次排序上与教材是一致的。

中级阶段"知道"还有少量正确用例分布在宾语(对象客体)前置、对象客体作中心语及省略宾语这三类用法上,分别有20例(8.7%)、7例

（3.0%）、5例（2.2%）。如：

（169）关于事实真相她并不知道。（中级越南）

（170）这样的蔬菜不算是"绿色蔬菜"，在俄罗斯没有这样的问题，这是大家都知道的事实。（中级俄罗斯）

（171）我认为父母很伟大，将来他们长大了，当父母时就知道。（中级泰国）

例（169）至例（171）分别是"知道"宾语（对象客体）前置、对象客体作中心语及省略宾语的正确用例。其中宾语（对象客体）前置的正确用例中，开始出现显性的话题标记，这是初级阶段此类正确用例中没有出现的。

高级阶段"知道"的正确率较中级时下降了2.1%，但正确用例的分布类型比中级时多。这一阶段"知道"带小句宾语数量最多，正确用例数也最多，有172例（53.3%），可以看出，随着学时等级的提高，这一类型的正确用例数在不断攀升，高级阶段其数量占比已经过半。如：

（172）大家都知道我们的冬天又长又冷。冬天在冰天雪地里，我们就开始想念春暖花开的季节。（高级俄罗斯）

（173）在我周围有这么美丽的风景，我还不知道是真的还是我在作（做）梦。（高级波兰）

（174）我才知道，如果要在这么大的城市里生活下去，应该有能力，各个方面都很强。（高级老挝）

高级教材中也没有出现"知道"带选择关系的复句宾语，却出现了"知"搭配选择关系的复句。然而从初级阶段开始，学生就能输出"知道"带选择关系复句宾语的小句，可见它带的小句类型并不受教材中出现的"知道"带小句宾语类型的影响。

跟以往任何阶段一样，"知道"带的另外两种宾语类型的用法，其正确用例数也较多，也是较典型的分布类型。同中级阶段一致的是，体词性宾语的正确用例数多于谓词性宾语，其出现频次排序与高级教材中的排序相同。前者有65例（20.1%），后者有50例（15.5%）。如：

（175）宾馆的服务员知道我们情况以后，热心地帮助我们。（高级韩国）

（176）每次进考试以后<u>不知道怎么写</u>，就考得非常不好。（高级日本）

高级阶段还有少量正确用例分布在宾语（对象客体）前置、对象客体作中心语、省略宾语以及"知道"被"所"名词化这四种用法中，分别有23 例（7.1%）、9 例（2.8%）、2 例（0.6%）、2 例（0.6%）。前三种用法在初级、中级阶段就出现了正确用例，最后一种是高级阶段才出现的，高级教材中已出现此类用法的用例。如：

（177）这部小说我们都<u>知道</u>，小时候就卖完了。（高级韩国）
（178）通过旅行，你们可以明白生活上<u>不知道</u>的东西。（高级韩国）
（179）她不催促了，虽然很想<u>知道</u>，可是等他自己开口。（高级柬埔寨）
（180）他很想让人知道他<u>所知道</u>、所学来的东西，所以他教了不少人。（高级越南）

整个习得阶段，"知""知道"正确用例的分布类型及其所占比重都较为稳定，出现变化的都是数量极少的非典型用法。教材中某些用法的频次排序会影响学生输出类型的频次排序，但并不是教材中出现的用法类型都会在学生作文中出现，例如"知道"进入是非问、选择问句特殊格式以及被"的"名词化的用法在中级、高级教材中就已出现，但中级、高级作文语料中没有这些类型的用例。然而，学生作文中却产出了教材中未出现的分布特征，如"知道"在初、中、高三级教材中都未出现带选择复句的宾语用例，但从初级到高级的作文语料中，都出现带有明显选择关系标记的复句宾语的用例。

4.2.3　偏误用例情况考察

"知"组词整体的偏误类型，按出现频次的多少排序，即：冗余 > 误代 > 遗漏 > 错序。具体数据请见表 4 - 6。

表 4 - 6　中介语作文语料库中"知"组词的偏误类型及数量分布

词汇	级别	误代	遗漏	冗余	错序
知	初（共 7 例）	7 例	0	0	0
	中（共 2 例）	2 例	0	0	0
	高（共 6 例）	5 例	1 例	0	0

（续上表）

词汇	级别	误代	遗漏	冗余	错序
知道	初（共62例）	12例	15例	20例	15例
	中（共34例）	8例	11例	10例	5例
	高（共57例）	17例	12例	25例	3例

可以看出，"知"的偏误用例集中在误代偏误，占比高达93.3%；而遗漏仅见偶例，没有冗余、错序偏误。"知道"与"知"不同，它的偏误用例没有集中在某一偏误类型中，分布比较均匀，数量最多的是冗余偏误，占比35.9%，这一类型偏误因数量占有优势，成为"知"组词第一大偏误类型。"知道"的遗漏偏误和误代偏误也是较典型的偏误，分别占比24.8%、24.2%；相比之下，错序是"知道"的非典型偏误，占比15.0%。

接下来我们按照"知"组词整体偏误类型的排序，分别探讨"知""知道"的偏误情况。

4.2.3.1 冗余偏误

冗余偏误是"知道"数量最多的偏误类型，而"知"用例中未见冗余偏误。接下来我们只看"知道"的冗余偏误情况。

在"知道"冗余偏误的用例中，动词后"了"冗余是最主要的类型，有52例（94.5%）。它表现在两个方面上：一是"知道"肯定形式带宾语时，"知道"前有表示时间早晚的副词修饰或出现表示一般时态的时间词，同时"知道"后面加"了"；二是"知道"否定形式后面加"了"。前者有31例，后者有21例。"了"冗余的偏误初级有18例，中级有9例，高级有25例，从初级一直贯穿到高级，可见对于学生来说，避免这类冗余偏误有一定难度。

先看第一类"了"冗余的偏误用例。如：

（181）＊有时候他知道了杀了自己的妻子的犯人。（初级日本）

（182）＊我问司机先生才知道了，这辆汽车的终点站不是曲阜而且已经过曲阜半个小时了。（中级韩国）

（183）＊我知道了我在中国的时间应该多学习，多旅游，多了解这个多（几）千年厉（历）史的国家叫中国。（高级罗马尼亚）

"知道"这一表示"懂得某事实或道理"的心理动词具有泛时空性，

这从其否定形式只能是"不知道"而非"没（有）知道"就可以看出，这意味着"知道"在表层语言形式中不再带时态助词，第一节提到，只有强调从"不知道"状态到"知道"状态的变化结果时，才可以带"了"。例（181）（183）中都出现表示一般时态的时间词语；例（182）中出现时间副词，足以说明"知道"的状态。因而上述各例须去掉"了"句子才能成立。

再看第二类"了"冗余的偏误用例。如：

（184）＊我来中国以前<u>不知道了</u>南京这个城市。（初级韩国）

（185）＊<u>不知道了</u>为什么那么想搬走这座山。（中级未详）

（186）＊可是当时我基本上没有经验过跟女人谈恋爱，所以我真<u>不知道了</u>怎么解决这问题。（高级罗马尼亚）

"知道"否定形式"不知道"同其肯定形式一样，都具有泛时空性，可指过去、现在和将来。因而不能与表示动作完成义的"了"同现，因而上述各例去掉"知道"后面的"了"都成立。

在"知道"冗余偏误的用例中，除了占有绝对优势的"了"的冗余之外，还有 3 例表现为"知道"后面所带宾语中语言成分的冗余，这一点也表现在两方面上：一是表示原因的疑问代词与"原因""缘故"这样的名词在宾语中共现。此类偏误初级 1 例，中级 1 例。即：

（187）＊我知道你<u>为什么原因</u>在这儿。（初级韩国）

（188）＊我想知道他<u>什么</u>来中国的<u>缘故</u>。（中级印尼）

例（187）中"原因"冗余，应将它删去；例（188）中"什么"冗余，应将"什么"删去。

二是结构助词"的"的冗余，也可以把它理解为"知道"体词性宾语对谓词性宾语的误代，此类偏误有 1 例，分布在初级阶段。即：

（189）＊我不知道<u>她的怀孕</u>。（初级韩国）

上例语言形式上表现为"的"的冗余，实质上是体词性宾语对谓词性宾语的误代，应将标记名词性成分的助词"的"删去。

4.2.3.2　误代偏误

误代偏误是"知"最主要的偏误类型，几乎所有的偏误用例都集中在这一类中；而"知道"的误代偏误数量仅在其所有偏误用例中居于第三位。我们先看"知"的误代偏误情况。

在"知"误代偏误的用例中，误代表现为三大类：第一类是以"知"为语素的固化词语对其他词语的误代，无论是误代词语还是被误代词语，在语法上都是合乎规则的，却存在语义不当的问题，对学生来说，误代词语和被误代词语是易混淆词的关系，或二者之间包含相同语素，或二者之间有共同的某一语义特征。此类误代有 6 例，是"知"误代偏误中数量最多的一类，发生在中级、高级阶段。我们先看因包含相同语素而发生误代的偏误，有 2 例。即：

（190）＊现在在考试，只能这么写，<u>不知不觉</u>自己能得到几分。（中级越南）

（191）＊这里有许多鸟类和<u>无知</u>的野生动物。（高级韩国）

例（190）中"不知不觉"误代"不知"，学生将这包含相同语素的两个词等同起来，在四字短语"不知不觉"中，"不知"作为词内语素已不同于单音节词"知"的否定形式。例（191）中"无知"误代"不知"，学生对"无知"的理解就是将词内两个语素义简单相加，以此表达"不知名字"的意思。

以"知"为语素的固化词语对其他词语的误代，还包括因包含某一相同语义特征而发生的误代，有 4 例，都是"不知不觉"对其他词语的误代用例。如：

（192）＊提到海南岛我<u>不知不觉</u>地想起了那边当地人。（中级未详）

（193）＊他睡觉了，我就<u>不知不觉</u>地离开了他的办公室到我的办公室去了。（高级也门）

《现代汉语词典》（第 7 版，2016：113）对"不知不觉"的解释为"没有察觉到；没有意识到"。由它的词义可归纳出两个主要的语义特征，即［－自主性］和［－引起注意］。例（192）因"不知不觉"和"不由自主"都包含［－自主性］这一共同的语义特征，导致"不知不觉"误代"不由自主"。例（193）因"不知不觉"和"不声不响"都包含［－引起注意］这一共同的语义特征，从而发生"不知不觉"误代"不声不响"。此外，被误代的词也包含与误代词相同的语素"不"，这也在一定程度上增加了它们之间的混淆度。

第二类是"知"对"知道"的误代。有 5 例，主要出现在初级阶段，高级阶段仅见 1 例。从它们分布的用法类型来看，其中 3 例分布在带宾语的用法上，这也是"知""知道"最典型的句法分布。如：

（194）＊我想知中国，告诉我吧。（初级吉尔吉斯斯坦）

（195）＊在旅游期间遇到很多知其他国家的中国人，度过愉快的时间。（高级韩国）

上文提到，"知"肯定形式带宾语须满足一定的限制条件句子才能成立。"知"肯定形式带双音节或超三音节的宾语时，前面一般出现单音节状语修饰，而上述 2 例中"知"的前面并未出现状语，"知道"带宾语却不受这些条件限制，因而可将"知"改为"知道"。

学生语料中出现一项本族人不会使用的用法，即"知"省略其宾语（对象客体）；而"知道"后面可以省略宾语，且这一用法出现频率较高，此时可认为这是"知"误代"知道"。请看偏误用例：

（196）＊在我还不知的时候有一个朋友去中国留学。（初级尼泊尔）

"知"在现代汉语平面中的使用具有受限性，其中表现之一就是它必须与其对象客体共现，不能省略宾语。因此，在省略宾语的句法环境中，应将"知"改为"知道"。

第三类是留学生用"知"作语素的自造词对包含相同语素的词语的误代，这一类不同于第一类，第一类是语义不当而词语本身是合乎语法的，而此类自造词本身就不合语法，有 3 例，都出现在初级阶段。即：

（197）＊这本书给我很多知认。（初级韩国）

（198）＊我高中习知了中国的文化，打那儿非常关心中国了。（初级韩国）

（199）＊他在中国多年了，知通多了汉语。（初级越南）

例（197）学生自造"知认"，想表达"知识"的意思，是将"知识"和"认识"中的构词语素混淆的结果；例（198）自造词"习知"是对"学习"和"知道"的糅合，想表达的是这两个词的词义；例（199）自造词"知通"是对"知道""精通"两个词的糅合。以上这 3 例都属于词汇层面构词类型的偏误。

161

下面我们来看"知道"的误代偏误情况。

在"知道"误代偏误的用例中，数量最多的是"知道"对其他近义词或相关动词的误代，共有31例（83.8%），主要包括"知道"误代"了解"（13例）、"知道"误代"学习"（9例）、"知道"误代"认识"（5例）、"知道"误代"懂得"（4例）。此类偏误初级有10例，中级有7例，高级有14例。可见，随着学时等级的提高，偏误量总体上还呈U形变化曲线，"知道"与这些动词词义的异同对学生来说一直有习得难度。如：

（200）＊过了几天以后他给我打电话知道我的情况。（初级法国）

（201）＊我越知道中国就越喜欢中国。（中级韩国）

（202）＊虽然我对她都不知道，但她对我的好事，在我心里活活地记住那件事对我来说不能忘记。（高级韩国）

《现代汉语词典》（第7版，2016：820）对"了解"的解释为"①知道得清楚。②打听；调查"。上述各例都是"知道"对"了解"的误代，其中例（200）是"了解"的第二个义项，后2例都是第一个义项产生的误代。

（203）＊那时候你不当每天知道新词语，而是研究中国的文化，这是非常有意思。（初级俄罗斯）

（204）＊因为想知道厨艺，我来中国留学。（中级老挝）

（205）＊只有不断知道新技术，我们才不会落后。（高级日本）

《现代汉语词典》（第7版，2016：1 489）对"学习"的解释为"从阅读、听讲、研究、实践中获得知识或技能"。上述3例不管是从宾语搭配还是语境来说，都是"知道"对"学习"的误代。

（206）＊我知道一个朋友，每天早上他在球馆工作。（初级韩国）

（207）＊我喜欢旅游是因为能知道更多的朋友在路上。（中级意大利）

（208）＊我不知道你知道他，就不用介绍了。（高级越南）

《现代汉语词典》（第7版，2016：1 102）对"认识"的解释为"①能够确定某一人或事物是这个人或事物而不是别的；②通过实践了解、掌握客观事物"。例（206）（207）是"知道"对"认识"第一个义项的误代，例（208）是对第二个义项的误代。

（209）＊最初来中国学习没想到有很大的压力，因为要跟中国学生一起学习怕上不好，再说我汉语不完全<u>知道</u>，英语也不太会，会发生很多困难。（初级未详）

（210）＊他们觉得我们不<u>知道</u>汉语，在旁边笑我们。（中级坦桑尼亚）

《现代汉语词典》（第 7 版，2016：312）对"懂得"的解释为"知道（意义、做法等）"。"懂得"和"知道"在词语解释上是辗转互训，二者的细微差别在于"懂得"比"知道"的程度更深一步。

在"知道"误代偏误的用例中，"知道"否定形式的否定词"没"对"不"的误代，此类有 4 例，其中初级 2 例，中级、高级各 1 例。如：

（211）＊因为中文我什么都没认识了，我什么都<u>没知道</u>。（初级斯洛文尼亚）

（212）＊我有感觉我<u>没知道</u>我是人、异形、动物。（初级波兰）

（213）＊我离开了家的时候有一些不太好的感觉，因为我<u>没知道</u>在中国的生活怎么样。（高级德国）

由于"知道"具有泛时空性，其否定形式只能由"不"否定，因此上述各例都应改为"不"。

此外，还有 2 例是"知道"肯定形式对其否定形式的误代，此类偏误的特点在于宾语部分都出现正反问的特殊格式表示不确定的信息，学生误以为后面宾语中存在不确定信息，就意味着表示主句谓语"知道"的否定形式，因而前面就可以用"知道"的肯定形式，此类偏误都发生在高级阶段。即：

（214）＊其实那时候我很想拍照片，可是我<u>知道</u>在飞机上拍照片的行不行。（高级韩国）

（215）＊我<u>知道</u>她来不来，所以我得打电话给她。（高级韩国）

4.2.3.3 遗漏偏误

我们先看"知道"的遗漏偏误用例。

"知道"的遗漏偏误数仅次于冗余偏误，但其遗漏类型表现单一，即在"知道"否定形式所带的宾语中，遗漏表示不确定义信息的语言形式，具体可细分为疑问代词的遗漏、选择问关联标记"还是"的遗漏、正反问标记"是否"的遗漏。我们先看疑问代词遗漏的偏误。

疑问代词遗漏主要表现为"怎么""什么"的遗漏，都发生在初级阶段，共有8例。如：

（216）＊我也不知道∧跟爸爸妈妈说，所以我一直没告诉他们。（初级喀麦隆）

（217）＊我不知道发生∧事情了，匆匆回家了。（初级韩国）

例（216）遗漏"怎么"，例（217）遗漏"什么"。

选择问句的关联标记"还是"的遗漏，以初级阶段（4例）居多，少量分布在中级（2例）、高级（1例）阶段。如：

（218）＊我们都在想，不知道坐公车∧走路去学校。（初级未详）

（219）＊我和我的舍友常常争吵，周末的时不知道看电影∧去到外面玩。（中级韩国）

（220）＊周末我在宿舍里，不知道睡觉∧吃饭。（高级韩国）

正反问标记"V$_否$"的遗漏，有时也仅表现为"否"的遗漏，此类遗漏少量分布在初级阶段（3例），多分布在中级（9例）、高级（12例）阶段。如：

（221）＊为了他的爱，我也想在北京工作，我们想以后也在一起，这是我们的一个思想，不知道我们能∧得（达）到目的。（初级韩国）

（222）＊我也不知道到南京的时候我的朋友∧看得出来我。（中级意大利）

（223）＊我也不知道∧达到他的目的，他最后对我笑了笑。（高级乌克兰）

例（221）遗漏"否"，例（222）（223）遗漏"是否"。

接下来看"知"的遗漏偏误。

"知"的遗漏类型跟"知道"相同，也是其否定形式所带的宾语中，表示不确定义信息的语言形式的遗漏。只有1例，发生在高级阶段。即：

（224）＊不知我的朋友会∧来接我，我心里有点害怕。（高级韩国）

根据后半句语义，我们认为前半句应该表示为一种不确定的信息，故而认定遗漏"V 不 V"的正反问格式,原句应在"会"后面加上"不会"。

4.2.3.4 错序偏误

只有"知道"存在错序偏误。"知道"错序偏误的用例表现在两个方面:一是宾语部分中疑问代词与动词的错序;二是"知道"与宾语(对象客体)的错序。

宾语部分中疑问代词与动词的错序主要分布在"知道"的否定形式中,学生将"不知道"与疑问代词连用之后,再接宾语部分的谓语动词,这就导致作宾语的疑问代词与谓语动词错序。疑问代词"什么""哪"不同于"怎么""为什么",前者作宾语,只能放在动词后,后者作状语,放在动词前。这类错序有 15 例,其中初级 9 例、中级 3 例、高级 3 例。如:

(225) *有好多年我想离开法国,但是那个时候不知道<u>什么地方去</u>。(初级法国)

(226) *朋友们都在写明信片,我不知道<u>什么写</u>。(中级韩国)

(227) *这时候,我真不知道<u>什么做</u>,一直站着,心里自己怪自己。(高级未详)

"知道"与宾语(对象客体)的错序,可再细分为两类:第一类是有对象介词作介引的对象客体与"知道"的错序,初级 4 例,中级 2 例。如:

(228) *我<u>不知道对这个问题</u>。(初级韩国)

(229) *我<u>不知道对于考试的时间</u>。(中级越南)

对象客体前面出现对象介词时,它们就不能再作"知道"的宾语,必须将介宾结构前置。上述 2 例应分别改为"对这个问题我不知道""对于考试的时间我不知道"。

第二类是没有对象介词作介引的对象客体与"知道"的错序,此类都发生在初级阶段,有 2 例。即:

(230) *我刚来中国,还是一个<u>汉语不知道</u>的人。(初级韩国)

(231) *她<u>我的地址知道</u>以后寄一封信,还有一件礼物。(初级韩国)

4.2.4 教学建议

根据中介语作文语料库中的习得情况，"知"组词中"知"存在使用量不足的情况，"知道"存在超量使用的情况。"知"还存在不该使用却使用的情况，如对"知道"的误代；而"知道"虽然超量使用，但依然存在某些用法缺失、常见用法中用例数较少的情况。总的来说，"知""知道"的习得情况较为理想。对"知"来说，误代是其偏误集中分布的类型。以"知"为语素的固化词语，主要是"不知不觉"对其他词语的误代占有优势比重，这包括因二者含有共同语素而误代或二者具有相同的语义特征而误代。此外，"知"对"知道"的误代虽不是最典型的误代类型，但也可以看出学生因二者包含相同的语素或句法特征而产生误代偏误。对"知道"来说，偏误用例的分布较为均匀，冗余、误代、遗漏偏误都较典型。学生因不了解"知道"的泛时空性，或在句子中多加了动词后"了"，或在"知道"的否定形式中用"没"误代"不"；学生作文语料中未发现"知道"误代"知"的偏误，但存在"知道"对"了解""学习""认识""懂得"等词的误代；"知道"否定形式所带宾语中表不确定信息的语言形式的遗漏也是"知道"出现数量较多的偏误。

对"知"组同素同义词的教学，我们认为，首先，现代汉语平面中单音节词"知"的存在方式，特别是使用"知"肯定形式带宾语时须满足的限制条件，是教授"知"的重点，要告诉学生什么情况下"知"可以替换成"知道"；以"知"为语素构成的四字短语要注意与其他四字短语在使用语境语义方面进行区分。其次，强调"知道"的泛时空性，引导学生使用"知道"时慎用词尾助词"了"，并识记其唯一的否定形式"不知道"。再次，区分"知道"和"了解""学习""认识""懂得"等词在词义上的区别。最后，指出"知道"否定形式所带宾语中出现疑问代词、选择问关联词"还是"或正反问特殊格式时表示不确定的信息。

本章小结

本章探讨的要点归结如下：

（1）受汉语双音化的影响，单音节词"知"在现代汉语平面中的使用是受限、不活跃的。"知"与其包含同一语素的双音节同义词"知道"在实际语言运用中的地位有较大差异，然而"知"的独立存在地位并未完全取消，二者组成的"知"组词不同于前面的"变"组词、"忘"组词，其单音节词带有鲜明的文言色彩，尚独立使用于现代汉语中，这组词是现代汉语中共存使用的同素同义单双音节动词的一个典型类别，且这组词是使用频率最高的心理动词，因而我们将其作为研究对象。"知""知道"的共性用法涵盖了"知"的全部用法，同时在"知道"中占有优势比重，二者相互纠葛的程度比"帮"组词深入。然而，学生作文语料中"知""知道"混淆的情况并不严重。

（2）"知""知道"在句中充当谓语成分是二者最主要的句法功能。"知"除了偶例，"知道"的全部用例都充当谓语。二者共性的句法特征，按总体出现频率高低排序，分别是：直接带宾语；宾语（对象客体）前置；被"所"名词化；在复杂定语中分布，修饰的中心语是其对象客体。其中直接带宾语是二者最主要的句法分布。"知道"独有的用法，按出现频率高低排序，分别是：后面省略宾语，独立使用；分布在是非问、正反问句特殊格式中；直接带补语；被助词"的"名词化。其中可省略宾语是"知道"仅次于直接带宾语的用法，从"知道"独特的句法分布中可以看出，"知"不具备这些句法功能的原因在于其自身须与对象客体共现的属性。

（3）"知"肯定形式带宾语具有使用条件，而其否定形式的使用较为自由，因而其否定形式的出现频次远多于其肯定形式。"知"肯定形式带宾语的限制条件可概括为：没有状语修饰及动宾之间没有逗号隔开（语音停顿）的情况下，主语音节数量制约了句子的合法性，只有单音节主语后面能选择"知"作谓语动词。而一旦出现了状语成分，就消除了主语音节数量的制约，状语修饰"知"的音节关系中，且只有"知"处于［1＋1］的音节微组合模式中，"知"才能替换"知道"；而"知道"除了不能作"心""自"的谓语外，其使用是没有条件限制的。此外，二者搭配的宾语音节数量跟我们惯常的认识有所抵牾。二者所带的体词性宾语中，多音节宾语皆占过半优势。总体上，对于"知"来说，单音节宾语的数量是最少的；对于"知道"来说，双音节宾语的数量较少。

（4）在"知道"进入是非问、正反问特殊格式的用例中，形成了以"知道吗""知道不知道"为典型的话语标记，目前学界尚未对其中的"知道不知道"作专项研究。"知道"这一正反问句的特殊格式多分布在消极负向的语境中，主句衍生出斥责批评的言语功能，此时"知道"正反问句的疑问悬空，说话人倾向于认为对方选择否定项，因而并不期待对方作出选择性应答。即说话人认为对方应该知道某事，但实际上对方并不知道，从而令说话人对此进行斥责批评。此外，省略宾语的"知道"出现在应答话语中的句首位置时，"知道"一词还衍生出赞同对方陈述的观点或遵行对方命令请求的功能。

（5）中介语作文语料库中反映出的"知"组词的习得情况较为理想。"知"的偏误集中在以"知"为语素的固化词语上，主要是"不知不觉"对其他词语的误代；"知道"的偏误主要表现为词尾助词"了"的冗余，"知道"对近义词或其他相关词语的误代、其否定形式所带宾语中表不确定信息的语言形式的遗漏等。"知""知道"二者虽然存在"知"单向误代"知道"的偏误，但数量较少。对此，在教学中，我们认为，对"知"来说，重点讲授现代汉语平面中"知"的高频句法分布，对其句法成立的限制条件要特别关注，同时要在与其他易混淆词语的区别中对"不知不觉"等四字短语的词义及使用语境进行讲解。对"知道"来说，要强调"知道"的泛时空性，使学生使用"知道"时慎用词尾助词"了"，注意区分"知道"与"了解""学习""认识""懂得"等词在词义上的区别。此外，还要强调"知道"否定形式所带宾语中出现疑问代词、选择问关联词"还是"或正反问特殊格式时表示不确定的信息。

第 5 章

「帮」组同素同义词习得研究

单音节词"帮"和双音节词"帮助""帮忙"（合称"帮"组同素同义词）是一组含有共同语素的动作动词。《现代汉语词典》（第7版，2016：39，40）对"帮"的解释为"帮助"，对"帮助"的解释为"替人出力、出主意或给以物质上、精神上的支援"，对"帮忙"的解释为"帮助别人做事，泛指在别人有困难的时候给予帮助"。可见，它们的基本义大致相同，其施事主体既可直接参与到某一行为活动中，也可从旁支持，实际上并未直接参与。

由于"帮"组同素同义词意义及用法方面的易混淆性，一些外向型的词典工具书对它们进行简单的比较。孟琮等主编的《汉语动词用法词典》（1999：11 - 12）列出：①"帮""帮助""帮忙"都可以带时态助词"了/着/过"，跟动/时量补语、结果补语、趋向补语；②"帮"和"帮助"还可以带名词宾语、双宾语，进入兼语结构，有重叠形式；③"帮"还能跟结果补语加宾语的形式，"帮忙"前还能加"很"，"帮助"还能跟动词宾语。王还主编的《汉语近义词典》（2005：27，462）列出：①"帮"常带直接宾语（指人）和间接宾语（指从事某事务），间接宾语也可以指钱物等；②"帮忙"与"帮"一般不能互换；③"帮助"可以组成兼语句、连动句，"帮助"较少作定语，但可说"帮助的时候""帮助的方式"。

在"帮"组同素同义词辨析的论文中，值得一提的是彭越（2014）就"帮""帮助"两词基于语料库的专门比较研究，该文在句法方面的分析中，对二者作主语、宾语、定语、所带宾语、补语情况作了全面的对比。然而，该文首先存在分类失当的问题，如：特殊句式中居于主语位置上的"帮"认定为具有主语的句法功能；在复杂定语中出现的"帮""帮助"就直接看作其作定语的用例；"帮"带动量补语划归为其带宾语等。其次，该文并未对它们充当相同句法功能时的音节组合、词语搭配、语体分布及句法特征作细化探讨。

以上是对目前研究成果的简要概括，但这些研究都总结得含糊笼统，我们依然无法得知"帮"组同素同义词在相同句法特征条件下的分布倾向性及用法差异，各成员在充当句法成分的能力、句法搭配功能、音节搭配规则等方面不同的规律。因此，本章拟在本体规则比较研究的基础上来考察留学生的使用情况，从而深化对这组词本体规则及留学生习得情况的研究，提出有效的语法规则解释及相应的教学建议。

5.1 "帮"组词句法功能的比较

在 400 万字现代汉语语料库中,"帮"组同素同义词共检索到 1 096 例,其中单音节词"帮"有 600 例,占所有用例数的 54.7%;双音节词"帮忙"有 305 例,占比 27.8%;而"帮助"有 191 例,仅占比 17.5%。可见,这组词与"变"组词一致的是,单音节动词占有过半优势,另外两个双音节动词的使用频率受到单音节动词的抑制。邓守信主编的《汉英汉语常用近义词用法词典》(1996:16)指出,"帮助"是书面的、正式的,"帮""帮忙"是口语的、非正式的。我们从它们分布的文体来看,"帮""帮忙"主要分布在对话等高度口语化的文体及报刊、小说等口语色彩浓厚的事件叙述型文体中,而"帮助"主要分布在政论、科教、散文等高度书面化的文体及演讲、访谈等正式场合的语境中,即在书面化显豁的文体中,"帮助"相对"帮"来说是有使用优势的,特别是在正式语体的特定句法语义结构中,"帮"无法替代"帮助",这将在下文进行论述。可见,"帮助"具有典型的书面语色彩,而"帮""帮忙"的书面化程度并不高。

在检索到的"帮"组同素同义词用例中,"帮"在其 600 个例子中都作谓语成分,没有作非谓语的句法功能,这正如张国宪(1989)所指出的单音节动词只适宜陈述、双音节动词极易指称的功能特点。"帮助"作谓语成分的有 143 例(74.9%),作中心语的有 11 例(5.8%),作宾语成分的有 37 例(19.4%);"帮忙"作谓语成分的有 294 例(96.4%),作宾语成分的有 11 例(3.6%)。可见,"帮"组同素同义词中,单音节词"帮"作为动词的属性最为纯粹,它的动性特征更为明显,相较于两个双音节词,"帮"更普遍地具有动词的无标记功能,因而它具有"原型"特点。

5.1.1 充当谓语差异

充当谓语是"帮"组同素同义词的典型句法功能。在它们作谓语成分的用例中,"帮""帮助"后面带体词性宾语的用法是这二者占比最多的句法共性,这一用法在这两词充当谓语功能中占绝对优势。后面带谓词性宾语的用法及以光杆形式受状语修饰的用法是"帮""帮助""帮忙"三个词同时具有的两种用法,这也是"帮"组词全部成员的句法共性,但所占比重都较低。其他有共性的句法分布所占比重都较低,且都不再囊括三个词,一般仅存在于两个词之间,这包括:①"帮助""帮忙"以光杆形式进入连谓结构的后一个动词位置;②"帮""帮助"后面带补语;

③ "帮" "帮忙" 以光杆形式单独作谓语以及二者进入固定的句法框架；④无法囊括两个词中的句法共性，即拥有独特用法的 "帮" 组词成员 "帮忙"，其所独具的用法：一是其离合词的离析形式；二是其前面出现关涉对象的介宾短语。

"帮" 组同素同义词在共性的句法特征下各自的搭配规律和使用倾向是本节论述的重点。按其句法共性所占比重之大小，我们依次探讨它们带体词性宾语、带谓词性宾语、前面仅有状语修饰、带补语、光杆形式单独作谓语及以光杆形式参与其他动词性成分共同作谓语的用法差异。最后，我们再分别论述 "帮" 组词成员的独特用法。

5.1.1.1　"帮" "帮助" 占绝对优势的句法共性的比较

带体词性宾语是 "帮" "帮助" 充当谓语句法功能最主要的用法，"帮" 有529例（88.2%），"帮助" 有115例（80.4%），它们的使用比重都高达80%以上，可见二者的及物程度都相当高。从表层句法形式来看，此类还可进一步细化：一是它们都仅带体词性宾语，没有后接成分；二是它们都先带体词性宾语，后接动词性成分；三是它们都先带一个名词性成分，再接另一个名词性成分，从而形成双宾语结构；四是 "帮" 先带体词性宾语，后接数量补语，而 "帮助" 没有这类用例。

1. 仅带体词性宾语，没有后接成分

此类 "帮" 有104例（19.7%），"帮助" 有36例（31.3%），可见，虽结构形式最为简单，但二者的使用频率都较低，都属于带体词性宾语一类中的非典型用法。如：

（1）a. 帮你　帮帮你　帮一帮你　帮了你　帮过你

b. 帮助你　帮助了你　帮助过你

c. 帮别人　帮帮咱们　帮一帮儿子　帮了爸爸　帮过大家　帮着他们

d. 帮助别人　帮助你们　帮助了你们　帮助过你们　帮助着他们

e. 帮一个小镇子上的姑娘　帮帮我孩子　帮一帮那老人　帮了我们所有人　帮过我家人　帮着这家人

f. 帮助一个同志　帮助了一个同志　帮助过一个同志　帮助着条件困难的罪犯

例（1）a、c、e句中 "帮" 分别带单音节、双音节及多音节宾语，"帮" 可以重叠、共现时态助词 "了" "过" "着"，其中当 "帮" 带单音节宾语时不能共现 "着"；例（1）b、d、f句中 "帮助" 分别带单音节、

双音节及多音节宾语,"帮助"没有重叠形式,可以共现时态助词"了""过""着",其中当"帮助"带单音节宾语时不能共现"着"。从"帮""帮助"所带体词性宾语的语义特征来看,它们的宾语必须具有〔+有生性〕的特点。

"帮""帮助"后面宾语的音节数量存在一定程度的倾向性差异。具体来说,宾语为单音节词的数量都是最多的,且这些单音节宾语都是代词,如例(1)a、b句,其中"帮"有 68 例(65.4%),"帮助"有 15 例(41.7%)。"帮"搭配双音节宾语的数量居于其次,有 27 例(26.0%),如例(1)c句;而"帮助"搭配多音节宾语的数量位列第二,有 13 例(36.1%),如例(1)f句。"帮"后宾语为多音节词的数量最少,仅有 9 例(8.7%),如例(1)e句;而"帮助"后宾语是双音节词的数量却是最少的,仅有 8 例(22.2%),如例(1)d句。二者搭配的双音节、多音节宾语包括表人的一般名词、代词及专有人名。

表 5 - 1   "帮""帮助"后面仅跟体词性宾语音节数量情况

词汇	单音节宾语	双音节宾语	多音节宾语
帮	68 例(65.4%)	27 例(26.0%)	9 例(8.7%)
帮助	15 例(41.7%)	8 例(22.2%)	13 例(36.1%)

由表 5 - 1 可见,首先,"帮""帮助"都是优先选择搭配单音节宾语,但单音节词"帮"更倾向于搭配单音节代词宾语;其次,它们与双音节宾语搭配无明显倾向性,但单音节词"帮"相对倾向于搭配双音节宾语;最后,它们与多音节宾语的搭配有显豁差异,长度较长的宾语优先选择"帮助"。

以上考察的仅为"帮""帮助"以光杆形式搭配不同音节体词性宾语的情况。在实际书面语、口语表达中,"帮""帮助"带体词性宾语的音节数还会受前面状语的音节数、动态助词或"帮"重叠式等因素的影响。鉴于此,我们扩大考察范围,发现以下几点:

第一,整体上"帮""帮助"前面出现状语的频率都较低,且出现的状语以单音节词居多。对"帮"来说,随着后面体词性宾语音节数由少到多的变化,"帮"前面状语的出现频率也由低到高,但都不占优势比重。如:

(2)你这孩子可真是的,真要没人帮你,你连饭都吃不上。

（3）别处人说是福星爷财神爷下凡，咱这块儿说，是李龙爷派出专帮好人的小龙爷。

（4）要帮这一大家子，担子可不轻啊！

对"帮助"来说，其前面不出现状语的总体倾向性要强于"帮"，"帮助"仅在搭配单音节宾语时，出现状语的比重才略占优势，而它在搭配双音节宾语时，前面没有状语的倾向性最强，其次为它搭配多音节宾语。简而言之，"帮""帮助"都搭配单音节宾语时，"帮助"前面出现状语的倾向性强于"帮"；二者在搭配双音节、多音节宾语时，"帮"前面出现状语的倾向性强于"帮助"。如：

（5）大家一想到我受伤又看不到就觉得要帮助我。

（6）请问有什么可以帮助您的吗？

（7）儿子如此节约，但在帮助别人上却十分大方。

（8）虽然自己家里也不是太富裕，但是帮助像这样的老人还是没有问题的。

第二，"帮""帮助"与动态助词共现的比重都较低，且"帮"还低于"帮助"。"帮""帮助"在与"着"共现时，表现出显著的使用倾向性，即"帮"和"着"共现的频率远远高于"帮助"。"帮"带动态助词倾向于搭配双音节宾语；而"帮助"带动态助词后对宾语音节数的选择并没有倾向性。如：

（9）大哥，怎么办？您得帮着我们。

（10）他们在不给各自的阵营造成损害的前提下，秘密地、机智地、帮助着朋友。

（11）民警们在严格管理的同时，也无私地帮助着条件困难的罪犯。

第三，"帮"仅带体词性宾语时，"帮"出现了重叠式，此时时态助词不会与之共现。随着"帮"体词性宾语音节数由少到多的变化，"帮"重叠式出现的频率也由低到高。带单音节宾语时，"帮"重叠式的前面倾向于不出现状语；带双音节、多音节宾语时，"帮"重叠式的前面没有是否出现状语的倾向性，若出现状语，以单音节词居多。如：

（12）希望大家帮帮他！

（13）如有机会，请帮一帮他们。

（14）我想要帮帮这孩子。

关于单双音节动词和宾语音节数量搭配的规律，目前学界基本达成共识，即单音节动词和宾语的搭配遵循 [1+1]；双音节动词和宾语的搭配遵循 [2+2]。张国宪（1990）指出，在音节选择上单音节动作动词自由，而双音节动作动词则受到限制，在表示动宾关系的"动+名"结构中一般不存在 [2+1] 音组模式的动宾短语。冯胜利（2005）基于"动词中心的重音范域"原则指出 [2+1] 式动宾结构的非法性。吴为善（2006：38-39）从认知域和语域的关系出发，提出 [1+1] 和 [2+2] 是动宾关系的常规形式，是无标记的；而 [1+2] 和 [2+1] 都是有标记的。我们从"帮""帮助"带体词性宾语音节数的倾向性上看，单音节的"帮"确实多与单音节宾语搭配，而双音节的"帮助"却没有和双音节宾语搭配的比重优势，反而也是与单音节宾语搭配的比重更占优势。即"帮"遵循 [1+1][1+2] 的动宾音组模式；"帮助"遵循 [2+1] 的动宾音组模式。这与学界共识有所抵牾，普遍认同的非常规形式 [1+2][2+1] 却分别在"帮""帮助"中频繁出现。然而，这两种音组模式的常规化是由前项状语、动词词形变化、附加助词等方式辅助完成的。对于"帮"来说，在 [1+2] 动宾结构中，一是"帮"前边增加单音节状语形成 [1+1+2] 式；二是"帮"选择其重叠式或后边附加"着"，以填充与双音节宾语相协调的动词音节空位，形成 [（1+1）+2] 式。对于"帮助"来说，在 [2+1] 动宾结构中，前面出现单音节状语的情形占有优势，此时形成 [1+2+1] 式。不管是 [1+1+2] 式、[（1+1）+2] 式还是 [1+2+1] 式，它们都是四个音节稳固的音组模式，而这正是上文扩大考察范围后发现"帮""帮助"搭配体词性宾语规律的深层原因。

对于"帮""帮助"来说，动作行为的 [+自主性] 是二者语义特征的共性，因而"来/去"能够加在它们的前面，形成"来/去"与二者动宾结构的组合，在我们的语料中就发现这样的用例，其中"帮"有4例（3.8%）、"帮助"有5例（13.9%）。如：

（15）等你毕业了，你来帮爸爸。

（16）他是自愿来帮助我们的。

2. 先带体词性宾语，后接动词性成分

"帮""帮助"先带体词性宾语，后接动词性成分是二者带体词性宾语

一类中的典型用法。如：

（17）这句话有点博大精深，麻烦你帮我逐字逐句解释一下。

（18）阅读这样的经典也就能够帮助我们更好地认识自己，促进我们的自我反思和思想解放。

此类"帮"有 397 例，占其带体词性宾语所有用例数的 75.0%，占"帮"充当谓语成分所有用例数的 66.2%；"帮助"有 78 例，占其带体词性宾语所有用例数的 67.8%，占其充当谓语成分所有用例数的 54.5%。可见，此小类也是"帮""帮助"二者作谓语成分时的典型用法①。其中"帮"相较于"帮助"来说，更常见于此。

"帮""帮助"先带体词性宾语，后接动词性成分，组成了线性句法序列"$NP_1 + VP_1$（帮/帮助）$+ NP_2 + VP_2$"。那么，它们进入相同的词类线性序列，在表层形式一致的情况下，语义是否相同，差异又是什么？根据语言经济原则，一般同形异构是常态。我们基于大量用例考察，发现在相同的语言表层形式下，"帮"与 NP_1 的语义关系及其他各项成分间的语义关系，是和"帮助"有较大差异的。

表 5 - 2　"帮""帮助"相同词类线性序列的句法语义框架

句法语义框架	帮	帮助
A：S［施事］－ VP_1 － NP［受事］－ VP_2	371 例（93.5%）	3 例（3.8%）
B：S［致事］－ VP_1 － NP［使事/施事］－ VP_2	21 例（5.3%）	74 例（94.9%）
C：S［施事］－ VP_1 － NP［受事/施事］－ VP_2	5 例（1.3%）	1 例（1.3%）

从表 5 - 2 可知，在相同词类线性序列中，"帮""帮助"在 A 式、B式两类语义框架上基本呈对立分布状态，即"帮"进入这一句法序列时，属于 A 式的语义功能占绝对优势比重；而"帮助"则属于 B 式的语义功能占绝对优势比重。融合 A 式、B 式语义特征的 C 式，"帮""帮助"的比重极小。

在"帮"高频分布的 A 式，主语 S 不仅是"帮"的施事，同时也是后续的 VP_2 的施事；而 NP 仅作"帮"动作涉及的对象，与后续的 VP_2 没有

---

① 其中关于"帮"先带体词性宾语，后接动词性成分的句法分布，郭曙纶（2011，2012，2014）在不同论文中先后指出这是"帮"字的优势句型。我们的语料统计也支持这一观点。

直接语义关系。根据"连动句"的定义——"谓语由两个或两个以上动词构成，在动词短语中间没有停顿，也没有关联词语，两个动词短语共用一个主语"（刘月华等，2001：701）以及连动句中各短语间的语义关系——"主语是各连用动词或动词性短语的施事"（张斌，2010：462），我们可以判定，"帮"占绝对优势比重的这一句法分布属于连动句。例（17）中主语 S"你"既是"帮"的施事主语，也是 VP$_2$ 中主要动词"解释"的施事主语。此时"帮"和 VP$_2$ 所陈述动作的施事主语在语义特征上以［＋有生性］居多，这是"帮"进入这一句法序列中对于前项主语的语义要求。我们在"帮"的这类用例中，还发现两种有特殊标记的小类：一是"帮"和体词性宾语中间插入时态助词"着"，有 10 例（2.7%）。如：

(19) 下班回来，<u>我就会帮着家里做做家务</u>。

二是这一句法序列中 VP$_2$ 的位置是由"帮"作主要动词充任的，此时形成了"帮"字重动句，有 4 例（1.1%）。如：

(20) 大家老同学一场，<u>总要帮人帮到底</u>！

例（19）中，"我"是"帮着家里"的施事主语，同时也是"做做家务"的施事主语。例（20）中，前一个"帮"的施事主语和后一个"帮"的施事主语是同一个，在语境中省略掉了。

以上带有标记词的两小类，是"帮助"进入这一相同词类线性序列时不具备的。

在"帮助"高频分布的 B 式，主语 S 是"帮助"所陈述动作发生的致事，NP 语义角色较为复杂，既作前面致使力作用对象的使事，又兼具后续 VP$_2$ 动作的施事。此时，主语 S 与后续的 VP$_2$ 没有直接语义关系，这是与"帮"进入这一句法序列时最显著的语义差异。根据"兼语句"的定义——"兼语句的谓语是由一个动宾短语和一个主谓短语套在一起构成的，谓语中前一个动宾短语的宾语兼作后一个主谓短语的主语"（刘月华等，2001：708）以及兼语句语义关系的重要特点——"兼语谓语句的主语在语义结构里通常与 V$_1$ 发生语义关系，充当主语的词语常常是 V$_1$ 的施事；而与 V$_2$ 一般不发生语义关系"（张斌，2010：466），由此我们判定，"帮助"占绝对优势比重的这一句法分布属于兼语句。游汝杰（2002）重新归纳的 11 类兼语动词中，列出"帮""帮助"属于"协助"类的兼语动词。而通过我们的数据统计，发现"帮助"是典型的兼语动词，相比之下，"帮"进入兼语动词位置是出现频率较低的。例（18）中主语 S"阅读经典"的事件仅作引发"帮助"这一动作的致事，后面的 NP"我们"既是"帮助"作用到的使事，又是后续 VP₂ 中主要动词"认识"的施事。此时主语 S 在语义特征上以［－有生性］居多，这是"帮助"进入这一句法序列中对于主语成分的语义要求。

"帮""帮助"前项主语语义特征及 VP₂ 动作施事指向的显著差异，使得同一句法线性序列在"帮""帮助"的参与下基本走向不同的句式，然而二者却并非泾渭分明①。我们发现在这个句法线性序列中存在少数的例外情况，这也说明语言现象在现实中是复杂的，同形异构的经济性同时纠葛同形同构的多样性。在"S＋帮/帮助＋NP＋VP₂"的句法序列中，"帮"有 21 例（5.3%）属于兼语句，"帮助"有 3 例（3.8%）属于连动句。此外，二者还分别有 5 例、1 例既可算连动句又可算兼语句。我们先看"帮"兼语句、"帮助"连动句的用例。如：

（21）庄则栋就是个进攻型选手，<u>这种喜欢挑战不服输的性格帮他度过了"文革"后的逆境</u>。

（22）你躺着别动，<u>现在我能帮助你做点什么</u>？

例（21）中主语 S"这种喜欢挑战不服输的性格"是 V₁"帮"的致事，后续 VP₂ 中主要动词"度过"的施事是 NP"他"，而非主语 S，即此例"帮"进入的这个句法线性序列属于兼语句。例（22）中主语 S"我"既是 V₁"帮助"的施事，也是 VP₂ 中主要动词"做"的施事，NP"你"只是"帮助"的受事，和后续动词"做"没有发生语义关系，即此例"帮助"分布在连动句中。在"帮/帮助"先带体词性宾语，后接动词性成分的句法序列中，"帮"通常分布在连动句中，"帮助"通常分布在兼语句中，因而上述 2 例，例（21）完全可替换成"帮助"，例（22）完全可替换成"帮"。例（21）中的兼语句之所以选择"帮"，与其后宾语的音节搭配倾向性有关；例（22）中的连动句之所以选择"帮助"，与说话人郑重严肃征询对方，提供或寻求"帮助"行为有关。

接着看"帮""帮助"分布的既算连动句又算兼语句的用例。"帮/帮助"具有表示从旁支持并参与到某一活动中的语义，假如后续的 VP₂ 具有［＋协同性］的语义特征，这样，主语 S 不仅作"帮/帮助"的施事，而且它和 NP 共同作后续动作的施事，从而可以判定"帮""帮助"分布的是

---

① 郭曙纶（2011）将"帮"在这一句法线性序列中的分布统归为连动句。

连动、兼语相融合的句子。此时主语 S、NP 均需满足〔＋有生性〕。这类同"帮"分布在兼语句中、"帮助"分布在连动句中一样，数量极少，都属于"帮""帮助"分布较少的句式。但二者相较之下，"帮"比"帮助"略占优势，这与"帮"多〔＋有生性〕的主语有关。如：

（23）但是她硬要来插一杠子。首先，根本没人想请她帮我们打架。

（24）海盗们不仅能促成英国与海洋的"联姻"，（海盗们）还能帮助英国政府对抗海洋强敌。

上述 2 例中，首先，"帮/帮助"的主语"她""海盗们"都具有〔＋有生性〕，同时后续动词"打架""对抗"都具有〔＋协同性〕，根据上文语境，例（23）可理解为"她帮助我们，她和我们一起与别人打架"；例（24）可理解为"海盗们帮助英国政府，海盗们和英国政府一起对抗海洋强敌"。由于例（24）中的前分句是双音节词"促成"，故选择音节数量相同的双音节词"帮助"，否则单音节词"帮"的选入性更高。

"帮""帮助"先带体词性宾语，后接动词性成分的最大差异除了二者表达基本迥异的语义功能之外，还有后面体词性宾语的音节数量倾向性差异以及动词性成分中主要动词的差异。我们先来比较二者体词性宾语的音节数量差异，见表 5－3。

表 5－3 "帮""帮助"不同语义功能分布中体词性宾语音节数量情况

句法语义框架		单音节宾语	双音节宾语	多音节宾语
A：S〔施事〕－VP₁－NP〔受事〕－VP₂（连动句）	帮	311 例（78.3%）	45 例（11.3%）	15 例（3.8%）
	帮助	2 例（2.6%）	0	1 例（1.3%）
B：S〔致事〕－VP₁－NP〔使事/施事〕－VP₂（兼语句）	帮	15 例（3.8%）	4 例（1.0%）	2 例（0.5%）
	帮助	7 例（9.0%）	45 例（57.7%）	22 例（28.2%）

（续上表）

句法语义框架		单音节宾语	双音节宾语	多音节宾语
C：S［施事］－VP₁－NP［受事/施事］－VP₂（连动、兼语融合）	帮	3 例（0.8%）	1 例（0.3%）	1 例（0.3%）
	帮助	0	1 例（1.3%）	0

"帮""帮助"先带体词性宾语，后接动词性成分这一类用例中，二者与其后紧邻的体词性宾语，在音节搭配上以学界共识的［1+1］［2+2］占优势地位，这与"帮""帮助"仅带体词性宾语的用法有所不同。"帮"与体词性宾语［1+1］搭配组合集中分布在"帮"的强势句式——连动句中；而"帮助"［2+2］动名搭配组合倾向于分布在"帮助"的强势句式——兼语句中。可见，越是占优势比重的句法语义分布，越能凸显其动名搭配的优势音节组合类型。

对"帮"来说，其与单音节宾语搭配占绝对优势，这在"帮"分布的三类句法语义序列中均有体现；"帮"一般极少与多音节宾语搭配，这在其分布较少的句式中体现得更加明显。对"帮助"来说，它与双音节宾语搭配占有优势，但不及"帮"搭配单音节宾语所占的比重，且并非在三类句法语义序列中都占优势；"帮助"与多音节宾语搭配的比重高于"帮"，它在"帮助"分布较多的句式中更为明显。

此外，需指出的是，二者搭配的单音节体词性宾语除了占绝对优势的代词外，还有表人的一般名词，如频现的"人"；双音节、多音节体词性宾语都是表人的一般名词最多，其次为代词，表人的专有名词最少。

以上是关于"帮""帮助"与其后体词性宾语音节搭配倾向性的探讨，那么它们前面是否出现连接成分或修饰成分，有哪些差异，与其后宾语音节数量是否有关，这些问题进一步推动我们扩大考察范围，通过对"帮""帮助"前项成分的比较，我们有以下发现：

第一，前面不出现修饰成分或连接成分的情形在"帮""帮助"用例中占大多数，即"帮"有98例（24.7%）、"帮助"有23例（29.5%）出现了前项成分，它们都比仅带体词性宾语这一用法出现的比重低，这同"帮""帮助"与后项宾语音节搭配［1+1］［2+2］占优势有关，此时就减少了前项成分参与韵律平衡的概率。

第二，对"帮"来说，带单音节宾语的用例前面出现修饰成分的概率最低，仅为 24.0%；带双音节宾语时，前项成分的出现概率为 26.0%；带多音节宾语时，前项成分的出现概率为 33.3%，即"帮"随其后面宾语音节数量由少到多变化，前项成分的出现概率也由低到高，但都不占优势，这同"帮"仅带体词性宾语时前项成分出现的情况一致。对"帮助"来说，前项成分的出现概率要高于"帮"，这与它们仅带体词性宾语一类的情况不同。"帮助"带多音节宾语的用例出现前项成分的概率最低，仅为21.7%；带单音节宾语时，前项成分的出现概率为 22.2%；带双音节宾语时，前项成分的出现概率为 34.8%，即"帮助"带双音节宾语时，前项成分的出现概率最高，且高于"帮"带双音节宾语。除此之外，其带单音节、多音节宾语时前项成分的出现概率均低于"帮"。可见，前项成分整体出现频率较高的"帮助"，其前项成分集中分布在"帮助"带双音节宾语的用例中。

第三，"帮"出现的前项成分以单音节词居多，而"帮助"出现的前项成分以双音节词居多。对"帮"来说，不管出现的前项成分是单音节词还是双音节词，"帮"其后都是单音节宾语的数量最多；对"帮助"来说，不管出现的前项成分是单音节词还是双音节词，"帮助"其后都是双音节宾语的数量最多。可见，此类"帮""帮助"带体词性宾语的用例中，出现的前项成分音节数量是自由的，对其后动名搭配的韵律不起制约作用。

综观"仅带体词性宾语"和"先带体词性宾语，后接动词性成分"这两类动名韵律组合的倾向性，我们发现，前者因"帮"遵循［1＋2］、"帮助"遵循［2＋1］的非常规韵律模式，因而需通过前项状语、变化动词词形、附加助词等方式辅助参与韵律平衡，从而形成四个音节的稳固韵律模式。而后者因"帮"遵循［1＋1］、"帮助"遵循［2＋2］的常规韵律模式居多，因而减少了韵律平衡的概率和手段，如："帮""帮助"前项成分的出现频率比前一类低；"帮"没有出现重叠式；"帮助"没有出现与"着"共现的情形；"帮"与"着"也极少共现，且此时带多音节宾语。

"帮助"的前项成分中除了起修饰作用的状语，还有表示引入动作行为目的的连接成分，在我们的语料中，"帮助"前面有"以"的有 2 例，此时"帮助"无法替换成"帮"。如：

（25）监利县公布 24 小时办公电话，*以帮助家属了解救援进展*。

"帮""帮助"先带体词性宾语，后接动词性成分这一用法，二者的差异还体现在它们后接的动词性成分类型及倾向性上。

表 5 - 4　"帮""帮助"相同句法序列中后接的动词性成分类型及分布情况

词汇	动宾短语	光杆谓词	动结短语	动量短语	动趋短语	连动短语	状中短语
帮	243 例 （61.2%）	75 例 （18.9%）	13 例 （3.3%）	15 例 （3.8%）	12 例 （3.0%）	10 例 （2.5%）	29 例 （7.3%）
帮助	65 例 （83.3%）	5 例 （6.4%）	0	0	0	2 例 （2.6%）	6 例 （7.7%）

　　从表 5 - 4 可知，首先，"帮""帮助"后接的动词性成分的结构类型有分布多少的差异，前者分布的类型数量较多，比后者多出动结、动量、动趋三种动补短语类型，不过"帮"在这三种动补短语中的分布比重极低；其次，二者所占比重最高的动词性成分都是动宾短语，其中"帮助"的使用倾向性更强；再次，二者在光杆谓词上所占的比重都较小，但"帮助"比"帮"的比重更小，这是由于"帮助"的书面化程度较高，与之共现的动词性成分便较少以光杆形式出现；最后，二者在连动短语、状中短语上的分布比重相差较小，都属于非典型的结构。

　　从后接动词性成分中的主要动词来看，"帮""帮助"的高频共现动词也存在一定程度的差异。对"帮"来说，具有［+动作行为］语义特征的单音节动作动词是高频分布的；对"帮助"来说，具有［+心理认知］语义特征以及［+动作行为］语义特征的双音节动词都高频分布，而"帮助"的高频共现动作动词一般不表示具体的动作，语义上存在模糊性，这是它与"帮"的高频共现动作动词的显著区别。

表 5 - 5　与"帮""帮助"共现的前十个高频动词

序号	帮	帮助
1	做	解决
2	说	了解
3	带	理解
4	找	认识
5	收拾	把握
6	买	建立
7	看	坚定
8	办	培养

（续上表）

序号	帮	帮助
9	拿	处理
10	订	树立

"帮""帮助"先带体词性宾语，后接动词性成分这一类是二者充当谓语成分最主要的用法。上文从这一句法分布的语义功能差异，韵律模式的倾向性，以及后续的动词性成分类型、高频共现动词等方面进行了探讨。

3. 先带一个名词性成分，再接另一个名词性成分

"帮""帮助"分别先后带两个名词性成分，形成双宾语结构。如：

（26）我可以帮你哪些东西？
（27）帮我这一回，我再也不撵你走！
（28）我不信我能帮助他们什么。

此类"帮"有 6 例（1.1%），"帮助"有 1 例（0.9%），它们是带体词性宾语这一大类中数量极少的一类。对"帮"来说，直接宾语都是单音节代词，间接宾语中包含疑问代词的有 4 例，如例（26）；间接宾语中包含指示代词的有 2 例，如例（27）。二者带双宾语的用例一般分布在口语对话语体中，与"帮"相比，"帮助"带双宾语的用例更少①，其直接宾语都是双音节词，间接宾语中包含疑问代词，如例（28）。在这极有限的用例中，二者的间接宾语中都多次出现疑问代词"什么"，这是因为这一用法多用在说话人的问话中，用以征询对方。从"帮""帮助"与直接宾语音节搭配的情况来看，"帮"都遵循［1＋1］的韵律模式，"帮助"都遵循［2＋2］的韵律模式，即它们在带双宾语时，"帮""帮助"与紧邻的体词性宾语搭配的韵律模式符合学界关于动名结构音节组合模式的共识。

"帮""帮助"带双宾语结构之所以使用频率极低，主要是因为表达征询对方需求功能时，对于"帮"组同素同义词的选择，常采用"帮忙"一词动词性语素和名词性语素的离析形式（将在 5.1.1.6 论述），即说话人

---

① 在 CCL、BCC 语料库中检索"帮助"带双宾语的情况，仅在 BCC 语料库中发现 1 例。即："在下能帮助夫人什么？"

更倾向于使用"帮+宾语+疑问代词+忙"①。可见,"帮""帮助"带双宾语这一较少使用的用法,是"帮忙"离析形式频繁使用的结果。如例(29)更习惯于换成(29′):

(29) 我能帮/帮助你什么?
(29′) 我可以帮你什么忙呢?

上例替换后,因有名词性语素"忙"作标记,其焦点信息更为明显,强调说话人关注的征询内容,因而"帮忙"离析形式的使用倾向性更强。

4. "帮"先带体词性宾语,后接数量补语

以上三小类皆是"帮""帮助"带体词性宾语所共有的下位分类,而此类是"帮"独有的,共有22例,占"帮"带体词性宾语所有用例数的4.2%,可见"帮"虽存在这一用法,但使用频率也相当低。由于此小类用法分布在口语或具有口语色彩的语体中,口语色彩浓厚的单音节词"帮"正与其语体色彩协调,加之这一用法属于非典型用法,因而"帮"一词便可满足其使用需求,故而"帮"和"帮助"在此形成有无的对立分布。如:

(30) 要好好拉扯秀莲,尽量帮她一把,让她有成长起来的机会。
(31) 我没干多久,统共帮他们个把月吧。

"帮"带的体词性宾语主要是单音节代词,有19例(86.4%);小部分是双音节的代词或表人的一般名词,有3例(13.6%)。后接的数量补语可分动量补语和时量补语,前者略占优势,有12例(54.5%),如例(30);后者有10例(45.5%),如例(31)。

在以上四种带体词性宾语的小类中,"帮/帮助"与其后体词性宾语的音节搭配模式,只有在"帮/帮助"动名结构没有后续语言成分时,是以学界普遍认为的非常规形式占优势;除此之外,不管后续语言成分是哪种类型,"帮/帮助"动名结构的韵律模式都与学界的观点相一致。

5.1.1.2 "帮助""帮忙""帮"三词句法共性的比较

"帮"组同素同义词全部成员在作谓语成分时,表现出两方面的句法共性特征:一是它们后面都能带谓词性宾语;二是它们的光杆形式都能受

---

① 在BCC语料库中进行替换搜索,发现"帮/帮助+直接宾语+什么"有17例,"帮+宾语+什么+忙"有132例。

状语修饰。

1. "帮助""帮忙""帮"三词带谓词性宾语的比较

带谓词性宾语虽是"帮"组同素同义词三个成员所共有的句法分布，但都不是典型用法，"帮助"有 14 例（9.8%），"帮忙"有 29 例（9.9%），"帮"有 30 例（5.0%）。"帮助""帮忙"两个双音节词在带谓词性宾语上的差异较为细微，而"帮"此类用法的使用是有限制的，与前二者有较大不同，故本节我们先探讨"帮助""帮忙"带谓词性宾语的差异，再来看"帮"的这一用法。

（1）"帮助""帮忙"带谓词性宾语的差异。

"帮助""帮忙"带谓词性宾语的差异主要表现在音节搭配倾向性及动词性成分的结构类型两方面。

从二者与其后谓词性宾语的音节搭配情况来看，"帮助"与其后宾语的音节搭配有很强的规律性，[2+2] 韵律模式占绝对优势；而"帮忙"与其后宾语的音节搭配并不以 [2+2] 韵律模式占优势，其后的动词性成分以多音节短语居多，且主要动词为单音节词。如：

（32）1991 年，他策划向当时的执政党基民盟秘密捐款 100 万西德马克的非法政治献金，并涉嫌以佣金引诱加拿大前总理马尔罗尼等<u>帮助</u>争取"空客"民航机的丑闻。

（33）<u>帮忙</u>查一下一个叫刘远升的家伙，看看他是什来头！

表 5 – 6　"帮助""帮忙"带谓词性宾语的音节搭配情况

词汇	双音节词				非双音节词
	双音节光杆动词	双音节动词短语	双音节动词重叠形式	短语中的主要双音节动词	多音节短语中的主要单音节动词
帮助	4 例（28.6%）	2 例（14.3%）	0	6 例（42.9%）	2 例（14.3%）
帮忙	3 例（10.3%）	2 例（6.9%）	2 例（6.9%）	5 例（17.2%）	17 例（58.6%）

从表 5 – 6 所示的"帮助""帮忙"带谓词性宾语的音节搭配情况可看出，"帮助"讲求韵律和谐，而"帮忙"在音节搭配上较为自由。

从二者所带动词性成分的结构类型来看，在我们自建的 400 万字现代汉语语料库中，"帮忙"后跟的谓词性宾语，按数量比重多少排列，即：动宾短语＞动补短语＞状中短语＞光杆动词＞动词重叠形式；"帮助"后跟的谓词性宾语，按数量比重多少排列，即：动宾短语＞光杆动词＞连动短语。从数量有限的用例中便可看出，动宾短语是二者谓词性宾语的主要类型。此外，"帮忙"谓词性宾语的结构类型较之"帮助"更丰富多样。

由于自建语料库中搜索到的用例较少，可观察到的谓词性宾语不够全面，我们在BCC语料库的"报刊""科技""文学"文体中抽样提取出"帮助""帮忙"带谓词性宾语各300例，并对二者所带的谓词性宾语加以比较。

"帮助"后跟的谓词性宾语中，动宾短语有262例，占87.3%；光杆动词有33例，占11.0%；动补短语有3例，占1.0%；兼语短语、连动短语各有1例，各占0.3%。"帮忙"后跟的谓词性宾语中，动宾短语有229例，占76.3%；光杆动词有39例，占13.0%；动补短语有18例，占6.0%；兼语短语和连动短语各有4例，各占1.3%；状中短语、动词重叠形式各有3例，各占1.0%。从二者谓词性宾语类型的数量比重的多少排序来看：

"帮助"：动宾短语＞光杆动词＞动补短语＞兼语短语、连动短语
"帮忙"：动宾短语＞光杆动词＞动补短语＞兼语短语、连动短语＞状中短语、动词重叠形式

根据我们在BCC语料库的语料统计分析，可以得出：其一，再次印证动宾短语是二者最主要的谓词性宾语类型。"帮助"后跟动宾短语的倾向性要强于"帮忙"，二者其他类型的谓词性宾语数量都较少，这在"帮助"用例中体现得更为明显。其二，再次印证"帮忙"的谓词性宾语类型数量要多于"帮助"。但结构类型和数量比重的排序发生了一定变化。在搭配谓词性宾语时，"帮忙"的选择范围比"帮助"广，可以选择状中短语、动词重叠形式这两种"帮助"所没有的谓词性宾语类型。此外，"帮忙"的动补短语宾语，包括跟"帮助"相同的动量短语、动结短语，还包括"帮助"所没有的动趋短语。

由于"帮忙"搭配谓词性宾语不管从音节韵律方面还是宾语的结构类型方面都比"帮助"要自由，因此"帮忙"一般可自由单向替换"帮助"，而"帮助"对"帮忙"的替换分不同的层次，即自由替换、可接受度低的替换、不能替换。具体来说，当"帮忙"带的宾语是动宾短语、光杆动词这两种高频分布的结构类型，且整个谓词性宾语是双音节的或主要动词是双音节的，此时"帮助"可自由替换"帮忙"；当"帮忙"带的宾语是动量短语、动结短语、兼语短语、连动短语时，"帮助"虽可替换"帮忙"，句子依然成立，但可接受度不如"帮忙"高；当"帮忙"带的

宾语是状中短语、动词重叠形式、动趋短语时,"帮助"无法替换"帮忙"。

(2)"帮"带谓词性宾语的句法特征。

"帮"带谓词性宾语在其充当谓语功能的用例中所占比重更低,仅有5.0%。从语言形式上可分两类:一类是"帮"带时态助词"着"后再带谓词性宾语;一类是"帮"直接带谓词性宾语。在语料中,我们发现"帮"带谓词性宾语的用例分布在书面化程度较低的事件叙述文体中或口语对话中,在书面化程度较高的语体中,谓词性宾语会选择搭配"帮"组同素同义词中的"帮助""帮忙",而不会选择"帮"。

先看"帮"带时态助词"着"后再带谓词性宾语这一类型,有25例(83.3%)。如:

(34)吃人家的嘴软,不好说不,就帮着完成了任务。

(35)你们从小就要树立劳动光荣的观念,自己的事自己做,他人的事帮着做。

(36)要不然,咱找个离这儿近的房子,白天让我妈帮着看看。

(37)抽根烟也得勤务兵帮着划火点着。

(38)学校和住的地方什么的我都帮着打听好了。

此类"帮"后跟的谓词性宾语,在结构类型上占比最高的也是动宾短语[如例(34)];数量比重位列第二的也是光杆动词[如例(35)];其余结构类型的宾语都较少分布,包括动词重叠形式[如例(36)]、连动短语[如例(37)],以及动补短语[如例(38)]。"帮"先带"着"后添加的谓词性宾语在音节韵律上比较自由,这点同"帮忙"带谓词性宾语的特征较为一致。

"帮"先带"着"再带谓词性宾语,形成了"帮 + 着 + VP$_2$"的连动结构。高增霞(2007)指出,"V$_1$ 着 V$_2$"是最典型的边缘连动结构,两个动词所表达的动作是同时的,V$_1$ 在认知机制上作为 V$_2$ 的背景,不能为 V$_2$ 提供起点,使得这一连动结构的有界性最低。由此可见,进入这一连动结构的 V$_1$ 在时间轴上不具有鲜明的离散性,即此时"帮"组同素同义词仅有"帮"能作为 V$_1$ 进入这个连动结构。可见,"帮"相较于"帮助""帮忙"来说,其持续性的语义特征是显豁的。这也恰好解释了带体词性宾语的用例中,常见"帮"与"着"共现,而没有另外两个词与"着"共现的原因。

再看"帮"直接带谓词性宾语用例这一类型,有5例(16.7%)。它们都出现在口语对话中，可看作第一类省略"着"的变体形式。如：

（39）看你样子不舒服，即使普通同事，帮拎个电脑也没什么问题吧？

由于此类只是"帮"在口语语体中的特殊变体形式，数量极少，且用法上有相对严格的限制，即谓词性宾语中的主要动词以单音节词居多，如上例中的单音节动词"拎"。

2. "帮""帮助""帮忙"三词以光杆形式受状语修饰的比较

"帮""帮助""帮忙"都能够以光杆形式接受状语修饰，从而形成状中结构。此类"帮"有 13 例，占其充当谓语功能所有用例数的 2.2%；"帮助"有 12 例，占比 8.4%；"帮忙"有 27 例，占比 9.2%。可见，虽然它们和状语搭配的状中结构都是非典型用法，但单音节词"帮"相对于两个双音节词来说，出现频率更低，这跟"帮"自身具有较强的及物性有关。

从它们和状语音节搭配的情况来看，"帮"前面会出现单音节或双音节状语，其中单音节状语占绝对优势；"帮助""帮忙"前面都会出现单音节、双音节或多音节状语，且都以双音节状语为最多，其次为单音节状语，多音节状语最少。三者前面的单音节或双音节状语包括副词、能愿动词及代词；多音节状语是由介宾短语充当的。

表 5 – 7　"帮""帮助""帮忙"状中结构中状语音节数量情况

词汇	单音节	双音节	多音节
帮	11 例（84.6%）	2 例（15.4%）	0
帮助	4 例（33.3%）	7 例（58.3%）	1 例（8.3%）
帮忙	5 例（18.5%）	19 例（70.4%）	3 例（11.1%）

我们发现，首先，"帮"组同素同义词状中结构是以［1 + 1］［2 + 2］韵律模式占比重优势；其次，单音节词"帮"相对于另外两个双音节词来说，状语音节数量的限制程度更大；最后，对两个双音节词"帮助""帮忙"来说，状语音节数量的倾向性都是双音节词 > 单音节词 > 多音节词，但"帮忙"比"帮助"更集中搭配双音节状语。

从"帮"组同素同义词搭配的状语成分来看，副词是出现频次最多的状语，其中"帮"占比 53.8%，"帮助"占比 75.0%，"帮忙"占比 44.4%。在三者搭配的副词状语中，都能出现表交互义的副词，这类副词仅出现在它们的光杆形式之前,即当"帮""帮助"带体词性宾语时,前面就不能出现表交互义的副词。这是因为交互义副词本身的语义包含了与之搭配的动词的施事和受事,因而这类副词与及物动词"帮""帮助"搭配时,"帮""帮助"只能以光杆形式出现,后面不能再出现受事宾语。表交互义副词修饰"帮""帮助""帮忙"时,须严格遵循单音节搭配单音节、双音节搭配双音节的韵律模式(颜明,2015)。单音节"帮"与单音节"互"共现的频率高于"相"[①];双音节"帮助"比"帮忙"更倾向于与"互相"类双音节副词共现[②]。"帮""帮助"与表交互义的副词共现时,倾向于分布在结构相同的对举或排比中;"帮忙"与之共现时,因自身书面化程度较低,一般不出现在对举或排比的句法环境中。如:

(40)通过"单元—大家"系列活动,邻里相识、相知、<u>相帮</u>、相融,面貌大改观。

(41)各民族要相互了解、相互尊重、相互包容、相互欣赏、相互学习、<u>相互帮助</u>,像石榴籽那样紧紧抱在一起。

(42)但令人欣慰的是,超过一半的家庭表示在有事发生时会与亲戚<u>互相帮忙</u>。

双音节词"帮助"的两个动词性语素还能分别与表交互义的单音节副词共现,这是"帮忙"所没有的用法。如:

(43)通过关心人、爱护人、锻炼人、温暖人,营造<u>互帮互助</u>、团结友爱的良好氛围,进而达到增强凝聚力,提高全行整体战斗力的目的。

在"帮"组同素同义词的状中结构中,能愿动词所占比重居于第二位,其中"帮"占比46.2%,"帮助"占比8.3%,"帮忙"占比44.4%。"帮""帮助"因其及物性较强,二者以光杆形式受能愿动词修饰的用法有一定限制性,表现在:其一,"能愿动词+帮/帮助"充当某一中心语的定语成分,"帮"的受事或结果目的指向中心语。如:

---

① 我们在 BCC 语料库中搜索到的"互帮"的频次是"相帮"的 2.3 倍,需指出的是,"相帮"并不指已经成词的词语,此处是单音节副词"相"和单音节动词"帮"组成的状中结构。

② 我们在 BCC 语料库中提取的"帮助""帮忙"以光杆形式受副词修饰的用例中,发现有 20% 的"帮助"用例受"互相"类双音节副词修饰,有 6.3% 的"帮忙"用例受"互相"类双音节副词修饰,说明"帮助"比"帮忙"更倾向于与"互相"类双音节副词共现。

（44）张丽华主任还是经常上门来，聊聊近况，问问有什么可以帮的困难。

（45）个人力量太单薄，能帮助的地方太少。

其二，"能愿动词＋帮/帮助"充当句子谓语成分时，动作行为的受事对象在上文出现过或是对话语境中交谈双方已知的背景知识，所以省略其后的宾语。如：

（46）不是我不帮下面人做项目，我可以帮，但不能帮一辈子吧？

（47）"我们已向总部发信号求援。""如果他们能帮助的话，那就太好了。但我可不敢抱太大希望。"

"帮忙"以光杆形式受能愿动词修饰的用法较为自由，这是因为它本身是不及物动词，且自身还包含名词性语素。"帮忙"状中结构既可作修饰成分也可直接充当谓语成分，且不受语境限制。如：

（48）凡是特意来到的，非常客气，肯于帮忙的人，都是有所图的。

（49）我本来能够帮忙的，但他在那儿，我就什么也不想做了。

介宾短语作状语虽然能修饰"帮助""帮忙"的光杆形式，但前者的可接受度不如后者，因而"帮助"所占比重（8.3%）低于"帮忙"所占比重（11.1%）。此处介宾短语一般表示方位或地点。如：

（50）唐心虽然参加研究，但是也只是在一旁帮助，了解不可能会比他多。

（51）一天，她到我家中做客，我下厨，她在一旁帮忙。

此外，修饰"帮忙"的光杆形式的状语还有疑问代词或指示代词，在我们的语料中检索到2例（7.4%）。① 即：

（52）我有一点不明白，怎么帮忙呢？

---

① 我们在BCC语料库中也搜索到"帮""帮助"以光杆形式受代词修饰的用例，其中"帮"以光杆形式和疑问代词共现的用例与"帮忙"的数量基本一致，"帮助"以光杆形式和疑问代词共现用例极少。"帮""帮助"使用上受上文语境的制约，这一点与"帮忙"是不同的。

（53）不是我不想帮忙，而是我再怎么帮忙也没用。

　　综上，在"帮"组同素同义词中，光杆形式前面出现的状语成分数"帮忙"的类型最多，且它受状语修饰的用法不受限制；"帮忙"的重叠形式能够与各种类型的状语成分共现，这是"帮""帮助"所没有的。如：

（54）咱们互相帮帮忙，这事儿就成啦！
（55）你可得帮帮忙，帮我喝了它！
（56）我就在店里帮帮忙，不去其他的地儿。
（57）就是这样帮帮忙，方便你我他。

　　我们扩大考察范围，在"帮"组同素同义词充当谓语成分时，对前面出现的状语成分的比重、类型及高频词语进行比较。

表 5 - 8　"帮""帮助""帮忙"前的状语成分情况

词汇	状语出现频次频率	副词状语出现频次频率	能愿动词状语出现频次频率	介宾短语状语出现频次频率	代词状语出现频次频率	前五位高频词语
帮	190 例（31.7%）	93 例（49.0%）	96 例（50.5%）	1 例（0.5%）	0	（不）能、要、会、就、可以
帮助	44 例（30.8%）	20 例（45.5%）	23 例（52.3%）	1 例（2.3%）	0	能、互相、可以、要、会
帮忙	86 例（29.3%）	38 例（44.2%）	41 例（47.7%）	3 例（3.5%）	4 例（4.7%）	（不）能、不、要、得、可以

　　由表 5 - 8 可知，第一，"帮"组同素同义词充当谓语成分时，按前面状语成分出现频率高低排序，"帮"最高，"帮助"次之，"帮忙"最低，但三者相差不大；第二，无论是"帮忙"以光杆形式受状语修饰还是扩大到整个"帮忙"充当谓语成分的范围中，它前面出现的状语成分类型都是最丰富的；第三，能愿动词是三者最常见的状语类型，其中"帮助"与之共现的频率略高；第四，副词是三者较常见的状语类型，其出现频率仅次于能愿动词，而当状语是副词时，"帮"相对于另两个双音节词的搭配倾向性更强；第五，介宾短语都是三者的非典型状语类型，其中"帮忙"与之搭配的倾向性略强；第六，从三者出现的前五位作状语的高频词语来

看，能愿动词占绝对优势，其中"（不）能"是共现频率最高的词语。从这些高频词语的音节数量来看，"帮助"搭配双音节状语占优势，而"帮""帮忙"以搭配单音节状语占优势。

5.1.1.3 "帮忙""帮助"两词句法共性的比较

某些连谓结构中"帮忙""帮助"可以光杆形式充任后一个谓语动词，此类用例"帮忙"有73例，占其充当谓语成分所有用例数的24.8%；"帮助"仅有1例，占比0.7%。可见"帮忙"一词跟"帮助"相比，具有显豁的使用倾向性。

在"V_1P＋帮忙"的句法分布中，按出现频率高低排序，高频共现的V_1根据其语义特征可分为以下几类：一是［＋趋向］类；二是［＋祈使］类；三是［＋寻找］类。

表5-9　"帮忙"在连谓结构中高频共现的V_1类别及动词情况

帮忙	［＋趋向］类	［＋祈使］类	［＋寻找］类
	来、去、到	求、请、让、叫	找

当V_1具有［＋趋向］语义特征时，仅有个别及物性强的动词带有宾语，如"到"；其他及物性一般的动词都倾向于不带宾语，直接与"帮忙"连用，如"来""去"。如：

（58）我赶紧到厨房里帮忙，锅还是淤了。

（59）我们赶着牛回来时她已经站起来了，一瘸一拐地要来帮忙。

（60）我没打算去帮忙，因为你去了我才去的。

当V_1具有［＋祈使］语义特征时，这类V_1可再细分为［＋祈求］和［＋使令］两小类，前者的高频词语有"求""请"等；后者的高频词语有"让""叫"等。不管V_1具有哪一小类的语义特征，一般其带宾语之后才与"帮忙"连用。只有在对话双方所指明确的语境中才能出现V_1直接与"帮忙"连用。如：

（61）我紧赶慢赶过来，就是求你帮忙。

（62）好歹老同学，让他帮忙，应该没问题。

（63）现在我要向你讨教一个学术上的问题，请帮忙。

当 V_1 具有［＋寻找］语义特征时，高频词语是"找"，它的后面必须出现宾语才能跟"帮忙"连用。如：

（64）我有别的事情<u>找</u>你<u>帮忙</u>。

在我们的语料中，"帮助"用于这一用法时与之共现的 V_1 是"来"，且它后面没有宾语，直接跟"帮助"连用。如：

（65）这一切希望与努力，均需要智慧学习的新理念、新方法、新实践<u>来帮助</u>。

我们在 BCC 语料库中对"帮助"以光杆形式进入连谓结构第二个动词位置的用法进行检索，发现此类"帮助"用例较少，与"帮忙"有较大的数量差异，且与"帮助"共现的 V_1 只存在于［＋趋向］类动词中的"来""去"两词。这一用法中"帮助"极少出现，主要还在于其高度的及物性特征。

5.1.1.4 "帮""帮助"占较低比重的句法共性的比较

"帮""帮助"后面都能够直接带补语，而"帮忙"没有这一用法。此类用例"帮"有 24 例，占其充当谓语功能所有用例数的 4.0%；"帮助"有 1 例，占比 0.7%。可见，"帮""帮助"虽然都能直接带补语，但这在二者充当谓语成分中是非典型的用法，相对来说"帮"的出现频率略高，这与其自身书面化程度较低有关。"帮""帮助"直接带补语，按句法成分线性序列来划分，有两种类型：一是"帮"＋补语；二是"帮/帮助"＋补语＋宾语。在自建的 400 万字现代汉语语料库中，"帮助"不仅数量极少，而且只分布在一种类型中，可见其带补语的使用性受到限制。

先看第一种类型——"帮"只带补语，没有后续成分，有 14 例，占比 58.3%，是"帮"带补语这一用法的主要类型。后接的补语以动量补语居多，有 12 例（85.7%），出现的高频动量补语有"一把""一下""一手"等。如：

（66）求求你，快上来<u>帮一把</u>吧！
（67）众人<u>帮一下</u>，自己再努力一下，难关就过去了。
（68）队里零碎的事，他总要<u>帮一手</u>。

我们在自建语料库中没有发现此类"帮助"的用例，那么"帮助"是否能够直接带动量补语呢？我们在 BCC 语料库中进行检测，发现"帮助"存在只带动量补语的例子，但数量极少，使用倾向性不及"帮"。

"帮 + 补语"这一类型中，还可以出现可能补语，数量较少，有 2 例（14.3%）。即：

（69）我真想帮助它们，可我怎能帮<u>得上</u>？

（70）我的事，没有人能帮<u>得了</u>。

单音节词"帮"只带补语、没有后续成分，它只带可能补语的句法数量之所以较少，是因为"帮忙"以离析形式插入补语成分的使用倾向性较强。这将在下文中进行论述。

再看第二种类型——"帮""帮助"先带补语，后接宾语。在我们的语料中，此类"帮"有 10 例（41.7%）。补语以结果补语居多，有 7 例（70.0%）；还有 3 例（30.0%）是可能补语。前者出现频率较高的结果补语是"到"，后者出现频率较高的可能补语是"不了"。不管"帮"后面带的是哪种补语类型，再接的宾语都是单音节代词。如：

（71）你这么棒，肯定能帮<u>到</u>我的。

（72）劝你别打他主意，五年前他帮<u>不了</u>你，现在一样帮<u>不了</u>你！

在"帮"先带结果补语再接宾语的用例中，出现 1 例再接时量补语的用例，即：

（73）他希望她能再帮<u>上</u>他几年，等她够年纪了，给她找个正经主儿，成个家。

"帮助"先带补语再接宾语的句法分布中，补语是动量补语的仅 1 例。即：

（74）哥你回来看看吧！你来看看，帮助<u>一下</u>我们。

"帮""帮助"带补语的第二种句法分布中，因自建语料库中语料规模的限制，二者在其后接补语类型上表现出差异，那么是否此类中的"帮"不能带动量补语，而"帮助"不能带结果补语和可能补语呢？我们在 BCC 语料库中对二者先带补语再接宾语这个句法分布作了检测，发现：其一，

"帮""帮助"后面都能带结果补语、可能补语、动量补语，但倾向性有明显差别；其二，"帮"倾向于带结果补语或可能补语，而"帮助"倾向于带动量补语，这也是在自建的有限语料中检索到二者补语类型存在有无对立的原因。

5.1.1.5　"帮""帮忙"两词句法共性的比较

在作谓语成分的用例中，"帮""帮忙"两词具有的相同句法特征表现在两个方面：一是二者都能以光杆形式单独作谓语；二是二者都能以光杆形式进入某些固定的句法框架中。

1. "帮""帮忙"以光杆形式单独作谓语的比较

"帮""帮忙"都能以光杆形式单独充当谓语，此类用例"帮"有 2 例（0.3%），"帮忙"有 14 例（4.8%），它们都分布在口语对话中，因"帮"高度的及物性，"帮"以光杆形式单独作谓语受到限制，用例极少；相对来说，"帮忙"以光杆形式单独作谓语的用法较为自由。

"帮"以光杆形式单独作谓语的用法受到两方面限制：一是对话语境中须出现"帮"这一动作行为关涉的目标或对象，对话双方都对此明确，这一用法因需要背景信息铺垫，故而分布在答话的话轮中；二是当说话人强调的语义焦点不是动作行为关涉的目标或对象，而是"帮"这一动作行为时，说话人就省略了对话背景的共有知识，而只保留谓语核心动词。可见，"帮"的光杆形式的使用不仅发生在一定对话语境条件下，而且这也是一种强调焦点信息的语用手段。即：

（75）"这件事你帮得上忙吗?""帮不帮得上我不知道，但是，我帮。"

（76）"求求你，帮帮忙!""好了，我帮，还不行吗?"

"帮忙"以光杆形式单独作谓语的用法较为自由，主要指它不受语境限制，"帮忙"这一用法既能分布在话轮的问话中，也能分布在答话中。前者有 6 例（42.9%），多与疑问语气词"吗"共现；后者有 8 例（57.1%）。如：

（77）"叔叔你帮忙吗?""怎么了，发生什么事儿了?"

（78）"如果有人帮一下我们就好了。""老张来了，他帮忙。"

上面我们提到以二者的光杆形式作谓语的用例都能出现在一个对话的答话话轮中，但需指出的是，如果在答话中，动作行为不是语义焦点，那么"帮"则不能使用。如例（78），因"老张"是说话人的焦点信息，并不是"帮忙"这个动作行为，因而替换成例（78′）中的"帮"之后，句子的可接受度降低。

（78′）"如果有人帮一下我们就好了。""老张来了，<u>他帮</u>。"

可见，"帮忙"以光杆形式作谓语的用法较为灵活，其独立性较强，而"帮"主要作为一种语用手段只有在特殊的语境中才能使用光杆形式，限制较多。

2. "帮""帮忙"以光杆形式进入固定句法框架的比较

在自建的400万字现代汉语语料库中，检索到"帮""帮忙"有极少数的用例分布在固定的句法框架中，二者以光杆形式占据其中的动词位置，其中"帮"有2例（0.3%），"帮忙"有1例（0.3%）。如：

（79）你别乱动，真是<u>越帮越乱</u>……
（80）你别忙着拒绝，我还就<u>非帮不可</u>了！
（81）管营的生意坏了，因为有个傻大个儿，外号叫蒋门神的，功夫比他还好，酒肉店的生意都被他抢去了，所以武松<u>非帮忙不可</u>。

例（79）（80）是"帮"分别进入固定句法框架"越……越……"和"非……不可"；例（81）是"帮忙"进入固定句法框架"非……不可"。那么，"帮""帮忙"哪一个在固定句法框架中更占优势？我们利用BCC语料库对二者的使用频率进行检测，发现这些带形式标记的特殊结构倾向于使用单音节词"帮"[1]，这是由于这两种特殊结构中的谓词都倾向于单音节词，单音节词与前面的单音节副词搭配，符合汉语[1+1]的稳固的韵律模式特点。

5.1.1.6 "帮忙"一词的独特句法特征研究

"帮忙"具有"帮"组词其他成员所没有的句法特征，这主要指的是"帮忙"一词本身具有的离合词用法，包括它的离析形式以及光杆形式前面出现表关涉对象的介宾短语两个方面。

1. "帮忙"的离析形式

"帮忙"是"帮"组同素同义词中唯一的离合词，由动词性语素

---

① 在BCC语料库中进行替换检索，检索到"越帮越×"113例，"越帮忙越×"0例；"非帮不可"9例，"非帮忙不可"4例。

"帮"和名词性语素"忙"构成，这两个语素分离，中间插入其他成分就是其离析形式。在语料中，"帮忙"的离析形式有 150 例，占其充当谓语成分所有用例数的 51.0%，可见"帮忙"的离析形式是其作谓语的主要表现形式，超半数的情况下"帮忙"无法和"帮"组词其他成员互相替换。

"帮忙"的离析形式一般是按"帮 + 其他语言成分 + 忙"的线性序列分布的。中间的语言成分，按其出现频率高低排序，在句子中充当的句法成分分别是定语、补语、补语和定语的叠加形式、助词。"帮忙"的离析形式还表现为"忙"前置、"帮"后置，这时中间插入的成分必然包括施事，可能还包括修饰动词性语素"帮"的状语成分。

我们先来考察"帮忙"的离析形式中占主流优势的插入成分，再来探讨其倒置的离析形式。

第一，中间插入定语成分的有 110 例，占比 73.3%。从它们是否出现定语标记"的"来看，不出现标记助词的占优势，有 71 例（64.5%）；出现标记助词的仅有 39 例（35.5%）。可见插入定语成分的"帮忙"离析形式略倾向于其间不出现定语标记"的"。那么，哪些定语必须出现"的"，哪些倾向于出现"的"，哪些倾向于不出现"的"，哪些必须不出现"的"呢？

定语标记"的"必然出现的情况：一是双音节或多音节的名词性定语，此时名词性成分包括代词、人名及表人的一般名词或短语；二是否定副词"不"修饰"小"构成的状中短语"不小"。在这些情况下作定语须强制性出现"的"。如：

帮自己的忙　帮大许的忙　帮妈妈的忙　帮外国友人的忙
帮我不小的忙

定语标记"的"倾向于出现的情况：一是单音节名词性定语，语料中出现的有 23 例（59.0%），不出现的有 8 例（11.4%）；二是表示程度的副词或指示代词修饰"大"而形成的状中短语，如"很大""这么大""多大""好大""太大""更大"等；三是程度副词"更""非常"修饰表量大的性质形容词而形成的状中短语，如"更多""非常大"等。在这些情况下作定语出现"的"的倾向性较强①。如：

帮你的忙　帮谁的忙　帮妈的忙

帮我很大的忙　帮我这么大的忙　帮我多大的忙　帮我好大的忙　帮我太大的忙

帮我更大的忙　帮我更多的忙　帮我非常大的忙

定语标记"的"倾向于不出现的情况：一是除了"更"和"非常"之外，表示程度的副词或指示代词修饰"多"而形成的状中短语，如"很多""这么多""好多""太多"等；二是包含语素"多"且已经成词的"许多""多少"等；三是由指示代词、数量词或副词修饰"小""少"而形成的状中短语，如"一点（儿）小""这点（儿）小""不少"等。在这些情况下作定语不出现"的"的倾向性较强②。如：

帮家里很多忙　帮我这么多忙　帮我好多忙　帮我太多忙

帮我许多忙　帮我多少忙

帮你一点儿小忙　帮你这点儿忙　帮我不少忙

定语标记"的"必然不出现的情况：一是数量词"一个"或量词"个""点（儿）"作定语；二是指示代词"这个""这么点儿"或疑问代词"什么"作定语；三是性质形容词"大"的光杆形式作定语；四是数量词"一个"或量词"个""点（儿）"与性质形容词"大"或"小"叠加在一起作定语；五是指示代词"这个""这么点儿"或疑问代词"什么"与性质形容词"大"或"小"叠加在一起作定语。在这些情况下作定语必

①　在BCC语料库中对插入成分"很大""这么大""多大""好大""太大""更大""更多""非常大"是否出现"的"进行检索，检索到"很大"带"的"128例、不带"的"16例；"这么大"带"的"38例、不带"的"3例；"多大"带"的"30例、不带"的"17例；"好大"带"的"9例、不带"的"3例；"太大"带"的"5例、不带"的"4例；"更大"带"的"4例、没有不带"的"的用例；"更多"带"的"9例、不带"的"3例；"非常大"带"的"1例、没有不带"的"的用例。

②　在BCC语料库中对插入成分"很多""这么多""好多""太多""许多""多少""一点（儿）小""这点（儿）小""不少"是否出现"的"进行检索，检索到"很多"带"的"10例、不带"的"83例；"这么多"带"的"1例、不带"的"18例；"好多"带"的"1例、不带"的"13例；"太多"带"的"5例、不带"的"9例；"许多"带"的"7例、不带"的"40例；"多少"带"的"2例、不带"的"71例；"一点（儿）小"带"的"1例、不带"的"47例；"这点（儿）小"不带"的"15例、没有出现带"的"的用例；"不少"带"的"26例、不带"的"165例。

然不能出现"的"。如：

帮我<u>一个</u>忙　帮我<u>个</u>忙　帮我<u>点儿</u>忙
帮我<u>这个</u>忙　帮我<u>这么点儿</u>忙　帮你<u>什么</u>忙
帮<u>大</u>忙　帮我<u>大</u>忙
帮我<u>一个小</u>忙　帮<u>个大</u>忙　帮<u>点儿小</u>忙
帮我<u>这个大</u>忙　帮你<u>这么点儿小</u>忙　帮你<u>什么大</u>忙

第二，中间插入补语成分的有 11 例，占比 7.3%。上面提到的插入的定语成分是对名词性语素"忙"的修饰限定，那么此处的补语成分是对动词性语素"帮"的补充说明。从插入补语的类型来看，数量最多的是可能补语（54.5%），其次是结果补语（27.3%），数量补语最少（18.2%）。如：

帮<u>不上</u>忙　帮<u>得上</u>忙　帮<u>不了</u>忙
帮<u>上</u>忙　帮<u>到</u>忙
帮<u>一下</u>忙　帮<u>几天</u>忙

在我们的语料中，出现频率最高的是可能补语的否定形式"不上"。在可能补语占优势的此类用例中，其可能补语的否定形式数量多于其肯定形式，这在 BCC 语料库中也得到数据证实①。

第三，中间插入补语和定语叠加形式的有 8 例，占比 5.3%。其中补语成分有结果补语和可能补语两种，以前者居多；后面的定语成分有表人的名词性成分、疑问代词、数量词、指示代词、性质形容词"大"及其叠加形式。

对于其中的补语成分来说，占优势比重的补语类型与单纯插入补语成分时的优势类型不同，此时出现的高频结果补语是"上"、高频可能补语是"不上"，这两个高频词语却与单纯插入补语成分时两种补语类型出现的高频词语相同。如：

帮<u>上</u>王总的忙　帮<u>不上</u>你的忙

---

① 在 BCC 语料库中检索到"帮不上忙"681 例、"帮不了忙"125 例、"帮得上忙"354 例、"帮得了忙"9 例。

对于其中的定语成分来说，此时定语标记"的"出现与否的规律与单纯插入定语成分时标记词"的"的规律是一致的，这里不再赘述。如：

帮上这队士兵的忙　帮上我不小的忙
帮上咱的忙　帮上我很大的忙　帮上更多的忙
帮上家里很多忙　帮上我许多忙　帮上你一点儿小忙
帮上我一个忙　帮上我这个忙　帮上大忙　帮上一个小忙　帮上这个大忙

第四，中间插入助词的有 5 例，占比 3.3%。出现的助词有"的"和"了"，前者居多。当"帮忙"的离析形式的中间仅插入一个"的"时，"帮忙"的离析形式动词性弱化，名词性增强。此外，"的"还有标记焦点信息的作用，凸显"帮"这一动作行为产生的状态结果。如：

（82）他出了事能安然无恙，也是这个男人帮的忙。
（83）这就算你帮的忙啦？真服了你了。

例（82）中的"安然无恙"即是用"帮的忙"来强调产生的状态结果；例（83）中"这"指代某种状态结果，而它正是由"帮的忙"所指称凸显的。
在我们的语料中，出现 1 例仅插入"了"的用例。即：

（84）你们梁家就是这样的家教？帮了忙，看完病，谢都不谢一声就要走？

例（84）中插入的时态助词"了"表示"帮忙"动作行为的发生完成。"帮忙"一词与时态助词共现时，都是插入两个语素之间，而此时"帮忙"中间插入的成分一般还有定语、补语或定语与补语的叠加形式，极少在不插入具体句法成分的情况下插入时态助词。例（84）这一特殊用法的存在，是由于紧邻的下文为三音节动宾结构，为了韵律对称协调，前面"帮忙"的离析形式省略了定语或补语成分，而这些省略掉的语义由整个对话语境来填充。
上述四点主要论述了"帮忙"内部语素正向排列时的离析形式，下面我们来看"帮忙"内部语素倒置排列时的离析形式。
名词性语素"忙"前置到话题位置，有 16 例，占比 10.7%。由于

"忙"占据了话题位置,它必须是已知信息,因而原则上不能出现"忙"的光杆形式作主语以及不能由表示不定指的"一个"作定语。在"忙"前置的用例中,含有指示代词"这"的词或短语常作"忙"的定语。如:

(85) <u>这个忙</u>你帮是不帮?

(86) 我爸爸让你好好照顾我的,<u>这点忙</u>你都不帮。

在定语成分中,出现疑问代词"什么",此时与之共现的是否定词"不是"或"没有"。如:

(87) 不是<u>什么忙</u>都能帮。

(88) 没有<u>什么忙</u>能帮了,你可以走了。

2. "帮忙"前面出现关涉对象

"帮忙"是不及物动词,因而不能同"帮""帮助"那样可以直接带宾语,但"帮忙"有它独特的解决方式:一是上文提到的使用离析形式,将关涉对象插入其中作定语;二是在"帮忙"前面使用对象介词引出关涉对象作状语。这里我们就第二种方式进行探讨并对这两种不同语言形式的句法特征进行比较。

(1)"帮忙"前面引出关涉对象。

我们在 BCC 语料库中对"帮忙"的此类用法进行检索,检索到三个对象介词可引出"帮忙"的关涉对象,即"给""为""替"。介词引出"帮忙"关涉对象的用法抽样检索出 1 289 例,其中"给"出现的有 1 042 例(80.8%),"为"出现的有 146 例(11.3%),"替"出现的有 101 例(7.8%)。由此可看出,"给"是引出"帮忙"关涉对象的频率最高的介词,且占绝对优势,"为""替"的出现频次都较少,前者数量略多于后者。

表 5-10 "给""为""替"与后面体词性宾语的搭配情况

词汇	单音节体词性宾语		双音节体词性宾语		多音节体词性宾语
	代词	名词	代词	名词	名词或名词短语
给	793 例	21 例	146 例	77 例	5 例
为	17 例	0	32 例	87 例	10 例
替	66 例	7 例	6 例	20 例	2 例

由表 5 - 10 可知，除了"为"后面以双音节体词性宾语居多之外，"给""替"都是单音节体词性宾语占优势，总体上"帮忙"前面引出的关涉对象以单音节词为主流，且基本是单音节代词，这与"帮忙"离析形式中插入的多是单音节代词作关涉对象是一致的。三个介词后面出现频率最高的单音节代词宾语是"你"，共有 351 例，占单音节代词宾语所有用例数的 40.1%；出现频率最高的单音节名词宾语是"人"，共有 25 例，占单音节名词宾语所有用例数的 89.3%。双音节体词性宾语的数量居于第二位，"为""替"后面的名词宾语多于代词宾语，这点与"帮忙"离析形式中插入的关涉对象以双音节名词宾语较多也是一致的。三个介词后面出现频率居首的双音节代词宾语是"他们"，共 69 例，占双音节代词宾语所有用例数的 37.5%；出现频率居首的双音节名词宾语是"朋友"，有 42 例，占双音节名词宾语所有用例数的 22.8%。多音节名词宾语在三个介词后面的出现频次都是最少的，在"帮忙"离析形式插入的关涉对象中，多音节词同样也是最少的。对于这三个介词来说，虽然"给"是引出"帮忙"关涉对象最占优势的对象介词，但其后带多音节宾语的倾向性不及"为"。如：

给人帮忙　为他帮忙　替你帮忙

给他们帮忙　为朋友帮忙　替妹妹帮忙

给表演者帮忙　为自家人帮忙　替美帝国主义帮忙

（2）"帮忙"搭配关涉对象的两种语言形式的比较。

不论是"帮忙"离析形式中间插入关涉对象，还是"帮忙"整词前面通过介词引出，它们在深层的语义结构上是一致的，二者可谓"同义异构"。那么根据语言经济性原则，二者共时平面下的共存应该是有彼此不可替代的必要性的。我们发现，这二者主要在三个方面有使用差异。

第一，"帮忙"离析形式中插入作定语的关涉对象后，整个词极少再有后续成分；而"帮忙"前面介引关涉对象后，后面常有后续成分。它的后续成分表现在四个方面上：一是后接"来"或"去"，此时"帮忙"表示"来/去"的目的[①]；二是后接非光杆的动词性成分作其宾语，表示"帮忙"的具体动作行为；三是后接连词"而"及连带成分，它一般与介词"为"共现；四是后接数量补语，一般是表时段的时量补语。如：

---

① "帮忙"离析形式后面也会出现添加"来/去"的情况，但用例极少，在 BCC 语料库中仅检索出 1 例。

（89）村民也把警察当成了劫匪，<u>给司机</u>帮忙<u>来</u>了。

（90）好老哥，你还是要<u>给老弟</u>帮忙<u>出主意</u>。

（91）学生们大多以能<u>为老师</u>帮忙<u>而</u>自豪。

（92）各位同事，大家<u>为公司</u>帮忙<u>这么久</u>，我一直没有机会好好感谢大家。

第二，"帮忙"插入关涉对象的离析形式一般直接作句子的谓语成分，仅当其关涉对象是单音节词，且后面不出现定语标记"的"时，整个"帮忙"的离析形式可以作修饰语，后面出现其中心语；而"帮忙"前面介引关涉对象的用法，不受关涉对象音节数量的限制，可自由作中心语的修饰成分。如：

（93）他得拜会所有<u>帮过他忙</u>的人。

（94）那些一贯<u>替美帝国主义</u>帮忙的人，就马上出来吹嘘约翰逊政府的"和平诚意"。

第三，"帮忙"插入关涉对象的离析形式，并不追求篇章中小句的对举或排比；而"帮忙"前面介引关涉对象的用法，尤其是使用"为"作对象介词的时候，更追求小句的对举或排比修饰。如：

（95）通过一个个工作在单位中的具体的人表现出来，<u>为政府帮忙</u>、<u>为百姓解惑</u>，这样的表现手法和切入点值得他们好好借鉴。

（96）<u>不开后门，不搞农转非，不为亲友帮忙</u>，是他们领导班子所坚定的信条。

5.1.2 充当非谓语差异

"帮"组同素同义词不仅具有充当谓语成分的典型用法，还具备充当非谓语成分的功能，即两个双音节词成员"帮助""帮忙"都可以充当宾语成分。此外，"帮助"还能充当主语、定语、框式介词中的中心语。它们充当非谓语成分的能力与其动性强弱成反比。张国宪（1997）指出，双音节内部结构为支配关系的动性强度高于联合关系，即支配关系的双音节词充当非谓语成分的能力低于联合关系。对"帮助""帮忙"来说，根据张文，"帮忙"充当非谓语成分的能力低于"帮助"。在自建的语料库中，我们检索到"帮助"有 48 例充当非谓语成分，占其所有用例数的 25.1%；

203

"帮忙"有11例，占其全部用例数的3.6%。可见"帮忙"充当非谓语成分的能力确实远低于"帮助"，我们基于语料数据的统计再次印证张文的观点。

我们先来探讨二者作宾语成分的异同，再来研究"帮助"自身具备的独特的非谓语成分功能。

5.1.2.1 "帮助""帮忙"充当宾语成分的比较

"帮助""帮忙"自身作宾语，与它们联系最为紧密的就是相搭配的谓语动词。在我们自建的语料库中，"帮助"有37例作宾语，"帮忙"有11例作宾语。因为用例较有限，我们无法准确把握与它们搭配的高频动词，因而扩大考察范围，我们在BCC语料库中抽样提取出作宾语成分的"帮助""帮忙"各300例。现将出现频次最多的前十个动词列出，见表5－11。

表5－11 "帮助""帮忙"作宾语时搭配的前十个高频动词

序号	帮助		帮忙	
1	对……有/没有帮助	81例	需要	68例
2	提供	48例	愿意	43例
3	寻求	30例	答应	34例
4	给予	28例	想	32例
5	得到	27例	请求	25例
6	需要	22例	乐意	21例
7	有/没有……的帮助	10例	要求	19例
8	请求	8例	乐于	15例
9	予以	7例	得到	11例
10	带来	4例	有/没有……的帮忙	6例

从与它们搭配的前十个高频动词来看，首先，这前十个动词的覆盖范围相当大，其中"帮助"占比88.3%，"帮忙"占比91.3%，可见"帮助""帮忙"作宾语时搭配的动词都集中分布在少数动词上。其次，在这十个动词中，有四个动词是重合的，即"得到""需要""有/没有……的帮助/帮忙""请求"。虽然二者都常与之共现，但它们的出现频次、使用倾向性却各有不同。具体请看示例：

1. **得到**

（97）社会服务薄弱的前提下，人们有了事情，只能从各种熟人中<u>得到帮助</u>。

（98）只要有了民心，部队处处可以<u>得到</u>百姓的帮助。

（99）你要先乐于帮助别人，这样你或你家人需要的时候才能<u>得到别人的帮忙</u>。

"得到"在"帮助"作宾语时搭配的高频动词中排第五位，比之在"帮忙"中的要靠前，"得到"跟"帮助"的动宾组合形式比它跟"帮忙"的灵活多变，即"得到"既可以跟"帮助"的光杆形式相搭配，如例（97）；也可以跟带有定语修饰的"帮助"相搭配，如例（98）。然而，"得到"和"帮忙"搭配时，不能仅由"帮忙"的光杆形式作宾语，它的前面必须出现修饰限定成分，如例（99）。

2. **需要**

（100）这不仅需要非洲国家勇敢地面对和解决，而且<u>需要国际社会的关心和帮助</u>。

（101）作为文安街道家教组成员，王老师时常走家串户看看哪家<u>需要帮忙</u>。

"需要"是"帮忙"作宾语时搭配频率最高的动词，而它在"帮助"中的排名相对靠后。"需要"跟"帮助"的动宾组合，一般要求"帮助"前面出现修饰限定成分，有时"帮助"会与其他近义词组成并列短语作宾语中心语，如例（100）；"需要"倾向于跟"帮忙"的光杆形式相搭配，如例（101）。

3. **"有/没有……的帮助/帮忙"**

（102）殖民地里的人不需要这种眼睛，他们<u>有望远镜的帮助</u>。

（103）相信<u>有了它们的帮忙</u>，"从头再来"就再也不是一件麻烦的事了。

"有/没有……的帮助/帮忙"中间必须插入"帮助/帮忙"的施事，表示（不）凭借某人或某物的力量。它在"帮助""帮忙"作宾语时搭配的高频动词中的排名都相对靠后，但"帮助"与之搭配的倾向性略强。

4. 请求

（104）我甚至再也不需要去按那传呼电铃请求帮助。

（105）两方中一方一旦在生活上遭遇到重大困难，开口向拥有资源支配权的 A 请求帮忙。

（106）目前他跟罗门还是朋友，将来也许会再次请求对方的帮助。

（107）记者只好建议林先生请求村委会的帮忙。

"请求"既可以搭配"帮助""帮忙"的光杆形式，也可以搭配二者带有定语修饰的形式，且此时定语中须包含"帮助/帮忙"的施事，如例（106）（107）。在相同句法环境中，"帮忙"与之搭配的倾向性略强。

以上四个词是"帮助""帮忙"作宾语时搭配的前十个高频动词中重合的词语。在二者剩余的六个高频动词中，"对……有/没有帮助"不仅是"帮助"最常搭配的动词框架（占比 27.0%），而且也是这些动词中唯一不能被"帮忙"替代的，而"帮助"都可以跟"帮忙"剩余的六个高频动词组合。"对……有/没有帮助"这个动词框架表示对某人或某物给予积极（消极）影响。如：

（108）笔者就英文报纸标题的词汇、语法、类型及符号使用等方面作了些阐释，希望对大学生有所帮助。

上例中出现的助词"所"不仅使"帮助"名词化，而且也提升了该句的书面化程度，这与本身就具备较浓厚书面化色彩的"帮助"相契合。在抽取的样例中，更多的是不带"所"的框架结构，因"帮助"作宾语自身就具有指称功能。如：

（109）这不仅对正确翻译契约中的日期、金额和数字有帮助，而且对正确理解和翻译经贸契约也是大有裨益。

这一框架结构中会出现一些表示程度的副词或形容词。其中副词出现在"有/没有"之前，与介词短语一同作状语；而形容词出现在"帮助"之前，作定语。带有修饰成分的用例有 32 例，占这一框架结构所有用例数的 39.5%。表示程度低的修饰成分常见的有"小""毫""较"等，表示程度高的修饰成分常见的有"大""更""很""甚""相当"等。如：

（110）虽然学非专长，自信曾受高人指点，对各位阵式或许能小有帮助。

（111）普特南的语义理论，包括其代表作孪生地球思想实验对语义问题毫无帮助。

（112）汪卫东考察鲁迅杂文的用意，可能对理解《野草》更有帮助。

（113）用国债专项资金贷款兴建的 7 000 吨高强力工业丝技改项目已经投料试车成功，对公司主业的发展有相当的帮助。

上述各例中"帮助"都不能替换成"帮忙"。这是因为"帮忙"是不及物的，只有施事论元的一价动词，在其名词化作另一个动词的宾语之后，它的施事论元和这个作谓语的动词的施事论元同指，这样，"帮忙"唯一的论元已经用作主语，就没有多余的论元需要被介词引出，因而"帮忙"作另一个谓语动词的宾语时，前面不能与介宾结构同现。那为何"帮助"可以进入这个动词框架呢？这是由于"帮助"是二价动词，在其作另一个动词的宾语时，它的受事论元可以通过对象介词"对"外显出来，这样，"帮助"作宾语的动宾结构前面就会出现介引其受事论元的介宾结构。

"帮助""帮忙"作宾语时搭配的前十个高频动词，高度覆盖了二者大部分能搭配的动词，那么它们有什么差异，有什么不同的倾向性？接下来我们试通过知域、言域、行域三个层面，先从"帮助/帮忙"所指称的动作行为中析取出基本的语义特征，然后对各自的高频动词进行归类，最后归纳它们的差异。

由于"帮助""帮忙"（合称"帮×"）的词汇义是"替人出力、出主意或给以物质上、精神上的支援"，二者的语义框架中都包含三个要素：动作的发出者、动作的承受者以及动作行为力。"帮×"作宾语时实现其名词化，它指称"帮×"这一动作行为力由发出者向承受者传递后所产生的状态结果。此时的语义框架中，在两个参与者视角下，名词化的"帮×"与不同层面、不同语义类别的动词发生联系。对于动作发出者来说，"帮×"的动作行为力是向外延伸传递的。首先，知域方面便存在是否发出、愿不愿发出动作行为的意念；其次，言域方面便存在是否允准发出动作的言语行为；最后，行域方面便存在是否施予动作行为的过程。对于动作承受者来说，"帮×"的动作行为力是由外向内回拢的。首先，知域方面便存在是否需要这个行为支援的意念；其次，言域方面便存在是否发出对这个行为请求或回馈的言语行为；最后，行域方面便存在是否得到这一动作行为力的结果。

表 5 – 12   "帮×"不同层面不同视角下的语义特征分类

三域	动作发出者视角	动作承受者视角
知域	［±能愿］	［±需要］
言域	［±答应］	［±请求］
行域	［±给予］	［±得到］

基于以上分类，我们对与它们搭配的高频动词进行归类，见表 5 – 13。

表 5 – 13   与"帮助""帮忙"搭配的十个高频动词的语义类别分类

词汇	三域	动作发出者视角		动作承受者视角	
帮助	知域	［±能愿］		［±需要］	需要
	言域	［±答应］		［±请求］	寻求；请求
	行域	［±给予］	对……有/没有帮助；提供；给予；予以；带来	［±得到］	得到；有/没有……的帮助
帮忙	知域	［±能愿］	愿意；想；乐意；乐于	［±需要］	需要
	言域	［±答应］	答应	［±请求］	请求；要求
	行域	［±给予］		［±得到］	得到；有/没有……的帮忙

从表 5 – 13 可以看出，首先，"帮助""帮忙"作宾语时搭配的十个高频动词在动作发出者、动作承受者两种视角下的数量是平均分布的。其次，从视角类型上说，二者的差异主要体现在动作发出者视角。在动作发出者视角下，与"帮助"搭配的五个高频动词的语义类别都集中分布在行域方面，而与"帮忙"搭配的五个高频动词的语义类别分布在知域和言域方面，且知域的倾向性较强，即在动作发出者视角下，与"帮助""帮忙"搭配的五个高频动词是互补分布的。相对动作发出者来说，在动作承受者视角下，二者重合的四个动词都分布在其中，且它们在知、言、行三域中分布均衡。最后，从动词语义类别上说，与"帮助"搭配的高频动词倾向于行域，即倾向于搭配动作性强、语义实在的动作动词；而与"帮忙"搭配的高频动词倾向于知域，即倾向于搭配能愿动词或心理动词。

5.1.2.2 "帮助"充当的其他非谓语功能

"帮助"充当句子的非谓语成分不仅表现在宾语方面,还表现在各种句法成分的中心语上,而这是"帮忙"一词所不具备的[①]。在我们自建的400万字现代汉语语料库中,此类用法"帮助"共有11例,占其全部用例数的5.8%,占其全部非谓语成分用例数的22.9%。

此类"帮助"大部分用例(81.8%)分布在定语中心语中,表现在"帮助"进入"在 N 的 V$_双$ 下"这一介词框架,并占据其中的 V$_双$ 位置,充当定语中心语。如:

(114)从2011年开始,他便<u>在滑县政府的帮助下</u>探索如何以"运营"的规模去实现"种植的规模"。

(115)<u>在他的帮助下</u>,花旗走出坏账危机,股价扶摇直上。

邓永红(1999)指出,这一介词框架中的动词具有控制义,并说明"控制"是指以各种方式来施加影响。可见"帮助"一词具有显著的[+控制]语义特征,这也可解释上文提到的"帮助"作宾语最常搭配的"对……有/没有帮助"这一表施加影响义的动词结构。在"在 N 的帮助下"中,"N"主要是"帮助"动作行为的施事,这种情况占其全部用例数的77.8%,如例(114)(115)。"N"还能够表示实施"帮助"动作行为的工具或手段,但所占比重较小,仅占22.2%。如:

(116)晚上是鱼宴,廖卡拉手风琴,静静的夜,在我们的情绪里飞扬,<u>在酒的帮助下</u>,我们遨游河谷神秘的天空,找不到回家的路。

"帮助"除了能在介词框架中作定语中心语,还可以作句子或小句的主语中心语,占其作中心语全部用例数的18.2%。"帮助"前面出现对象介词"对"引出的介宾短语作定语,其中包含"帮助"这一动作行为的受事。如:

(117)穿戴智能设备和虚拟现实技术兴起,<u>对我们的帮助</u>很大。

(118)他是我一个非常好的良师益友,我张国立能有今天,跟邹静之<u>对我这么多年</u>的帮助和互动也有关系。

[①] "帮忙"在书面语体中不具有这样的用法,在口语对话中会出现极个别的用例,但可接受度较低,因此我们认为"帮忙"不具备充当除宾语中心语之外的其他句法成分的中心语。

5.2 "帮"组词习得情况考察

本节我们主要考察留学生"帮"组同素同义词的习得情况，并根据上面本体规则的比较研究，试对留学生偏误现象进行分析解释，从而结合学生的习得情况，在本体规则的基础上提出教学建议。

在考察习得情况之前，我们先看一下"帮"组同素同义词在大纲和教材中的安排情况。在《汉语水平词汇与汉字等级大纲》中，"帮助"被列为甲级词，"帮""帮忙"被列为乙级词；在《高等学校外国留学生汉语教学大纲》（长期进修）中，三者都属于初等阶段词汇，其中"帮助"为最常用，"帮""帮忙"为次常用；在《高等学校外国留学生汉语言专业教学大纲》中，三者都在一年级词汇表中，其中"帮助"是一级词汇，"帮""帮忙"是二级词汇。在三个通用大纲中，"帮助"都被列为最先学、最先掌握的词。

我们在南京师范大学留学生学习汉语的教材中，发现"帮助"最先出现在初级阶段综合课本Ⅰ"我现在生活很好"和听说课本Ⅰ"您身体好吗"中（都是第十三课）；"帮"最先出现在听说课本Ⅰ"您在做什么"听力部分（第十四课）和综合课本Ⅰ"他经常帮我买早饭"（第十六课）中；"帮忙"最先出现在听说课本Ⅱ"复习（八）"听力部分（第四十课）和综合课本Ⅲ"她想自己租房子住"（第四十二课）中。此外，在初级阶段综合课本（Ⅰ、Ⅱ、Ⅲ、Ⅳ）和听说课本（Ⅰ、Ⅱ、Ⅲ、Ⅳ）中，"帮助"的出现频次最多，有21次；其次是"帮"，出现13次；"帮忙"仅出现3次。教材中各词的出现顺序与大纲列出的先后顺序相一致。

5.2.1 总体使用情况

我们先看一下留学生对"帮"组词的使用频次及频率的整体情况。在150万字（初、中、高三级各50万字）的留学生作文语料库中，我们检索到506例"帮"组同素同义词，其中"帮"134例（26.5%），"帮助"339例（67.0%）、"帮忙"33例（6.5%）。即留学生对这三个词的使用频率高低排序为："帮助" > "帮" > "帮忙"，这与教材中各词出现频次的多少排序是一致的，但与上文提到的汉语本族人对它们的使用频率排序不一致，可见留学生在"帮"组词的输出方面受教材的影响大于自然语言环境中的影响。现将留学生在各个等级中对这组词的使用数量统计出来，并与本族人等量语料（从 400 万字中随机抽取 50 万字）中的使用数量进行比较。

表 5 – 14　中介语作文语料库中各等级"帮"组词的使用情况

级别	帮	帮助	帮忙	总计
初级	58 例	143 例	6 例	207 例
中级	41 例	79 例	13 例	133 例
高级	35 例	117 例	14 例	166 例
本族人	47 例	23 例	28 例	98 例

　　我们发现，初级、中级、高级各阶段留学生使用的总量都多于本族人对"帮"组词的使用量，其平均使用量是本族人的 1.7 倍。可见，这组词有较为明显的超量使用情况。具体到每个成员来看，单音节词"帮"的出现频次与学时等级成反比，初级阶段存在超量使用的情况，此时的使用量是本族人的 1.2 倍，略低于平均倍数，到中级、高级阶段时使用量逐渐减少，都低于本族人的使用量，转而出现使用不足的问题；双音节词"帮助"的使用量在初级阶段最高，高级阶段次之，中级阶段最低，该词使用量的发展趋势与整个"帮"组词的使用总量走势一致，即"帮助"的使用量优势决定了整组词使用总量的发展特征，"帮"组词总体上的超量使用主要是由"帮助"一词的超量使用贡献的。"帮忙"的出现频次与学时等级成正比，各个学时阶段的使用量都不及本族人的使用量，即全部学习阶段都存在使用不足的现象。可见，虽然"帮"组词整体的使用量给人以超量使用的印象，但实际上只是"帮助"一词的超量使用，而另外两个成员都因"帮助"的超量使用而受到抑制，因此使用不足。

　　留学生作文中"帮"组各词的使用都分布在哪些用法中，是否与本族人的使用倾向相一致？我们对这 506 个用例所分布的用法进行了统计，具体见表 5 – 15。

表 5－15　中介语作文语料库中"帮"组词的句法分布情况

句法功能	句法分布类型	帮	帮助	帮忙
充当句子谓语成分	1. "帮""帮助"仅带体词性宾语没有后接成分	54 例（40.3%）	155 例（45.7%）	2 例（6.1%）
	2. "帮""帮助"先带体词性宾语再接动词性成分	71 例（53.0%）	46 例（13.6%）	3 例（9.1%）
	3. "帮""帮助"先带一个名词性成分再接另一个名词性成分	0	0	0
	4. "帮"先带体词性宾语再接数量补语	0	0	0
	5. "帮""帮助""帮忙"带谓词性宾语	0	0	1 例（3.0%）
	6. "帮""帮助""帮忙"以光杆形式受状语修饰	3 例（2.2%）	39 例（11.5%）	0
	7. "帮助""帮忙"以光杆形式充任连谓结构中后一个谓语动词	0	9 例（2.7%）	3 例（9.1%）
	8. "帮""帮助"只带补语，没有后续成分	0	0	0
	9. "帮""帮助"先带补语再接宾语	0	0	0
	10. "帮""帮忙"以光杆形式单独作谓语	0	0	0
	11. "帮""帮忙"以光杆形式进入某些固定的句法框架中	0	0	0
	12. "帮忙"的离析形式	0	0	22 例（66.7%）
	13. "帮忙"前面出现介引的关涉对象	0	0	0

（续上表）

句法功能	句法分布类型	帮	帮助	帮忙
充当句子非谓语成分	14. "帮助""帮忙"充当宾语	4 例（3.0%）	54 例（15.9%）	2 例（6.1%）
	15. "帮助"充当定语、主语或其他成分的中心语	2 例（1.5%）	36 例（10.6%）	0

我们看到，首先，留学生使用"帮"组词的用法类型比本族人的要少得多。对本族人来说，"帮""帮助"都有 10 种句法分布，而留学生的中介语语料中"帮"仅出现了 5 种，"帮助"只出现了 6 种，其中留学生在"帮"的用法上还包含两种本族人不会使用的用法；"帮忙"出现 9 种用法，而留学生产生 6 种，其中两种是本族人不会使用的。其次，留学生使用"帮"组词在用法类型倾向性上与本族人也不尽相同。作文语料中单音节词"帮"集中分布在仅带体词性宾语和先带体词性宾语再接动词性成分两种用法上，且后者的出现频次多于前者，这与本族人使用"帮"的优势用法及倾向性是一致的[①]。留学生对于"帮助"各用法的使用频次，在仅带体词性宾语中分布最多，其次是充当宾语的用法，再次是先带体词性宾语再接动词性成分的用法。关于"帮助"带体词性宾语的两种用法，前者过量使用，后者过少使用，留学生与本族人对于"帮助"的优势用法及倾向性是不同的。留学生对于"帮忙"的使用主要分布在其离析形式上，而本族人经常使用的"帮忙"以光杆形式充任连谓结构中后一个谓语动词的用法，留学生作文语料中仅出现个别用例。最后，留学生中介语作文语料库中出现了本族人不会使用的不合语法的情况，如"帮"出现了充当宾语及其他句法成分中心语的用例，"帮忙"出现了直接带体词性宾语的用例。

留学生使用"帮""帮助"仅带体词性宾语的用法时，宾语音节数量的分布情况见表 5 - 16。

---

① 郭曙纶（2013）基于 HSK 动态作文语料库对"帮"一词的句法分布进行研究，指出"帮"后只带体词性宾语的用法过多使用，而先带体词性宾语再接动词性成分的用法过少使用。但我们基于南京师范大学 150 万字汉语中介语作文语料的数据统计，发现这与郭文的结论不同。南京师范大学留学生使用汉语教材中"帮"出现频次最多的就是先带体词性宾语再接动词性成分的用法，受教材输入影响，作文语料中出现的"帮"在这一用法上占有数量优势。

表 5 - 16   中介语作文语料库中"帮""帮助"仅带体词性宾语的音节数量情况

类型	帮	帮助
单音节宾语	37 例	32 例
双音节宾语	8 例	53 例
多音节宾语	9 例	70 例

上文提到,本族人使用"帮""帮助"仅带体词性宾语的用法时,"帮""帮助"都倾向于搭配单音节宾语,"帮助"与双音节宾语搭配时没有明显的倾向性,且"帮"相对倾向于搭配双音节宾语;与"帮"相比,"帮助"搭配多音节宾语的倾向性明显。参照本族人的搭配倾向性,留学生使用"帮"搭配单音节宾语的倾向性十分明显,这是与本族人相一致的;而对于"帮助"来说,留学生搭配宾语音节数量的倾向性与本族人完全不同。

在 506 例"帮"组词的用例中,正确用例有 361 例,偏误用例有 145 例,平均正确率为 71.3%,总体上留学生对"帮"组词的习得情况并不十分理想。各学时等级中"帮"组各词的正误情况具体见表 5 - 17。

表 5 - 17   中介语作文语料库中各等级"帮"组词的正误情况

级别	帮		帮助		帮忙	
	正	误	正	误	正	误
初级	29 例	29 例	94 例	49 例	1 例	5 例
中级	21 例	19 例	66 例	13 例	10 例	3 例
高级	27 例	9 例	100 例	17 例	13 例	1 例
总计	77 例	57 例	260 例	79 例	24 例	9 例

"帮"组词在初级阶段的正确用例有 124 例,偏误用例有 83 例,其正确率为 59.9%,低于平均正确率;中级阶段的正确用例有 97 例,偏误用例有 35 例,其正确率为 73.5%,略高于平均正确率;高级阶段正确用例有 140 例,偏误用例有 27 例,其正确率为 83.8%,高于中级阶段的正确率。可见,随着学时等级的提高,留学生"帮"组词的正确率也随之提高。

初级阶段使用量、偏误量都达到最高值,其中"帮忙"的偏误量多于其正确用例数;中级阶段使用量大幅度减少,因"帮助"偏误量的骤减、

"帮忙"正确用例数的猛增，此时整个偏误量也大幅度锐减；高级阶段使用量有所回升，偏误量却并不随之增加，主要原因在于"帮"的偏误率大幅度降低。可见，留学生从初级到中级是习得"帮助""帮忙"的关键期，而从中级到高级是习得"帮"的关键期。

5.2.2　正确用例情况考察

按照"帮""帮助""帮忙"的顺序，我们来看一下"帮"组词在各学时等级的正确用例情况。

1. 帮

随着学时等级的提高，留学生使用"帮"的正确率逐渐攀升，从初级的 50.0% 缓升至中级的 52.5%，进而骤升到高级的 75.0%。初、中、高三个学时等级"帮"的正确用例都分布在仅带体词性宾语以及先带体词性宾语再接动词性成分两种用法中，这也是"帮"使用量最多的两种分布类型。

初级阶段，"帮"仅带体词性宾语的正确用例有 21 例，先带体词性宾语再接动词性成分的正确用例有 8 例。如：

（119）我有那么难的练习，他可以帮我。（初级越南）
（120）到古城后他帮我们找一个住的地方。（初级韩国）

例（119）是"帮"仅带体词性宾语的用例。例（120）是"帮"先带体词性宾语再接动词性成分的用例，此时"帮"和后续主要动词"找"的施事同指，都是"他"，即"帮"进入连动句中。初级阶段"帮"的此类正确用例全部都归入连动句。

上文提到中级到高级阶段是留学生习得"帮"的关键期，主要在于这个过渡阶段正确率提高了 22.5%。中级阶段留学生使用"帮"仅带体词性宾语的正确用例有 12 例；先带体词性宾语再接动词性成分的正确用例有 9 例，且所有此类正确用例中，"帮"与后续动词施事同指，这一句法分布属于连动句。中级阶段留学生对于"帮"的使用量减少，正确用例数虽较之以往要少，但正确率已高于偏误率。到了高级阶段，"帮"仅带体词性宾语的正确用例有 9 个；先带体词性宾语再接动词性成分有 18 个正确用例，其中 17 例"帮"与后续主要动词的施事同指，1 例"帮"与后续主要动词的施事同指，且"帮"后宾语也是后续动词的施事。前者归属连动句，后者既可算连动句，也可算兼语句。如：

215

（121）遇到困难的时候，他都<u>帮我</u>的。（中级韩国）

（122）如果学生碰到问题我肯定会<u>帮他</u>，但是什么都有限制。（高级罗马尼亚）

（123）李彬同意<u>帮张亮做手术</u>。（中级日本）

（124）学生都求他和国家的最大的福利院的领导联系，请他<u>帮学生收集钱</u>。（高级巴基斯坦）

（125）他忙忙碌碌地<u>帮我一起去找</u>。（高级韩国）

例（121）（122）中"帮"仅带体词性宾语，例（123）（124）（125）中"帮"先带体词性宾语再接动词性成分。例（123）中"帮"和"做"的施事都是"李彬"，例（124）中"帮"和"收集"的施事都是"他"，这2例"帮"进入连动句；例（125）中因出现表协同义的副词"一起"，所以"找"的施事不单包括"他"，也包括"帮"的宾语"我"，此例"帮"进入的既是连动句，也是兼语句。

在整个习得阶段，我们看到留学生"帮"仅带体词性宾语的正确用例数逐渐减少，"帮"先带体词性宾语再接动词性成分的正确用例数逐渐增加。随着学生汉语水平的不断提高，仅带体词性宾语的简单结构已越来越不能满足学生表达信息的需要，于是开始逐渐后接动词性成分说明"帮"的动作行为，加之汉语中"帮"先带体词性宾语再接动词性成分本来就是最强势的句法分布，以及教材中"帮"这类用法的大量输入，留学生随着汉语水平的提高，中介语中也出现越来越多的"帮"的这类用法，逐渐向本族语规则靠拢。

2. **帮助**

"帮助"各阶段的正确率也跟学时等级成正比，与留学生习得"帮"的关键期不同的是，"帮助"正确率的大幅度提升是在初级到中级这个过渡阶段，正确率从初级的65.7%猛升至中级的83.5%，高级阶段进一步升到85.5%。"帮助"正确用例分布的用法类型要比"帮"多，有6种类型，且每一阶段都存在这6种：仅带体词性宾语（130例），作宾语（36例），以光杆形式受状语修饰（32例），先带体词性宾语再接动词性成分（30例），作定语中心语（28例），以光杆形式充任连谓结构中后一个谓语动词（4例）。

初级、中级阶段，"帮助"仅带体词性宾语的正确用例都是最多的，分别有40例、35例。以光杆形式受状语修饰在初级阶段的正确用例数居于第二，有23例，到中级时急剧减少，仅有3例。作定语中心语在初级阶段的正确用例数居于第三，有12例，到中级时减少到5例。作宾语在初级阶段的正确用例数居于第四，有 11 例，到初级时减少到 8 例。先带体词性宾语再接动词性成分在初级阶段的正确用例数居于倒数第二位，有 9 例，到中级时增加到 14 例，正确用例数跃居第二。初级、中级阶段"帮助"此类用法的全部正确用例都是宾语为后续主要动词的施事，即"帮助"此类句法属于兼语句，与本族人使用"帮助"这类句法时倾向于兼语句是一致的。以光杆形式充任连谓结构中后一个谓语动词在初级、中级阶段都是正确用例数分布最少的类型，分别有 2 例、1 例。虽然大部分类型的正确用例数在初级到中级有了不同幅度的减少，仅个别类型的正确用例数有所增加，但由于"帮助"整体使用量在这个过渡阶段减少，相应的正确率得到提升，故而我们说初级到中级的过渡阶段是留学生习得"帮助"的关键期。如：

（126）我们班的学习方面最好的学生帮助我。（初级韩国）

（127）她用英语回答，我就明白她要帮助我……（中级法国）

（128）业余时间我跟朋友一起去公园玩儿或者说自己的爱好，我们互相帮助。（初级乌干达）

（129）我们可以期待，将来人类与动物互相帮助。（中级韩国）

（130）在老师的帮助下我的学习越来越好起来了。（初级坦桑尼亚）

（131）在老师和同学的帮助下，我的外语水平慢慢提高。（中级未详）

（132）尽管我没给他那么大的帮助，但我心里感到很满意。（初级乌干达）

（133）她很年轻，一定不到十八岁，脸上带着焦急的神气，看起来需要帮助，需要跟别人说话。（中级意大利）

（134）我帮助孩子们做作业和每次告诉他们一件故事。（初级意大利）

（135）我帮助北京电视台拍那个片子的时候我的汉语水平提高很多了。（中级美国）

（136）他对我非常好。无论我遇到什么困难，他都会伸出手来帮助。（初级越南）

（137）他是很有良心的人，看到别人遇到困难的时候都去帮助。（中级老挝）

例（126）（127）是"帮助"仅带体词性宾语的正确用例，跟本族人使用较为一致的是，留学生在此类用法上也倾向于带单音节代词宾语，这一点也同他们使用"帮"仅带体词性宾语的倾向性相同。例（128）（129）是"帮助"以光杆形式受状语修饰的正确用例，留学生此类用法中使用的状语成分较为单一，都是"互相"类副词。例（130）（131）是"帮助"作定语中心语的正确用例，留学生此类用法的大多数用例是将"帮助"作中心语的定中短语整个放进"在……下"的介词框架中。例（132）（133）是"帮助"作宾语的正确用例，本族人使用"帮助"作宾语时搭配频率最高的动词并不常见于留学生的中介语中，而留学生倾向于使用谓语动词"给""需要"搭配"帮助"。例（134）（135）是"帮助"先带体词性宾语再接动词性成分的正确用例，此时它们都属于兼语句，"孩子们"是"做"的施事，"北京电视台"是"拍"的施事。例（136）（137）是"帮助"以光杆形式充任连谓结构中后一个谓语动词的正确用例，此类连谓结构的前一个谓语动词，在留学生中介语中的表现较为单一，即"来"或"去"。

从初级到中级，"帮助"正确用例所分布的用法类型，有两处变化最大：一是中级阶段先带体词性宾语再接动词性成分这一句法的正确率大幅度提高，从初级的30.0%骤升至中级的70.0%。这是因为中级阶段使用的教材《桥梁》（上、下）中，除了出现频次最多的仅带体词性宾语的用法之外，便是居于第二的先带体词性宾语再接动词性成分的用法。二是初级阶段经常使用的"帮助"以光杆形式受状语修饰的用法，到中级时使用量大幅度减少，这是因为初级阶段使用的教材《强化教程》中，此类用法出现较频繁，且状语都是表交互义的副词"互相"，不见其他类型的状语，学生对二者搭配的"互相帮助"，是以类似语块的形式加以使用的，并未真正意识到修饰"帮助"的状语成分及这一句法的使用规则。到了中级阶段，教材不再出现"互相帮助"的用例，没有了教材中对此的输入刺激，学生自然减少使用"互相帮助"的用例。

到高级阶段，正确用例数最多的类型依然是带仅带体词性宾语，有55例（55.0%），且在高级阶段此类用法仅有1例偏误，可见，留学生基本已习得"帮助"这一用法。"帮助"作宾语是此阶段正确用例中数量居于第二的用法，有18例（18.0%），与初级、中级阶段相比，"帮助"作宾语时搭配的谓语动词要丰富许多，除了有初级、中级阶段就已出现过的"给""需要"之外，还出现了"得到""有/没有……的帮助""感谢"等谓语动词。正确用例数居于第三的用法是"帮助"作定语中心语以及先带体词性宾语再接动词性成分这两种，它们各有10例（10.0%）。前者延续初级、中级阶段留学生在"在……下"中使用"帮助"作定语中心语的倾向性；后者延续初级、中级阶段留学生将其用如兼语句的倾向性。对于后者，需指出的是，高级阶段的正确用例数相较于中级有所回落，虽然此阶段使用的教材《高级汉语教程》中，其出现频次已居于第一，超过仅带体词性宾语的用法，但留学生对于这一较为复杂的句法的习得情况并不稳定，且在"帮助"以整体上存在超量使用的情况下，留学生对"帮助"的这一用法回避使用。"帮助"以光杆形式受状语修饰的正确用例数居于第四，有 6 例（6.0%），高级阶段随着留学生词汇丰富度的增加，状语成分不再局限于"互相"类副词，还出现了能愿动词的正确用例。"帮助"以光杆形式充任连谓结构中后一个谓语动词的正确用例依旧是最少的，仅 1例（1.0%），与"帮助"共现的前一个谓语动词依旧是"来"。如：

（138）陈焕生有难的时候，吴书记帮助了他。（高级波兰）

（139）在美国如果要想得到政府的帮助，你的收入必须低于一个特定值。（高级美国）

（140）在他的军队的帮助下对受伤的敌人急救。（高级古巴）

（141）学校也认同学生的个性后，帮助他成功。（高级韩国）

（142）各自发生不好的事情的时候也许你能帮助。（高级韩国）

（143）我们国家现在还需要很多国家来帮助。（高级老挝）

3. 帮忙

同"帮""帮助"一样，"帮忙"在中介语作文语料库中的正确率随着留学生学时等级的提高而上升。此外，它同"帮助"一样，从初级到中级的过渡阶段是习得关键期。

初、中、高三级的正确用例数分别为 1 例、10 例和 13 例。其中，"帮忙"的动词性语素和名词性语素的离析形式，是"帮忙"正确用例中最主要的分布类型，中级有 7 例，高级有 12 例，占其离析形式全部用例数的86.4%。可见，留学生一旦选择离析形式，其使用状况较好。如：

（144）爸爸，我能帮你的忙吗？（中级德国）

（145）来中国的第一天，我的中国朋友帮我一个忙，找到了房子。（高级越南）

在中级阶段，留学生使用"帮忙"的离析形式时，中间插入的成分都是关涉对象，如例（144）；到了高级阶段，插入成分变得多样起来，不仅有关涉对象，还有数量短语，如例（145）。

"帮忙"合体形式的正确用例仅有 5 例，按出现频次多少排序，其分布类型分别有：以光杆形式充任连谓结构中后一个谓语动词（3 例）、带谓词性宾语（1 例）、作宾语（1 例）。如：

（146）因为去杭州的游人太多，所以怎么也买不到车票，只好<u>请一位中国朋友帮忙</u>。（中级越南）

（147）我想着打给他电话<u>请他帮忙</u>。（高级未详）

（148）我把要<u>帮忙开会</u>的人分成两个组，……（初级韩国）

（149）<u>感谢你们的帮忙</u>，我很高兴。（中级韩国）

例（146）（147）是"帮忙"以光杆形式充任连谓结构中后一个谓语动词的正确用例，此类用法出现在中级、高级阶段，且共现的第一个谓语动词都是"请"。例（148）是"帮忙"带谓词性宾语的正确用例，且这是初级阶段"帮忙"唯一的正确用例。例（149）是"帮忙"作宾语的正确用例。

留学生作文中出现"帮忙"带谓词性宾语及以光杆形式充任连谓结构中后一个谓语动词的用例，深受教材输入的影响。初级教材中出现的 8 个"帮忙"的用例，其中 2 个是带谓词性宾语的用法，而中级、高级教材中没再出现"帮忙"带谓词性宾语的用法，可见在初级阶段中留学生会出现此用法的正确用例，而之后的学习阶段却没再出现，与教材输入密切相关。初级阶段教材中还出现 4 例"帮忙"以光杆形式充任连谓结构中后一个谓语动词的用例。留学生作文中虽也出现这一类型，但初级阶段没有正确用例，都是偏误用例。中级教材中出现的"帮忙"用例，除了大部分离析形式之外，就是其以光杆形式充任连谓结构中后一个谓语动词的用法，从这一阶段的中介语语料来看，以光杆形式充任连谓结构中后一个谓语动词的正确用例数占全部正确用例数的 20.0%。高级教材中出现的"帮忙"用例，除了离析形式外，主要还有以光杆形式受状语修饰、以光杆形式单独作谓语、以光杆形式充任连谓结构中后一个谓语动词这三种类型，而高级阶段的留学生作文中，"帮忙"合体形式的正确用例仅有 1 例。可见，综观整个学时阶段，留学生对于"帮忙"合体形式的使用并未完全习得。

5.2.3　偏误用例情况考察

郭曙纶（2013）基于 HSK 动态作文语料库指出留学生使用"帮"的偏误表现在四个方面：一是"帮"带宾语后的动词性成分使用错误；二是"帮"带的宾语与后接的动词性成分之间误加"的"；三是"帮"后面缺少宾语；四是"帮"残缺或后接的动词性成分残缺。彭越（2014）基于 HSK 动态作文语料库考察"帮""帮助"的偏误情况，指出二者都是误代偏误最为严重，其次遗漏偏误也占较大比重。以上两篇针对单个或部分"帮"组词的偏误情况考察，都是基于 HSK 动态作文语料库现有的标注进行的，其中将与之无关的偏误或偶然错误亦统计进去，加之缺乏从"帮"组同素同义词内部联系的视角考察偏误现象，就容易得出偏颇的偏误原因。正因为如此，我们基于初、中、高三级等量语料对"帮"组同素同义词的偏误用例进行整体考察，分析其偏误类型及原因。

"帮"组词的偏误类型，按出现频次的多少排序，即：误代 > 遗漏 > 冗余 > 错序。具体数据见表 5 – 18。

表 5 – 18　中介语作文语料库中"帮"组词的偏误类型及数量分布

词汇	级别	误代	遗漏	冗余	错序
帮	初（共 29 例）	23 例	3 例	2 例	1 例
	中（共 19 例）	16 例	0	2 例	1 例
	高（共 9 例）	6 例	3 例	0	0
帮助	初（共 49 例）	26 例	20 例	2 例	1 例
	中（共 13 例）	8 例	3 例	2 例	0
	高（共 17 例）	10 例	5 例	2 例	0
帮忙	初（共 5 例）	5 例	0	0	0
	中（共 3 例）	3 例	0	0	0
	高（共 1 例）	0	1 例	0	0

可以看出，"帮"组词全部成员都是误代偏误最多，是它们最主要的偏误类型。其中"帮忙"误代的偏误率最高（88.9%），"帮"次之（78.9%），"帮助"最低（55.7%）。对于"帮""帮助"来说，遗漏是较典型的偏误；冗余和错序的数量都较少，是非典型偏误，"帮忙"中更是没有这两种类型。

接下来我们按照偏误类型所占比重的高低，分别探讨"帮""帮助""帮忙"的偏误情况。

5.2.3.1　误代偏误

1. 帮

在"帮"误代偏误的用例中，主要是"帮"对双音节词"帮助"的误代。我们先看"帮"对双音节词"帮助"的误代偏误，这一大类有 36 例，占其全部误代用例数的 80.0%。根据这些误代偏误分布的用法类型，可细分为"帮"先带体词性宾语再接动词性成分（27 例），"帮"充当非谓语句法成分（6 例），以及"帮"以光杆形式受状语修饰（3 例）。

上文提到"帮"先带体词性宾语再接动词性成分组成的句法序列绝大多数归属于连动句，而"帮助"在这一相同的句法序列中绝大多数归属于兼语句，二者基本呈对立分布状态。由于"帮""帮助"在先带体词性宾语再接动词性成分中的同形异构，留学生比较容易混淆，借这一句法序列想表达兼语句的语义时，出现"帮"误代"帮助"的偏误。此类误代初级有16例，中级有8例，高级有3例，即随着学时等级的提高，偏误量逐渐减少。如：

（150）＊他帮我去看医生。（初级老挝）

（151）＊电子词典对我很重要，它帮我学习。（中级越南）

（152）＊考试的分数帮我去中国留学。（高级俄罗斯）

上述3例在句法上都是成立的，但所要表达的语义却有偏差。例（150）将"帮"放在这个句法序列中，倾向于表达"他看医生"，而不是"我看医生"，替换成"帮助"后，表达"他从旁协助我去看医生"，语义就非常明晰。在"帮/帮助＋体词性宾语＋动词性成分"的句法序列中，上文提到"帮"前面的主语倾向于［＋有生性］，而"帮助"的主语倾向于［－有生性］，因而例（151）中的"电子词典"、例（152）中的"考试的分数"都倾向于搭配"帮助"作谓语动词，因而这2例也是"帮"误代"帮助"。

单音节词"帮"误代双音节词"帮助"的偏误用例，还表现在"帮"充当非谓语句法成分上。具体可再分为"帮"用作宾语和定语中心语，前者有4例，后者有2例。此类误代主要发生在初级阶段，仅有1例发生在中级阶段。如：

（153）＊当时我不会汉语，只好从朝鲜族接受帮。（初级韩国）

（154）＊在广州工作时候周围都说广东话，所以给我帮不太多。（中级韩国）

（155）＊我告诉他在老师的帮和关心下我汉语说得很熟练。（初级坦桑尼亚）

例（153）（154）中"帮"都在句中充当宾语；例（155）中"帮"在介词框架"在……下"中作定语中心语。"帮"不能充当任何非谓语成分，以上3例中的"帮"都应改为"帮助"。

上文提到"帮"在全部用例中都只具备充当谓语的句法功能，是

"帮"组同素同义词中具有原型特征的典型动作动词，这是它与"帮助""帮忙"在句法上最显豁的差异，这一点对于留学生习得"帮"组词来说，难度较小，因而留学生到了中级、高级阶段，基本不会出现"帮"误代"帮助"作非谓语成分的偏误。

此外，"帮"误代"帮助"的偏误用例还分布在"帮"以光杆形式受状语修饰的用法上，这类偏误有 3 例，且都表现为"互相"与"帮"相搭配的偏误。虽然初级教材中多次出现"互相帮助"，而且学生产出"互相帮助"的正确用例数远远多于偏误用例数，但由于他们不了解单双音节动词与副词的搭配规律，因而还是会产出偏误的用例，其中 2 例发生在初级阶段，1 例发生在中级阶段，这与"帮助"状动结构正确用例的高峰期相吻合，是留学生探索使用表交互义的副词与动词相搭配的阶段。如：

（156）＊学习的时候我们也<u>互相帮</u>，我们的成绩越来越好。（初级老挝）

（157）＊如果世界一起<u>互相帮</u>，能处理这个问题。（中级韩国）

2. 帮助

"帮助"的误代偏误类型要比"帮"的复杂得多，与"帮"的误代偏误量随学时等级的提高而减少不同的是，"帮助"的误代偏误初级最多，中级最少，到了高级又有所增加。在"帮助"误代偏误的用例中，数量最多的是"帮助"误代"帮"组词其他成员，有 12 例（27.3%）；第二是"帮助"自身用法之间的误代，有 10 例（22.7%）；第三是"帮助"作宾语时与其相搭配的动词或介词的误代，有 9 例（20.5%）；第四是与"帮助"共现的介词框架、动词或修饰成分的误代，有 8 例（18.2%）；第五是"帮助"误代其他动词或介词，有 5 例（11.4%）。可以看出，"帮助"误代类型多样，因而没有像"帮"那样具有占绝对优势的偏误类型。

先看"帮助"误代"帮"组词其他成员的偏误用例。在这一类中，以"帮助"误代"帮忙"居多，有 7 例，分布在以光杆形式进入连谓结构中后一个动词的位置和以光杆形式受状语修饰这两种用法上。上文提到，汉语本族人使用"帮助""帮忙"时，其光杆形式都能充任连谓结构中后一个谓语动词，但"帮忙"具有显豁的使用倾向性，而"帮助"用例极少，且前面可共现的动词受限制。此外，"帮助""帮忙"以光杆形式受状语修饰时，本族人也是倾向于使用"帮忙"，而"帮助"的使用具有句法位置上的限制性。这主要是由于"帮助"的及物性程度较高，其光杆形式的用法不如"帮忙"灵活自由。然而，留学生缺乏汉语语感，在光杆形式充任连谓结构后一个谓语动词及前面出现状语修饰时，过度使用"帮助"，导致句子的可接受度较低。此类"帮助"误代"帮忙"的用例，可看作"帮助"的超量使用，是导致"帮忙"各阶段使用量不足的原因之一。"帮助"误代"帮忙"的偏误，初级、中级各有3例，高级有1例。如：

（158）＊我们不会的时候，请老师帮助。（初级日本）
（159）＊愚公叫家人一起来帮助。（中级韩国）
（160）＊妈妈做泡菜的时候，我在一旁帮助。（中级韩国）
（161）＊他都看见了，很想帮她，但没能帮助，因为他不太好意思。（高级韩国）

例（158）（159）是"帮助"以光杆形式充任连谓结构中后一个谓语动词的误代用例；例（160）（161）是"帮助"以光杆形式受状语修饰的误代用例。以上"帮助"改为"帮忙"后，句子的可接受度大大提高。

"帮助"误代"帮"的偏误有5例，数量仅次于"帮助"对"帮忙"的误代。它们分布在先带体词性宾语再接动词性成分的用法中，且这一句法序列在语境中都表达连动句的语义。上文提到，"帮助"进入这个句法序列时，基本上表达的是兼语句的语义，因而要想这个句法序列表达连动句的语义，当优选"帮"。此类误代初级出现3例，中级、高级各1例。如：

（162）＊我的朋友一看到她，就帮助她拿着她的包，让她受伤的手不拿东西。（初级韩国）
（163）＊我看一位青年的人帮助老人买面包，然后送面包到老人的家里给他。（中级未详）
（164）＊我很生气，但是我不能乱发脾气，因为他那天帮助我办我的事。（高级韩国）

上述3例，根据语境，学生想表达的是"我的朋友""青年""他"是后续主要动词"拿""买""办"的施事，即表达的是连动式的语义，所以应使用"帮"。上文提到，"帮"误代"帮助"主要发生在初级阶段，此处"帮助"误代"帮"的高发期也是初级阶段，可见，"帮/帮助＋NP＋VP"的句法序列是留学生初级阶段的习得难点，表现在容易混淆二者语义表达的倾向性上。

接下来看"帮助"自身用法之间的误代，这是"帮助"内部的误代，这类偏误指的是"帮助"仅带体词性宾语的用法对它先带体词性宾语再接动词性成分的误代。由于教材中输入"帮助"仅带体词性宾语的用法数量最多，且它的结构也最简单，留学生就易将这一用法超量使用。上文提到，"帮助"先带体词性宾语再接动词性成分的用法是本族人使用最多的；而留学生对此的使用量远远不足，这便是受到"帮助"仅带体词性宾语超量使用的抑制。我们之所以有上面的判定，认为这里不该使用仅带体词性宾语的用法，是因为宾语须具备［＋有生性］的语义特征。此类误代主要发生在初级阶段，有 8 例，还有 2 例出现在高级阶段。如：

（165）＊她请一个朋友代替她<u>帮助我的学习</u>。（初级韩国）
（166）＊她的孙子<u>帮助她的生活</u>。（高级韩国）

例（165）（166）从偏误来源上判定，是"帮助"内部两种用法的误代，而这类偏误从语言表层形式上看，以助词"的"的冗余居多；仅有个别用例是助词"的"误代动词。如：

（167）＊家人一直<u>帮助我的问题</u>，我心里感谢得不得了。（初级柬埔寨）

例（167）中可改为"帮助我解决问题"。

"帮助"误代偏误数量居于第三的是它作宾语时与其相搭配的动词或介词的误代。"帮助"具有充当宾语的句法功能，留学生意识到这一点，却出现与其相搭配的动词或介词的误用，正确的动词、介词与误用的动词、介词之间也是易混淆关系。其中表目的的介词"为了"常误代表原因的介词。此类误代偏误贯穿整个学时阶段，可见"帮助"作宾语时与其相搭配的动词或介词是留学生的习得难点。如：

（168）＊我们能坐 8 个小时到别的大洲去，又快又便宜。我们能随时<u>收到帮助</u>，食品什么的。我们不是超人吗？（高级波兰）

例（168）中"收到"误代"得到"。

与"帮助"共现的介词框架、动词或修饰成分的误代与上一类相同，它并非"帮助"自身引发的偏误，而是与之产生联系的语言成分的偏误，如果说前者是直接的误代偏误，那么后者就是间接的误代偏误。此类误代可细分为介词框架"在……下"中常项成分的误代（2 例）、与"帮助"

共现的动词的误代（3 例）以及"帮助"前面出现的定语或状语的误代（3 例）。如：

（169）＊在我的老师的帮助以下我的汉语水平越来越高。（初级斯里兰卡）

（170）＊有一位邮局职员的极积（积极）的帮助下，那天我成功寄了信。（高级韩国）

（171）＊我的汉语不好，需要汉语老师过来帮助我。（初级马来西亚）

（172）＊他需要一个老师在帮助他，告诉他怎么学习才好。（高级罗马尼亚）

（173）＊我跟好朋友可以一起帮助。（初级印度尼西亚）

（174）＊这时，既然他们把我看做一位成人，就毅然决定不给我钱的帮助。（中级日本）

例（169）（170）分别对介词框架"在……下"中的方位词、介词误代，"以下"应改为"下"，"有"应改为"在"；例（171）（172）中"过来""在"都是对"帮助"前面表目的义的相邻动词"来"的误代，所以要改为"来"；例（173）（174）分别是对"帮助"前面修饰的状语、定语的误代，前者要表达双方交互的行为，状语应是"互相"；后者从定中结构的音节搭配来看，双音节中心语需要双音节的定语来搭配韵律才和谐，所以单音节的"钱"应改为对应的同义双音节名词"金钱"。此类与"帮助"产生间接联系的误代偏误，发生误代的词之间也存在易混淆关系，这与留学生词汇储量相关，随着学时等级的提高，此类误代数量自然减少。

最后看"帮助"误代其他动词或介词，这指的是该使用其他动词或介词时却用了"帮助"，这也是其超量使用的表现之一。被"帮助"误代的动词一般具有实在的动作语义，此类误代用例都发生在初级阶段，与上一类误代偏误相同的是，随着留学生汉语词汇数量的增加，此类误代偏误自然随之减少。如：

（175）＊我们给警察打电话，一下子警察跑过来帮助他送到医院了。（初级泰国）

（176）＊我要感谢你，帮助你想吃的吧。（初级刚果）

（177）＊我难过的时，朋友帮助我哈哈笑起来。（初级韩国）

例（175）中"帮助"是对介词"把"的误代，此例可看作"帮助"超量使用导致的"把"字句回避使用。例（176）中"帮助"误代动词"请某人客"的"请"；例（177）中"帮助"误代动词"逗"和"得"的组合，这 2 例被误代的动词都包含具体的动作行为义，对动作行为的陈述更为精准生动，而"帮助"相对的语义就较为空泛。

3. 帮忙

"帮忙"的误代偏误可分为三类：一是"帮忙"误代"帮助"，进入先带体词性宾语再接动词性成分的句法序列中；二是"帮忙"离析形式中的动词性语素"帮"由双音节动词"帮助"误代；三是"帮忙"的合体形式误代其离析形式。"帮忙"的误代类型不如"帮助"的复杂，其中两类都涉及"帮忙"的离析形式，这也是它作为"帮"组词中唯一的离合词所表现出的独特的偏误特征。

我们先看第一类误代类型，"帮忙"分布在先带体词性宾语再接动词性成分的句法序列中，表达"帮助"在这一句法序列中所倾向的兼语句的语义，这类误代有 3 例。留学生使用"帮忙"时，将同样是双音节的同素同义词"帮助"的规则泛化到"帮忙"中来，导致其改变自身的不及物性。然而，留学生对二者的混淆主要发生在初级阶段，此时出现 2 例，随着学时等级的提高，留学生逐渐意识到二者在及物性上的差异，中级阶段仅出现 1 例，高级阶段没有出现此类偏误。可见，"帮忙"对"帮助"在先带体词性宾语再接动词性成分用法中的误代只是初级阶段的习得难点。如：

（178）＊我的哥哥很厉害，帮忙我的弟弟妹妹上学。（初级老挝）

（179）＊这个都是韩国教育的问题，中学的时候应该要想未来的梦，打算做什么，应该要设计未来的梦，成人和老师们要帮忙孩子们实现未来的梦。（中级韩国）

上述 2 例中的"帮忙"后面都先带体词性宾语再接动词性成分，表达的都是"帮助"在这一句法序列中倾向于兼语句的语义，"帮忙"应改为"帮助"。

再看"帮忙"离析形式中动词性语素"帮"被动词"帮助"误代的用例。"帮忙"作为离合词，其中两个语素分离、中间插入其他语言成分的用法，不管是本族人还是留学生，都是使用频率最高的。留学生在分离使用"帮忙"时，其动词性语素"帮"受到"帮助"泛化的影响，造成"帮助"与名词性语素"忙"共现的情况。这类偏误有 3 例，跟上一类误代偏误相同，其中初级 2 例，中级 1 例。可见，留学生对于"帮忙"离析形式中词内语素与独立动词的差异，随着汉语水平的提高，会有清晰的认识。如：

(180) *我希望我们每天都帮助别人一个忙。（初级蒙古）
(181) *每次跟她在一起我很开心，因为我帮助她很多的忙。（中级泰国）

上述 2 例中，"帮助"应改为"帮"，这是"帮助"对动词性语素"帮"的误代。

最后看"帮忙"的合体形式误代其离析形式的偏误用例。上文提到，"帮忙"是不及物动词，不能在后面直接带宾语，其动作的关涉对象却可以作定语插入"帮忙"的离析形式中。然而，对于留学生来说，相对其他"帮"组词成员直接在其后带宾语的用法，离合词"帮忙"插入关涉对象的离析形式是独特复杂的，加之受到"帮""帮助"直接带宾语用法的影响，留学生回避使用"帮忙"的离析形式，选择其合体形式。此类偏误初级、中级阶段各有 1 例。即：

(182) *我不知道怎么说，他热情地帮忙我。（初级韩国）
(183) *父母慢慢老了，所以他常常帮忙父母。（中级蒙古）

例（182）应改为"帮我的忙"，例（183）应改为"帮父母的忙"。

5.2.3.2　遗漏偏误

"帮"组词成员在留学生作文语料中表现出来的偏误，基本是误代偏误。除此之外，其他类型的偏误数极少或在某些成员中没有出现。相比较而言，"帮"组词成员中都还出现了遗漏偏误，其中"帮" 6 例、"帮助" 28 例、"帮忙" 1 例。

1. 帮

"帮"的遗漏偏误主要分布在先带体词性宾语再接动词性成分中，表现为后续主要动词的遗漏或后接的动词性成分中其他语言成分的遗漏，共有 5 例。如：

(184) *他帮我∧事。（初级韩国）
(185) *他下车进宾馆，帮我们∧手续都办完了。（高级韩国）
(186) *我的一只拖鞋飞到那边，你帮我捡∧给我。（高级韩国）

例（184）中遗漏主要动词"做"；例（185）中遗漏介词"把"；例（186）中遗漏趋向补语"回来"。

此外，"帮"的遗漏还表现为仅带体词性宾语时时态助词"了"的遗漏，有 1 例。即：

（187）＊我觉得他对我很好，我心里还在感谢他很多："谢谢你，中国人已经帮∧我！"（初级越南）

2. 帮助

同"帮助"的误代偏误一样，其遗漏偏误的类型也纷杂多样，可细分为以下五类：一是"帮助"带体词性宾语时时态助词"了/过"的遗漏；二是"帮助"作宾语时与其相搭配的谓语动词或介词的遗漏；三是"帮助"作中心语进入介词框架"在……下"时所涉及的遗漏；四是"帮助"作谓语时体词性宾语的遗漏；五是"帮助"先带体词性宾语再接动词性成分时后续主要动词的遗漏。

"帮助"带体词性宾语时时态助词"了/过"的遗漏，这类偏误有 8 例，主要出现在初级、中级阶段。如：

（188）＊她是好人，帮助∧我很多。（初级法国）
（189）＊他一直帮助我，我从来没帮助∧他。（中级韩国）

"帮助"作宾语时与其相搭配的谓语动词或介词的遗漏，多见于"对……有帮助"框式结构以及"给"类动词的遗漏，这类偏误有 7 例。此类偏误贯穿整个学时阶段。如：

（190）＊本来我觉得学习汉语不太重要，终于理解了学好汉语也对学专业∧一点儿帮助。（初级尼泊尔）
（191）＊她很热情，还有常常∧别人很多帮助。（中级韩国）
（192）＊他们的生话（活）如果有时间的话，和孩子一起去看农村的生活，∧学习也有帮助。（高级韩国）

上述各例分别遗漏"有""给""对"。

"帮助"作中心语进入介词框架"在……下"时所涉及的遗漏，可再细分为介词"在"的遗漏、方位词"下"的遗漏、整个介词框架的遗漏、"帮助"前的定语标记"的"的遗漏。这类偏误共有 6 例，主要出现在初级阶段，高级阶段偶有个例。如：

（193）＊他上台唱的时候∧二明的帮助下能唱完歌。（高级未详）

（194）＊在老师和中国热情的人帮助∧，我的汉语水平越来越好。（初级毛里塔尼亚）

（195）＊∧儿子们的帮助∧她的病状越来越好转了。（初级韩国）

（196）＊他常常得到大家的表扬，在他∧帮助下我的汉语比从前进步很大。（初级老挝）

上述各例分别遗漏"在""下""在……下""的"。

"帮助"作谓语时体词性宾语的遗漏，这类偏误有5例，都出现在初级阶段。如：

（197）＊哥哥会英语，所以哥哥帮助了∧。（初级日本）

上例根据作文语境，此处应遗漏宾语"这个问路的外国人"。

"帮助"先带体词性宾语再接动词性成分时后续主要动词的遗漏，这类偏误有2例，初级、中级各1例。即：

（198）＊中国的电影可以帮助我∧很多知识。（初级坦桑尼亚）

（199）＊这一些的经验可以帮助我∧人之间的关系。（中级韩国）

上述2例可分别增加谓语动词"增加""处理"。

3. 帮忙

在留学生作文语料中仅发现"帮忙"遗漏偏误1例，即"帮忙"用作宾语时，遗漏谓语动词"需要"。上文提到，"需要"是"帮忙"作宾语时与其相搭配的高频谓语动词。如：

（200）＊是不是孩子哪里不舒服啊？有什么∧帮忙的？（高级未详）

5.2.3.3 冗余偏误

"帮"组词成员只有"帮""帮助"出现冗余偏误，前者4例，分布在初级、中级阶段；后者6例，初、中、高三级各2例。

"帮"的冗余偏误的表现较为集中，即"帮"带体词性宾语时，在"帮"与宾语中间多出介词"给"，共有3例。如：

（201）＊从今以后很努力学习，请老师帮<u>给</u>我。（初级韩国）

（202）＊我刚刚认识她时，我觉得可怜她，所以常常帮<u>给</u>她。（中级韩国）

此外，还有 1 例冗余偏误表现为时态助词的冗余。即：

（203）＊我第一戏（次）来中国的时候，不知道中国生活，她常常热情地帮<u>了</u>我。（中级韩国）

"帮助"的冗余偏误的表现较多样，可细分为三类：一是时态助词的冗余；二是谓语动词或方位词的冗余；三是宾语冗余。

第一，时态助词的冗余，共有 3 例，主要出现在初级阶段。如：

（204）＊因为以前他帮助过<u>了</u>那个女孩，那个女孩是盲人，她卖冰淇淋。（初级老挝）

（205）＊她不仅帮助<u>了</u>我学习方面，而且在生活上像妈妈照顾我了。（中级韩国）

第二，谓语动词或方位词的冗余，即在与"帮助"相搭配的谓语动词出现的同时，杂糅介词框架"在……下"中的方位词，共有 2 例，出现在中级、高级阶段。即：

（206）＊<u>离不开</u>我的中国朋友的帮助下，我有了快乐的生活。（中级韩国）

（207）＊多亏老师们的帮助<u>下</u>，我的汉语水平越来越高。（高级日本）

第三，宾语的冗余，有 1 例，即：

（208）＊她们在考试的时候一直在<u>互相</u>帮助<u>彼此</u>，但是教室里的试（考）官好像不管，会扣分吗？肯定不会。（高级美国）

上文提到，"帮助"搭配交互义的副词时，其自身不能再带宾语，须保持光杆形式。

5.2.3.4 错序偏误

错序仅出现在"帮""帮助"的用例中，且数量最少。

"帮"的错序偏误在初级、中级阶段各出现 1 例。即：

（209） ＊我想帮<u>给她</u>钱的，但她不让。（初级塔吉克斯坦）
（210） ＊我<u>那个老人</u>帮打车到医院。（中级韩国）

上述 2 例都是"帮"先带体词性宾语再接动词性成分的偏误用例。其中例（209）是"帮"的宾语与后续动词的错序，应改为"帮她给钱"；例（210）是"帮"和宾语的错序，应改为"帮那个老人打车到医院"，由于韩国语是 OV 型语言，此例显然是受母语负迁移而导致的错序。

"帮助"仅在初级阶段出现 1 例错序偏误。即：

（211） ＊我刚来中国的时候，很多好的人<u>我帮助</u>了。（初级韩国）

上例根据语境，可判断出"帮助"的施事应是"很多好的人"，而"我"是受事，所以此例是宾语与"帮助"的错序。

5.2.4　教学建议

根据留学生作文语料中的习得情况，"帮"组词中存在"帮""帮忙"使用量不足，"帮助"超量使用的情况，主要在于"帮助"仅带体词性宾语的超量使用。为避免或减少"帮"组词之间的混淆误代，我们认为，首先，在"帮""帮助"同形异构的句法序列中，要对它们各自倾向的句式语义予以重点区分，指出"帮"前主语以［＋有生性］居多，"帮助"前主语以［－有生性］居多。其次，指出"帮""帮助"所带的体词性宾语也具有［＋有生性］的语义特征，尤其注意"帮助"仅带体词性宾语的用法对先带体词性宾语再接动词性成分的用法的误代。再次，重点讲授"帮忙"一词的合体形式和离析形式。其合体形式是不及物的，若要动作的关涉对象共现，可采用在前面使用介词引出关涉对象或在离析形式中插入关涉对象的方法。最后，区别"帮"和"帮助"在充当句法功能方面的异同，指出"帮"不能充当句子的非谓语成分，而"帮助"则可以。

本章小结

本章探讨的要点归结如下：

（1） 在"帮"组同素同义词中，"帮""帮助""帮忙"三者共同具备的句法特征占比是较小的；主要是两个词之间具备的句法共性，其中"帮""帮助"二者共同具备的句法特征占比最高，它们纠葛最多，而"帮助"与"帮忙"、"帮"与"帮忙"之间共同具备的句法特征都极少。"帮"组各词中，"帮"与"帮助"发生混淆的可能性最大。

（2）充当谓语功能是"帮"组各词主要的句法功能。在"帮"组各词作谓语成分的用例中，"帮""帮助"充分体现了其较强的及物性，带体词性宾语是二者主要的句法特征，它们带体词性宾语后，倾向于后接动词性成分。然而，"帮""帮助"在这一句法序列中因语义功能的差异，"帮"字句倾向于表达连动句语义，"帮助"字句倾向于表达兼语句语义。"帮""帮助"所带的体词性宾语都须满足［+有生性］的语义特征。"帮""帮助"和体词性宾语的音节搭配并不总是遵循［1+1］［2+2］的韵律模式。"帮忙"因其不及物性，不能带体词性宾语，但它可以跟"帮""帮助"一样带谓词性宾语。在带谓词性宾语方面，"帮忙"在音节搭配、宾语结构类型方面都是最自由的，"帮助"次之，"帮"带谓词性宾语受一定条件的限制。"帮"组各词除了都能带谓词性宾语之外，还都能以光杆形式受状语修饰。此时它们与前面的状语中遵循［1+1］［2+2］韵律模式且占优势的音节搭配，单音节词"帮"的状语音节数量限制程度最大，双音节词"帮忙"比"帮助"更集中搭配双音节状语。在"帮"组同素同义词中，只有"帮忙""帮助"能够以光杆形式进入连谓结构中后一个动词的位置，此时与"帮忙"共现的高频动词 V_1 在语义类别上比"帮助"要丰富得多，因为与"帮助"共现的动词 V_1 仅局限在"来/去"上。只有"帮""帮忙"能够以光杆形式单独作谓语，然而"帮"的使用受语境及语用手段两方面限制。"帮忙"作为"帮"组词中唯一的离合词，具有其特殊用法，即本身具有离合形式以及合体使用时前面出现关涉对象的介宾短语。

（3）单音节词"帮"仅具有充当谓语的句法功能，另两个双音节词"帮助""帮忙"作谓语成分占有优势比重，但同时还有非谓语的句法功能，且"帮助"作非谓语成分的能力强于"帮忙"。"帮助""帮忙"作宾语时搭配的高频谓语动词在"得到""需要""有/没有……的帮助/帮忙"和"请求"这四个动词上是重合的。在动作发出者、动作承受者两种视角下，"帮助""帮忙"搭配的高频动词，其差异基本体现在动作发出者视角。在动作发出者视角下，"帮助"搭配的高频动词，其语义类别都集中分布在行域方面，而"帮忙"的则分布在知域和言域方面，即"帮助"倾向于搭配动作性强、语义实在的动作动词，"帮忙"倾向于搭配能愿动词或心理动词。"帮助"充当句子非谓语成分还表现在各种句法成分的中心语上，而这是"帮忙"一词所不具备的。

（4）留学生作文语料中反映出的"帮"组词的习得情况并不十分理想。首先，整体上存在"帮""帮忙"使用量不足，"帮助"超量使用的情况，这主要在于"帮助"仅带体词性宾语这一用法的超量使用。其次，跟本族人相比，"帮"组各词的用法分布都较少，同时还出现不合语法的用法分布。最后，留学生对于"帮"组各词的偏误以误代占绝对优势，遗漏、冗余和错序的数量都极少，甚至"帮忙"的用例中没有出现冗余和错序这两种偏误。对于留学生来说，"帮"组词成员之间的误代是习得难点，出现较多的是"帮"与"帮助"之间的双向误代、"帮助"对"帮忙"中动词性语素的误代、"帮忙"对"帮助"的误代。除此之外，"帮助"一词内部不同用法之间的误代以及"帮忙"合体形式对离析形式的误代也是习得难点。

为减少或避免"帮"组词之间的混淆误代，我们认为，首先，在"帮""帮助"同形异构的句法序列中，要对它们各自倾向的句式语义予以重点区分，指出"帮"前主语以［＋有生性］居多，"帮助"前主语以［－有生性］居多。其次，指出"帮""帮助"所带的体词性宾语也具有［＋有生性］的语义特征，尤其注意"帮助"仅带体词性宾语的用法对先带体词性宾语再接动词性成分的用法的误代。再次，重点讲授"帮忙"一词的合体形式和离析形式。其合体形式是不及物的，若要与动作的关涉对象共现，可采用在前面使用介词引出关涉对象或在离析形式中插入关涉对象的方法。最后，区别"帮"和"帮助"在充当句法功能方面的异同，指出"帮"不能充当句子的非谓语成分，而"帮助"则可以。因而，我们对此提出教学建议：首先，对"帮""帮助"同形异构的用法予以重点区分，并指出"帮""帮助"所带的体词性宾语具有［＋有生性］的语义特征；其次，重点讲解"帮忙"一词独特的用法，既可以整体来用，也可以将其两个语素分开使用，其合体形式是不及物的，若要与动作的关涉对象共现，或在前面使用介词引出关涉对象，或在离析形式中插入关涉对象。最后，区别"帮"和"帮助"在充当句法功能方面的异同，"帮助"还能够作宾语以及定中结构里面的中心语。

第
6
章

结 论

本书基于本族人现代汉语语料库及留学生中介语作文语料库，对双库中使用频率居前位的动词进行提取，考虑到在现代汉语平面中同素同义单双音节动词使用活跃度的不同水平，最终择取"变"组词、"忘"组词、"知"组词和"帮"组词。本书分四章分别对上述各组词进行本体规则和习得情况的研究，现对本书的主要结论进行概括，具体如下：

6.1　四组同素同义单双音节动词的本体规则

在"变"组同素同义词中，"变""改变""变化"不管在作谓语成分还是作非谓语成分时，其用法都存在深度交叉，因而学生对"变"组成员之间的混淆情况较为严重。

在"变"组词充当谓语功能的用例中，它们的句法分布可归纳为三大类，即：带宾语；带补语；对象客体充当主语、动词后没有后续句法成分。其中，第一大类——带宾语包括直接带宾语以及先加补语再带宾语两小类。"变""改变"都同时具有这两种带宾语的用法，但存在较大差异。"变"直接带宾语的大部分用例，其语言形式有严格的限定性，且宾语的语义类别表示目标或结果，而只有少数用例中宾语才是表示对象客体的，且与前项名词性成分一同表示对象客体，此时一般带"了"；而"改变"直接带宾语的用例，语言形式上并没有严格的限定性，且宾语表示对象客体。在实际语言运用中，此时"变"倾向于直接搭配双音节宾语；而"改变"倾向于直接搭配多音节宾语，这与惯常的认知有所抵牾。"变"组词三个成员都具有先加补语再带宾语的用法，但"变"的出现频率最高，其他两词的出现频率较低。这一用法一般出现的补语是结果补语，其中"成"的出现频次最多，三者进入这一句法分布中，前后项的名词性成分语义角色都是一样的，但只有"变"还能把结构形式转换为"变……为……"。第二大类——带补语的用法中，"变"带补语的能力最强，不仅表现为数量最多，还表现为所带补语类型丰富，受限因素少。而"变化""改变"带补语的能力都受限制。第三大类——对象客体充当主语、动词后没有后续句法成分的用法中，"变化"的出现频次最多。在这一句法分布中，音节搭配方面，"变"的高频状语基本上是单音节词；而"改变""变化"的高频状语则以双音节词居多。高频状语的词性方面，"变"的高频状语是副词；而"改变"前面的能愿动词最多，副词次之，代词最少；"变化"前面的副词和代词都较多，能愿动词最少。状语的语义类别方面，"变"倾向于和包含［＋否定性］［－持续性］［＋程度］等语义特征的副词搭配；"改变"倾向于和包含［＋否定性］［＋持续性］［＋程度］［＋方式］等语义特征的副词搭配；"变化"倾向于和包含［＋持续性］［＋方式］［＋否定性］［＋频率］等语义特征的副词搭配。

在"变"组词充当非谓语功能的用例中，"变"虽然有作主语、宾语的用例，但有严格的限制条件。动性较强的"改变"和动性最弱的"变化"都能作主语、宾语或定语。其中"改变""变化"作宾语时，高频搭配的谓语动词都有"有""发生"。需指出的是，"变化"作宾语时在宾语位置上自由，而"改变"只有在谓语动词是"有"且前面出现名词化标记"所"的情况下，才可以作宾语，若不加"所"，"改变"一般作宾语中心语，其前面还需出现修饰成分。

在"忘"组同素同义词中，"忘""忘记"带各类宾语时，动词后"了"对其带宾语能力或起决定性作用或起重要作用，动词后"了"与不同类别宾语、不同音节数量的宾语的互动关系较为复杂。具体说来，对"忘"来讲，"忘"带代词宾语时，动词后"了"须强制性出现；带一般体词性宾语时，随着宾语音节数量的增多，动词后"了"的出现频次也逐渐增加，当其宾语音节数量较少时，动词后"了"并不制约"忘"带体词性宾语的能力，此时"忘"前面的状语修饰成分、句末"了"都会变成"忘"带宾语能力的影响因素。当"忘"带谓词性宾语时，动词后"了"的出现是其主要表现形式；带单双音节谓词性宾语时，句末"了"可单独出现；带多音节谓词性宾语时，句末"了"不能单独出现。当"忘"带小句宾语时，动词后"了"须强制性出现。对"忘记"来说，在搭配体词性宾语方面，当宾语是单双音节词时，"忘记"倾向于不出现动词后"了"；当宾语是多音节词时，其后倾向于出现动词后"了"。在搭配谓词性宾语方面，只有宾语是单音节时，其带宾语的能力受限于句末"了"；带双音节、多音节宾语时，语言形式有多种变化，使用自由，且不受限于"了"。"忘记"带双音节谓词性宾语倾向于出现动词后"了"，而带多音节谓词性宾语时则倾向于出现句末"了"。在搭配小句宾语时，"忘记"不受动词后"了"的制约，且不出现"了"的倾向性较强。

此外，"忘"组词还可以带补语，但"忘"带补语的能力强于"忘记"，这不仅表现在出现频次上，还表现在所带补语类型上。"忘"组词都可以将对象客体前置，其中带宾语能力略强的"忘记"，此时对象客体前置的用例所占比重也超过"忘"。"忘"组词在特殊语境中都可以省略宾语，此时"忘"所占比重超过"忘记"。

在"知"组同素同义词中，"知"肯定形式在现代汉语平面中使用的限制因素及其与"知道"能否替换的限制条件是研究重点。在现代汉语平面中，"知"肯定形式带宾语合乎语法的条件取决于其实在的前项成分。而前项成分的类型不同，其合法性的制约条件也不同。当前项成分仅出现主语时，"知"只能搭配带有书面语色彩的单音节主语；当前项成分仅出现状语时，"知"能搭配单音节状语，双音节中音节组合关系松散型状语，多音节中音节关系松紧均衡型、前紧后松型状语，即状语的音节组合关系能够最终和"知"构成稳固的［1+1］韵律模式；当前项成分同时出现主语和状语时，主语的音节数量和语体特征不再是制约因素，状语的音节组合关系成为唯一的制约因素，承袭前项成分仅出现状语时的音节组合模式。跟"知"不同的是，在现代汉语平面中，"知道"的使用较为自由，限制条件较少。它的前面可以出现零形式的前项成分，也可以出现实在的前项成分，并没有强制性。当前项成分仅出现主语或状语，抑或两种成分共现时，主语的音节数量和状语的音节组合关系都不具有限制性，但"知道"的主语在任何情况下都不能出现"心""自"这样特定的词语；状语在任何情况下也都不能出现类似"深"这样的倾向于和"知"固化的副词。"知""知道"能否替换建立在二者合乎语法的基础上。"知"基本上都能被"知道"替代，除了主语、状语是上述特定词语的情况之外。"知道"的例子须出现实在的前项成分，且前项成分的状语音节组合关系要符合上述"知"的限制条件，在此情况下"知道"才能被"知"替代。

除了二者都能带宾语，它们的共性特征还包括：宾语（对象客体）前置；被"所"名词化；在复杂定语中分布，修饰的中心语是其对象客体。此外，"知道"独有的用法，按出现频率高低排序，分别是：后面省略宾语，独立使用；分布在是非问、正反问句的特殊格式中；直接带补语；被助词"的"名词化。其中可省略宾语是"知道"仅次于直接带宾语的用法，从"知道"独特的句法分布中可以看出，"知"之所以不具备这些句法功能，是因为其自身须与对象客体共现的属性。

在"帮"组同素同义词中，"帮""帮助"具有的句法共性特征占比最高，纠葛最多。在"帮"组各词作谓语成分的用例中，"帮""帮助"充分体现了其较高的及物程度，带体词性宾语是二者主要的句法特征，它们带体词性宾语后，倾向于后接动词性成分，然而，"帮""帮助"在这一句法序列中因语义功能差异，"帮"字句倾向于表达连动句语义，"帮助"字句倾向于表达兼语句语义。"帮""帮助"带的体词性宾语都须满足［+有生性］的语义特征。"帮""帮助"和体词性宾语的音节搭配并不总是遵循［1+1］［2+2］模式。"帮忙"因其不及物性，不能带体词性宾语，但它可以跟"帮""帮助"一样带谓词性宾语。在带谓词性宾语方面，"帮忙"在音节搭配、宾语结构类型方面都是最自由的，"帮助"次之，

"帮"带谓词性宾语受一定条件限制。"帮"组各词除了都能带谓词性宾语之外,还都能以光杆形式受状语修饰。此时它们与前面的状语遵循 [1 + 1] [2 + 2] 的韵律模式,单音节词"帮"前的状语音节数量限制程度最大,双音节词"帮忙"比"帮助"更集中搭配双音节状语。在"帮"组同素同义词中,只有"帮忙""帮助"能够以光杆形式进入连谓结构中的后一个动词位置,此时与"帮忙"高频共现的动词 V_1 在语义类别上比"帮助"要丰富得多,"帮助"共现的动词 V_1 仅局限在"来/去"上。只有"帮""帮忙"能够以光杆形式单独作谓语,然而"帮"的使用受语境及语用手段两方面限制。"帮忙"作为"帮"组词中唯一的离合词,具有其特殊用法,即本身具有离析形式以及合体使用时前面出现关涉对象的介宾短语。

6.2 四组同素同义单双音节动词的习得情况

留学生习得"变"组词的情况较不理想,总体上存在超量使用的情况,但也不乏每个词中某些用法的回避使用。遗漏是"变"的主要偏误类型,其次是误代,冗余和错序的数量都较少。误代是"改变""变化"的主要偏误类型。"改变"的错序只见偶例,没有遗漏、冗余偏误。"变化"的遗漏偏误较多,冗余、错序数量极少。其中误代偏误主要包括"变"内部用法之间的双向误代,"变"与"改变""变化"之间的交叉双向误代。我们认为,首先,要让学生认识到"变"组词各成员带宾语的能力,"改变"和"变"在直接带宾语及先加补语再带宾语这两种用法中基本互补分布,在直接带宾语和先加补语再带宾语这两种用法中,要注意区分"变""改变"后面宾语的语义角色、前项名词性成分的语义角色;同时要注意带表示结果义的宾语时,在添加结果补语"成"之后,一般要加带时态助词"了"。其次,要注意区分"变"先加补语再带宾语与"变"带情态补语的用法,由于学生经常出现二者相互误代的情况,需要对二者所带的句法成分的词性及语义特点进行强调。最后,要重点讲授"变""改变""变化"高频搭配的对象客体及谓语动词,以防出现共现搭配成分的误代。

留学生习得"忘"组词的情况较为理想,偏误用例较少。对"忘"来说,误代和遗漏都是其典型偏误;而"忘记"的典型偏误是遗漏,其误代偏误较少。除此之外,"忘"仅见错序偏误的偶例,"忘记"少量偏误属于冗余偏误。二者遗漏偏误都表现为"了"的遗漏,但此类偏误"忘"分布的用法类型比"忘记"的多。误代偏误主要表现为"忘"与"忘记"之间的误代，其中"忘"误代"忘记"居多。此外，误代还表现为"忘"自身用法之间的误代或其连带成分的误代。对"忘"组词的教学，我们认为，最重要的是讲解"忘"组词带各类宾语用法中与动词后"了"的互动关系，尤其是动词后"了"强制性出现的情况要特别关注。同时注意区别带相同类型宾语时"忘""忘记"的差异及使用倾向。此外，要注意宾语前置用法中"忘""忘记"动词后"了"出现与否的限制条件，辨别"忘"内部不同用法之间句法语义特征的差异。

留学生习得"知"组词的情况较为理想。"知"的偏误集中在以"知"为语素的固化词语，主要是"不知不觉"对其他词语的误代；"知道"的偏误主要表现为冗余词尾助词"了"、"知道"对近义词或相关的其他词的误代、其否定形式所带宾语中表不确定信息的语言形式的遗漏等。"知""知道"二者虽然存在"知"单向误代"知道"的偏误，但数量较少。对此，在教学中，我们认为，对于"知"来说，要重点讲授现代汉语平面中"知"的高频句法分布，对其句法成立的限制条件要特别关注，同时对"不知不觉"等四字短语的词义及使用语境要在与其他易混淆词语的区别中进行讲解。对"知道"来说，要强调"知道"的泛时空性，使学生使用"知道"时慎用词尾助词"了"，注意区别"知道"与"了解""学习""认识""懂得"等词在词义上的区别，此外还要强调"知道"否定形式所带宾语中常出现疑问代词、选择问关联词"还是"或正反问等特殊格式中表示不确定的信息。

留学生习得"帮"组词的情况不是十分理想。首先，整体上存在"帮""帮忙"使用量不足，"帮助"超量使用的情况，这主要在于"帮助"仅带体词性宾语这一用法的超量使用。其次，跟本族人比较，"帮"组各词的用法分布都较少，同时还出现不合语法的用法分布。最后，留学生作文中出现的"帮"组各词的偏误，以误代占绝对优势，遗漏、冗余和错序的数量都极少，甚至"帮忙"的用例中没有出现冗余和错序这两种偏误。对于留学生来说，"帮"组词成员之间的误代是习得难点，出现较多的是"帮"与"帮助"之间的双向误代、"帮助"对"帮忙"中动词性语素的误代、"帮忙"对"帮助"的误代。除此之外，"帮助"一词内部不同用法之间的误代以及"帮忙"合体形式对离析形式的误代也是习得难点。为避免或减少"帮"组词之间的混淆误代，我们认为，首先，在"帮""帮助"同形异构的句法序列中，要对它们各自倾向的句式语义予以重点区分；其次，区别"帮"和"帮助"充当句法功能方面的异同；再次，重点讲解"帮忙"一词独特的用法，既可以整体来用，也可以将其两个语素分开使用；最后，区别"帮"和"帮助"在充当句法功能方面的异同，"帮助"还能够作宾语以及定中结构里面的中心语。

参考文献

一、期刊论文

[1] 蔡北国. 中介语动作动词混用的调查与分析 [J]. 世界汉语教学, 2010 (4).

[2] 曹贤文. 汉语作为第二语言习得研究中的学习者语言分析方法述评 [J]. 汉语学习, 2009 (6).

[3] 常敬宇. 浅谈现代汉语同义词的性质和范围 [J]. 语言教学与研究, 1979 (4).

[4] 程娟, 许晓华. HSK 单双音同义动词研究 [J]. 世界汉语教学, 2004 (4).

[5] 池昌海. 五十年汉语同义词研究焦点概述 [J]. 杭州大学学报, 1998 (2).

[6] 丁喜霞. 基于语料库的现代汉语单双音节常用词比较研究构想 [J]. 语言教学与研究, 2014 (5).

[7] 董秀芳. 述补带宾句式中的韵律制约 [J]. 语言研究, 1998 (1).

[8] 端木三. 重音理论和汉语的词长选择 [J]. 中国语文, 1999 (4).

[9] 端木三. 汉语的节奏 [J]. 当代语言学, 2000 (4).

[10] 端木三. 重音、信息和语言的分类 [J]. 语言科学, 2007 (5).

[11] 范继淹. 是非问句的句法形式 [J]. 中国语文, 1982 (6).

[12] 丰竞. 现代汉语心理动词的语义分析 [J]. 淮北煤炭师范学院学报（哲学社会科学版）, 2003 (1).

[13] 冯胜利. 论汉语的韵律词 [J]. 中国社会科学, 1996 (1).

[14] 冯胜利. 论汉语的韵律结构及其对句法构造的制约 [J]. 语言研究, 1996 (1).

[15] 冯胜利. 论汉语的"自然音步" [J]. 中国语文, 1998 (1).

[16] 冯胜利. 试论汉语书面正式语体的特征与教学 [J]. 世界汉语教学, 2006 (4).

[17] 付娜. 六十年汉语同义词界定研究述评——从意义观的角度 [J]. 海南师范大学学报（社会科学版）, 2014 (1).

[18] 顾琦一, 臧传云. 输入模态对第二语言理解和附带词汇习得的

影响［J］. 解放军外国语学院学报, 2011（3）.

［19］郭曙纶. 小学语文教材中动词"帮"的句型统计和语义分析［J］. 江西科技师范大学学报, 2014（5）.

［20］郭曙纶. 小学语文教材和对外汉语教材中帮字句统计与对比分析［J］. 宜春学院学报, 2015（7）.

［21］郭志良. 对外汉语教学中词义辨析的几个问题［J］. 世界汉语教学, 1988（1）.

［22］胡建锋. 前景化与"知道吗"功能［J］. 语言科学, 2015（2）.

［23］季瑾. HSK 甲级单双音同义动词部分不可替换的类型探析［J］. 语言教学与研究, 2005（5）.

［24］金桂桃. 基于对外汉语教学的同素同义单双音节动词辨析［J］. 汉语学习, 2012（5）.

［25］李临定. 带"得"字的补语句［J］. 中国语文, 1963（5）.

［26］李临定. 动词分类研究说略［J］. 中国语文, 1990（4）.

［27］李泉. 同义单双音节形容词对比研究［J］. 世界汉语教学, 2001（4）.

［28］李绍林. 对外汉语教学词义辨析的对象和原则［J］. 世界汉语教学, 2010（3）.

［29］李向农, 张军. 单双音节意欲形容词句法语义特征考察［J］. 语言研究, 2005（4）.

［30］刘春梅. 现代汉语单双音同义名词的主要差异［J］. 华中师范大学学报（人文社会科学版）, 2006（1）.

［31］刘春梅. 留学生单双音同义名词偏误统计分析［J］. 语言教学与研究, 2007（3）.

［32］刘缙. 对外汉语教学中词语辨析之浅见［J］. 中国人民大学学报, 1996（5）.

［33］刘缙. 对外汉语近义词教学漫谈［J］. 语言文字应用, 1997（1）.

［34］刘丽艳. 话语标记"你知道"［J］. 中国语文, 2006（5）.

［35］刘宁生. 论词的同义关系［J］. 南京师大学报（社会科学版）, 1989（2）.

［36］刘叔新. 论同义词词典的编纂原则［J］. 辞书研究, 1982（1）.

［37］刘叔新. 略谈现代汉语同义词的特点［J］. 语文学习, 1984（3）.

［38］刘叔新. 词语意义间的依赖关系［J］. 汉语学习, 1992（5）.

［39］刘淑娥, 赵静贞. 谈单音节词与双音节词组成的同义副词［J］. 语言教学与研究, 1987（3）.

［40］刘月华. 动词重叠的表达功能及可重叠动词的范围 ［J］. 中国语文, 1983（1）.

［41］刘智伟. 含同一语素的同义单双音节动词语体色彩对比研究 ［J］. 语言文字应用, 2007（2）.

［42］刘智伟. 试析含同一语素的同义单双音节动词并存并用的原因 ［J］. 河北师范大学学报（哲学社会科学版）, 2007（1）.

［43］刘智伟, 谭晓云. 谈含同一语素的同义单双音节动词的典释义: 兼谈专项对外汉语学习词典编纂的必要性 ［J］. 云南师范大学学报（对外汉语教学与研究版）, 2011（3）.

［44］陆丙甫. 结构、节奏、松紧、轻重在汉语中的相互作用 ［J］. 汉语学习, 1989（3）.

［45］陆丙甫, 应学凤. 节律和形态里的前后不对称 ［J］. 中国语文, 2013（5）.

［46］鹿士义. 词汇习得与第二语言能力研究 ［J］. 世界汉语教学, 2001（3）.

［47］罗红昌. 汉语单双音节选择与优选模式 ［J］. 语言科学, 2009（3）.

［48］罗华炎. 何者规范? AB 不 AB 抑或 A 不 AB? ［J］. 语言文字应用, 2000（3）.

［49］骆健飞. 韵律、语体、语法: 汉语动词辨析及教学的新视角 ［J］. 云南师范大学学报（对外汉语教学与研究版）, 2015（1）.

［50］骆健飞. 论单双音节动词带宾的句法差异及其语体特征 ［J］. 语言教学与研究, 2017（1）.

［51］吕叔湘. 现代汉语单双问题初探 ［J］. 中国语文, 1963（1）.

［52］孟祥英. 谈对外汉语教学中的近义词辨析 ［J］. 天津师大学报（社会科学版）, 1997（3）.

［53］任铭善. 同义词和词的多义性 ［J］. 语文学习, 1957（4月号）.

［54］石毓智. 同义词和反义词的区别和联系 ［J］. 汉语学习, 1992（1）.

［55］宋扬. 汉语作为第二语言习得研究述评 ［J］. 云南师范大学学报（对外汉语教学与研究版）, 2014（2）.

［56］陶红印. 从语音、语法和话语特征看"知道"格式在谈话中的演化 ［J］. 中国语文, 2003（4）.

［57］田宏弟, 谢文庆. 同义词逻辑基础刍议 ［J］. 香港语文杂志,

1982（9）.

[58] 王洪君. 汉语的韵律词与韵律短语 [J]. 中国语文, 2000（6）.

[59] 王洪君. 音节单、双音域展敛（重音）与语法结构类型和成分次序 [J]. 当代语言学, 2001（4）.

[60] 王云路. 试谈韵律与某些双音词的形成 [J]. 中国语文, 2007（3）.

[61] 文炼. 词语之间的搭配关系 [J]. 中国语文, 1982（1）.

[62] 吴为善. 现代汉语三音节组合规律初探 [J]. 汉语学习, 1986（5）.

[63] 吴为善. 论汉语后置单音节的粘附性 [J]. 汉语学习, 1989（1）.

[64] 吴为章. 单向动词及其句型 [J]. 中国语文, 1982（2）.

[65] 武占坤. 交叉同义词及其特点 [J]. 语文知识, 1956（12）.

[66] 萧频, 张妍. 印尼学生汉语单音节动词语义偏误的主要类型及原因 [J]. 暨南大学华文学院学报, 2005（4）.

[67] 肖奚强. 略论偏误分析的基本原则 [J]. 语言文字应用, 2001（1）.

[68] 肖奚强. 汉语中介语研究论略 [J]. 语言文字应用, 2011（5）.

[69] 肖奚强, 周文华. 汉语中介语语料库标注的全面性及类别问题 [J]. 世界汉语教学, 2014（3）.

[70] 谢红华. 单双音节同义方位词补说 [J]. 语言教学与研究, 2001（2）.

[71] 徐时仪. 汉语词汇双音化的内在原因考探 [J]. 语言教学与研究, 2005（2）.

[72] 徐枢. 音节和词语的搭配 [J]. 语文战线, 1982（2）.

[73] 薛秋宁, 肖元珍. 对应的单、双音节动词的非对应性 [J]. 广西社会科学, 2004（11）.

[74] 王又华. 关于汉语同义单双音节的教学 [J]. 语言与翻译, 1994（4）.

[75] 吴颖. 同素近义单双音节形容词的差异及认知模式 [J]. 语言教学与研究, 2009（4）.

[76] 武果. 副词"还"的主观性用法 [J]. 世界汉语教学, 2009（3）.

[77] 颜明, 肖奚强. "相""互"及"相 V""互 V"句法功能论略 [J]. 语言研究, 2012（3）.

[78] 颜明, 肖奚强. 试论中介语研究中偏误来源的分类 [J]. 华文教学与研究, 2015（4）.

［79］应学凤. 韵律语法理论与汉语韵律语法研究述评［J］. 汉语学习，2013（1）.

［80］应学凤. 述宾、定中结构的单双音节组配研究述评［J］. 华文教学与研究，2015（2）.

［81］于洋. CSL 学习者同素同义单双音名词混淆分布特征及其成因［J］. 语言教学与研究，2015（6）.

［82］袁义林. 心理动词刍议［J］. 烟台师范学院学报（社科版），1988（4）.

［83］张博. 影响同形同音词与多义词区分的深层原因［J］. 宁夏大学学报（人文社会科学版），2005（1）.

［84］张博. 同义词、近义词、易混淆词：从汉语到中介语的视角转移［J］. 世界汉语教学，2007（3）.

［85］张博. 国别化工具书编纂亟待跟进［J］. 云南师范大学学报（对外汉语教学与研究版），2007（6）.

［86］张博. 第二语言学习者汉语中介语易混淆词及其研究方法［J］. 语言教学与研究，2008（6）.

［87］张伯江. 语体差异和语法规律［J］. 修辞学习，2007（2）.

［88］张弓. 现代汉语同义词的几个问题［J］. 河北大学学报，1964（5）.

［89］张国宪. 单双音节动作动词充当句法成分功能差异考察［J］. 淮北煤师院学报（社会科学版），1989（3）.

［90］张国宪. "动 + 名"结构中单双音节动作动词功能差异初探［J］. 中国语文，1989（3）.

［91］张国宪. 单双音节动作动词语用功能差异探索［J］. 汉语学习，1989（6）.

［92］张国宪. 单双音节动作动词搭配功能差异研究［J］. 上海师范大学学报，1990（1）.

［93］张国宪. 单双音节的选择性差异［J］. 汉语学习，1996（3）.

［94］张国宪. "$V_双 + N_双$"短语的理解因素［J］. 中国语文，1997（3）.

［95］张国宪. 形动构造奇偶组配的语义·句法理据［J］. 世界汉语教学，2004（4）.

［96］张国宪. 形名组合的韵律组配图式及其韵律［J］. 当代语言学，2005（1）.

［97］张联荣. 谈词的核心义［J］. 语文研究，1995（3）.

［98］张平. 同素同义单双音节动词的词义对应计算与分析［J］. 语言文字应用，2011（3）.

［99］张平，桑丛丛. 单双音节动词的词频、同素与同义关联研究［J］. 华文教学与研究，2011（3）.

［100］张志毅. 确定同义词的几个基本观点［J］. 吉林师大学报，1965（1）.

［101］赵新，李英. 对外汉语教学中的同义词辨析［J］. 暨南大学华文学院学报，2001（2）.

［102］周荐. 等义词语的性质和类别［J］. 天津师大学报（社会科学版），1988（5）.

［103］周荐. 近义词说略［J］. 天津教育学院学报，1990（4）.

［104］周荐. 同义词聚合应否语法属性一致［J］. 河北师院学报（社会科学版），1996（1）.

［105］周上之. 论［2＋1］动宾式的字辞关系——对韵律语法的一点质疑［J］. 汉语学习，2013（4）.

［106］朱德熙. 现代汉语形容词研究［J］. 语言研究，1956（1）.

［107］朱志平. 双音词偏误的词汇语义学分析［J］. 汉语学习，2004（2）.

［108］CORDER S P. The significance of learner's errors［J］. International review of applied linguistics，1967，5（1－4）.

［109］MEARA P. Vocabulary acquisition：aneglected aspect of language learning［J］. Language teaching，1980，13（3－4）.

［110］MIRACLE W C. Tone production of American students of Chinese：a preliminary acoustic study［J］. Journal of Chinese language teachers association，1989（24）.

［111］SELINKER L. Interlanguage［J］. International review of applied linguistics，1972（10）.

二、专著/论文集/教材/大纲

［1］陈灼. 桥梁：上下册［M］. 北京：北京语言大学出版社，1996.

［2］端木三. 从汉语的重音谈语言的共性与特性［M］//黄正德. 中国语言学论丛：第一辑. 北京：北京语言文化大学出版社，1997.

［3］范晓，杜高印，陈光磊. 汉语动词概述［M］. 上海：上海教育出版社，1987.

［4］方绪军. 对外汉语词汇教与学［M］. 北京：北京师范大学出版

社，2008.

［5］冯胜利. 汉语的韵律、词法和句法［M］. 北京：北京大学出版社，1997.

［6］冯胜利. 汉语韵律句法学［M］. 上海：上海教育出版社，2000.

［7］冯胜利. 汉语韵律语法研究［M］. 北京：北京大学出版社，2005.

［8］符淮青. 现代汉语词汇［M］. 增订本. 北京：北京大学出版社，2014.

［9］高庆赐. 同义词和反义词［M］. 北京：新知识出版社，1957.

［10］国家对外汉语教学领导小组办公室汉语水平考试部. 汉语水平词汇与汉字等级大纲［M］. 北京：北京语言文化大学出版社，1992.

［11］国家对外汉语教学领导小组办公室. 高等学校外国留学生汉语教学大纲：长期进修［M］. 北京：北京语言文化大学出版社，2002.

［12］国家对外汉语教学领导小组办公室. 高等学校外国留学生汉语言专业教学大纲［M］. 北京：北京语言文化大学出版社，2002.

［13］柯航. 现代汉语单双音节搭配研究［M］. 北京：商务印书馆，2012.

［14］李红印. 同素近义单双音节词问题［M］//词汇学理论与应用：四. 北京：商务印书馆，2008.

［15］李临定. 现代汉语动词［M］. 北京：中国社会科学出版社，1990.

［16］李珊. 动词重叠式研究［M］. 北京：语文出版社，2003.

［17］李绍林. 对外汉语教学中的同义词问题［M］//第七届国际汉语教学讨论会论文选. 北京：北京大学出版社，2002.

［18］刘叔新. 汉语描写词汇学［M］. 北京：商务印书馆，1995.

［19］刘叔新. 同义词和近义词的划分［M］//语言研究论丛. 天津：天津人民出版社，1980.

［20］刘月华. 汉语语法论文集［C］. 北京：现代出版社，1989.

［21］马庆株. 自主动词和非自主动词［M］//中国语言学报：第三期. 北京：商务印书馆，1988.

［22］王灿龙. 句法组合中单双音节选择的认知解释［M］//语法研究和探索：十一. 北京：商务印书馆，2002.

［23］王力. 汉语史稿［M］. 北京：中华书局，1980.

［24］王理嘉，侯学超. 怎样确定同义词［M］//语言学论丛：第五辑. 北京：商务印书馆，1963.

［25］吴为善. 汉语韵律句法探索［M］. 上海：学林出版社，2006.

［26］吴为善. 汉语韵律框架及其词语整合效应［M］. 上海：学林出版社，2011.

［27］肖奚强. 现代汉语语法与对外汉语教学［M］. 上海：学林出版社，2002.

［28］肖奚强. 汉语中介语语法问题研究［M］. 北京：商务印书馆，2008.

［29］肖奚强. 外国学生汉语句式学习难度及分级排序研究［M］. 北京：高等教育出版社，2009.

［30］肖奚强，乔俊，颜明，等. 外国留学生汉语偏误案例分析［M］. 增订本. 北京：北京大学出版社，2020.

［31］肖奚强，周文华. 第二语言习得研究纵观［M］. 北京：世界图书出版公司，2012.

［32］肖奚强，朱敏. 汉语初级强化教程：听说课本（Ⅰ、Ⅱ、Ⅲ、Ⅳ）［M］. 北京：北京大学出版社，2010.

［33］肖奚强，朱敏. 汉语初级强化教程：综合课本（Ⅰ、Ⅱ、Ⅲ、Ⅳ）［M］. 北京：北京大学出版社，2010.

［34］肖奚强. 高级汉语教程：上下册［M］. 北京：北京语言大学出版社，2003.

［35］谢红华. 现代汉语单双音节同义词选择的限制因素［C］//第六届国际汉语教学讨论会论文选. 北京：北京大学出版社，1999.

［36］叶盼云，吴中伟. 外国人学汉语难点释疑［M］. 北京：北京语言学院出版社，1999.

［37］张博. 基于中介语语料库的汉语词汇专题研究［M］. 北京：北京大学出版社，2008.

［38］张国宪. 双音节动词功能增殖探讨［M］//邵敬敏. 语法研究与语法应用. 北京：北京语言学院出版社，1994.

［39］朱德熙. 语法讲义［M］. 北京：商务印书馆，1982.

［40］COOK V. Linguistics and second language acquisition［M］. New York：St. Martin's Press，1993.

［41］ELLIS R. A theory of instructed second language acquisition implicit and explicit learning of language［M］. London：Academic Press，1996.

［42］ELLIS R. The study of second language acquisition［M］. Shanghai：Shanghai Educational Publishing House，1997.

［43］HDOUGLAS BROWN，SUSAN TGONZO. Reading on second language acquisition ［M］. Beijing：World Publishing Corporation，2006.

三、学位论文

［1］蔡露. 含同一语素的同义单双音节名词研究 ［D］. 西安：陕西师范大学，2008.

［2］常聪. 同素同义单双音节动词动宾搭配的替换偏误研究 ［D］. 济南：山东大学，2016.

［3］陈玲. 长沙方言的同义单双音节介词对比研究 ［D］. 长沙：湖南师范大学，2013.

［4］程超. 单、双音节方位词对比及教学策略 ［D］. 长春：吉林大学，2013.

［5］崔金叶. 现代汉语同素近义单双音节方位词习得研究 ［D］. 南京：南京师范大学，2016.

［6］高敏. 共素同义单、双音节名词的语法差别：基于现代汉语语料库的实例考察 ［D］. 重庆：西南大学，2014.

［7］郭翠翠. 东南亚华裔学生常用单音动词使用情况考察：以 6 个常用单音动词的分析为例 ［D］. 北京：北京语言大学，2009.

［8］谷伟伟. 泰国学生使用汉语同素单双音节同义动词的研究 ［D］. 长春：吉林大学，2018.

［9］郝倩. 近义单双音节名词对比研究 ［D］. 上海：上海师范大学，2007.

［10］季瑾. HSK 甲级单双音同义动词替换类型与原因考察 ［D］. 北京：北京语言大学，2003.

［11］金秋. 同素同义单双音节名词辨析 ［D］. 哈尔滨：黑龙江大学，2012.

［12］匡腊英. "V$_双$ + N$_单$" 的性质及其相关问题 ［D］. 上海：上海师范大学，2003.

［13］李茜. 同素同义单双音节连词研究 ［D］. 上海：上海外国语大学，2012.

［14］林凌飞. 面向汉语国际教育的同素同义单双音节方位名词研究 ［D］. 济南：山东师范大学，2020.

［15］蔺羽桐. 面向汉语国际教学的同素同义单双音节动词研究 ［D］. 西安：西安外国语大学，2014.

［16］刘元君. 对外汉语教学视野下同素近义单双音节名词的差异分析 ［D］. 南昌：江西师范大学，2013.

［17］刘峥. 现代汉语中同素近义单双音节形容词研究［D］. 临汾：山西师范大学，2012.

［18］刘悦. 现代汉语同素单双音节助动词比较研究［D］. 上海：上海师范大学，2012.

［19］刘智伟. 含同一语素的同义单双音节动词研究［D］. 北京：北京师范大学，2005.

［20］罗峥嵘. 韩国学生汉语单双音同义动词的偏误分析及教学策略［D］. 昆明：云南大学，2018.

［21］彭越. 基于语料库的"帮"和"帮助"对比分析［D］. 上海：上海交通大学，2014.

［22］齐嘉霖. 含同语素双音节词混用的偏误分析：基于 HSK 动态语料库（高等）的甲乙级双音节动词的考察［D］. 上海：复旦大学，2012.

［23］覃海燕. 留学生习得单音动词和包含它的近义双音动词的研究［D］. 长沙：湖南师范大学，2015.

［24］申江宁. 基于搭配的单双音节同义动词"学"和"学习"的研究［D］. 上海：上海外国语大学，2014.

［25］申延涛. 鲁迅杂文中同素同义单双音节副词研究［D］. 保定：河北大学，2011.

［26］宋炜. 同素同义单双音节动词研究［D］. 西安：陕西师范大学，2014.

［27］孙瑞梅. 同义单双音节时间副词的使用条件［D］. 长春：吉林大学，2008.

［28］孙怡. 同义副词"必""必定""一定"的对比分析及对外汉语教学策略：以蒙古国育才中文中学为例［D］. 长春：吉林大学，2014.

［29］谭家睦. 面向对外汉语教学的单双音同义动词探析［D］. 长沙：湖南师范大学，2013.

［30］涂烨. 方位词"上"与"上面、上边（头）"的对比研究［D］. 南昌：南昌大学，2016.

［31］王芳. 动词"练"和"练习"的对比研究及其对外汉语教学［D］. 长沙：湖南师范大学，2018.

［32］王蕊. 单双音节同义副词研究［D］. 上海：上海师范大学，2005.

［33］魏群. HSK 同义单音节词及其复加式双音词研究［D］. 扬州：扬州大学，2009.

［34］魏然. 近义词"刚""刚刚""刚才"的辨析及教学方法［D］.

长春：吉林大学，2016.

［35］向舒. HSK 中同素同义形容词韵律研究 ［D］. 长沙：湖南师范大学，2013.

［36］许乐. 面向对外汉语教学的同素同义单双音节形容词研究 ［D］. 沈阳：沈阳师范大学，2013.

［37］许晓华. HSK 甲乙级动词同义词研究与探索 ［D］. 北京：北京语言大学，2003.

［38］颜明. 同素同义单双音节情态副词习得研究 ［D］. 南京：南京师范大学，2015.

［39］杨浩. 中级阶段韩国学生同素双音同义动词偏误分析 ［D］. 长沙：湖南师范大学，2013.

［40］杨林. 现代汉语并列类同根名词的语法功能比较："书、书籍"等三组词的实例考察 ［D］. 重庆：西南大学，2016.

［41］杨小雪. 单双音节共素同义连词在立法语言中的使用差异 ［D］. 武汉：华中师范大学，2019.

［42］余畅. 双音化视角下"考""考试"的功能差异研究 ［D］. 武汉：华中师范大学，2015.

［43］展飞. 基于偏误分析的对外汉语"知道"类动词研究 ［D］. 济南：山东大学，2013.

［44］张慧芳. 同素同义单双音节形容词比较研究 ［D］. 成都：四川大学，2007.

［45］张婧. 留学生习得易混淆双音节动词偏误分析及相关教学对策 ［D］. 南昌：南昌大学，2009.

［46］张亚婷. 现代汉语定中类同根名词的语法功能比较："花—鲜花"等三组词的实例考察 ［D］. 重庆：西南大学，2016.

［47］周颖. 从现代汉语常用同义单双音节形容词的替换现象考察对外汉语教学中的同义词辨析 ［D］. 石家庄：河北师范大学，2009.

四、工具书

［1］邓守信. 汉英汉语常用近义词用法词典 ［M］. 北京：北京语言学院出版社，1996.

［2］卢福波. 对外汉语常用词语对比例释 ［M］. 北京：北京语言大学出版社，2000.

［3］吕叔湘. 现代汉语八百词 ［M］. 增订本. 北京：商务印刷馆，2012.

［4］孟琮，郑怀德，孟庆海，等．汉语动词用法词典［M］．北京：商务印书馆，1999．

［5］王还．汉语近义词典［M］．北京：北京语言大学出版社，2005．

［6］杨寄洲，贾永芬．1 700 对近义词语用法对比［M］．北京：北京语言大学出版社，2013．

［7］赵新，李英．商务馆学汉语近义词词典［M］．北京：商务印书馆，2009．

［8］中国社会科学院语言研究所词典编辑室．现代汉语词典［M］．7版．北京：商务印书馆，2016．

［9］张斌．现代汉语描写语法［M］．北京：商务印书馆，2015．

后 记

本书是河南省教育厅人文社会科学一般项目"外国留学生常用汉语同素同义单双音节动词研究"（2020 - ZZJH - 238）以及河南中医药大学博士科研基金项目（BSJJ2018 - 21）的研究成果。本课题源于 2017 年完成的博士学位论文，经过三年的沉淀和修改，于 2020 年末整理成书稿。

回首来路种种，心中慨叹莫可名状。这其中既包含对恩师栽培的不尽感激，对同门相帮的诚挚感谢，也有对南京师范大学读书生活的流连眷恋，对父母家人的无限感恩。

人生漫漫，关键的节点却屈指可数，对于我来说，2013 年有幸拜入肖老师门下是我生命历程中的一大重要节点。这一年，老师将我带上了现代汉语语法与习得研究的道路。"勤勉做学，追求卓越"，入门之初老师的教诲犹记在心，它一直鞭策着我这个"半路出家人"努力向前，不敢懈怠。无论大小文章，老师都手把手教我如何选题、搭建框架，如何步步深入、解决问题；老师不仅教我如何做学问、写文章，还不厌其烦地修改我的论文，大到论证思路，小到例句汉字。老师重在授之以渔的育人之法、严谨耐心的治学态度，使我受益匪浅，在学业之路上走得踏实稳健。毕业之后，老师还如父亲一般关心我的工作情况、身体健康、日常生活、精神状态，教导我为人处世之法，传授实用朴素的人生智慧。老师无私给予的是我受用终身的宝藏，使我在日常的教学科研工作中也受益良多。

从在学期间的论文开题到毕业之后的修改完善，我要感谢段业辉教授、钱玉莲教授、王政红教授、潘文教授、张小峰副教授、郭圣林副教授等诸位老师提出的富有建设性的意见和建议，使我对论文有了进一步思考，论证逻辑进一步严密；感谢在南京师范大学读书期间给我授过课的段业辉老师、张小峰老师、郭圣林老师、叶皖林老师，诸位老师渊博的学识使我的眼界和专业知识得到进一步拓宽。

肖门是一个温馨团结的大家庭。感谢师兄周文华、黄自然，师姐徐开研、周宝芯、孙慧莉、王艺澄、谢氏花在我读博期间给予的良多帮助和指导。感谢师姐颜明，师妹陈文君，师弟毕晋、杨永生在论文写作期间给我的中肯建议和启发。感谢韩国师妹郑善美在生活上带给我的诸多惊喜。还要感谢硕士师弟、师妹们一路的美好相伴。忘不了学术沙龙上大家论

"道"争鸣的峥嵘风姿，忘不了春花绿树下畅聊理想的意气飞扬，忘不了聚会中觥筹交错时的言笑晏晏……我为自己身在这样一个美好的团队中感到幸运，是他们让我"道阻且艰"的攀爬之路变得平顺易行。

从外出求学到回乡工作的十多年间，我都要感谢父母。他们给我提供了良好的环境和条件，让我毫无后顾之忧地追求自己的理想。他们教育我做事要不遗余力，面对结果要随遇而安。他们教育我严于律己、宽以待人，成为一个谦和宽厚的人。他们给予我无尽的包容和支持，使我遇到挫折不气馁，更坚强、更有信心地挑战更大的困难。父母之恩，永生不忘。唯有努力学习工作、达成理想方不辜负。

感谢我的先生夏腾飞给予我莫大的支持和帮助，使我能够心无旁骛地投入学习和工作。他的鼓励和安慰，让我心中充满温暖，无畏前路风雨。

最后，我要感谢我的儿子夏秉聿，2020 年他的到来是我最大的惊喜，他一点一滴的成长变化使我真切地体味到了初为人母的快乐，从此"母亲"的角色使我更为勇敢地面对人生的挑战，他可爱的笑脸和绝对的依恋是我未来前行的最大动力。

治学之路，黾勉苦辛，朝乾夕惕，不忘初心。是为自勉。

乔 侠
2020 年 12 月于方圆经纬花园